下請契約
トラブル解決法

東京弁護士会親和全期会 [著]

第3版

自由国民社

第3版刊行によせて

　2013（平成25）年2月に本書の第2版を刊行してから3年半ほどが経過しました。この間、依然として世界の景気は安定せず、我が国においても公正取引委員会が下請法違反で指導した件数は毎年増加するなど、下請事業者は厳しい現状に置かれたままで、下請取引適正化の要請は益々高まっています。

　第3版の刊行にあたっては、旧版で内容を反映した関連ガイドラインの紹介を充実させるとともに、最新の公正取引委員会の勧告例を盛り込みました。また、近く改正が見込まれる流通取引慣行ガイドライン等への言及に加え、国会へ提出された民法（債権法）の改正法案の内容にも対応しました。

　本書が、親事業者及び下請事業者の双方にとって、公正な取引の実現の一助としてお役に立つことができれば幸甚です。

　2016（平成28）年11月

東京弁護士会　親和全期会
代表幹事　髙 畠 希 之

はしがき

　米国金融危機を契機として世界経済が大きく減速する中、親事業者が下請事業者に対し、下請代金の支払を遅らせた、契約上の下請代金の減額を一方的に求めてきた、代金を引き下げなければ今後の取引を打ち切ると言い不当に低い下請代金の契約を押しつけた、不要になったからと完成した部品の納入を拒否したといった、下請事業者いじめが大きな社会問題となっています。

　下請取引は、我が国に特徴的な取引形態で、経済発展段階では、密接な取引関係を通じ親事業者・下請事業者間で情報を共有し問題解決するシステムとして、我が国の高い国際競争力の源となってきましたが、昨今の経済減速段階では、親事業者が絶対的・優越的地位を濫用して損失を下請事業者に押しつけるシステムともなってしまったのです。

　このような問題ある下請取引の公正化と下請事業者の保護を目的とする法律として、下請法が存在しますが、下請取引を巡って生じる法律上の問題を理解するためには、下請法だけでなく、下請法に対し一般法の関係にある独占禁止法、建設工事における下請取引の適正化を目的とする建設業法、さらに債務不履行責任・瑕疵担保責任等民事上の契約責任を定めた民法について横断的に理解することが不可欠です。

　本書は、Ｑ＆Ａ方式を採用し、下請事業者・親事業者双方の担当者の方に向け、下請取引で問題となる事例を豊富に挙げ、事例毎に関係する法律の内容を解説し問題点を理解できるようにするとともに、各問題の解決手段と対策について必要な知識が得られるようにすることを目的として執筆されています。

　本書を手がけた親和全期会は、東京弁護士会所属の弁護士登録後15年未満の若手弁護士から構成される会派で、その中に設置された業務推進委員会では、昨年度から、下請法及び関係する法律について調査・研究を重ねて研鑽を積んできました。本書の執筆にあたっては、同委員会所属の精鋭32名が集まり、それぞれの専門分野・研究分野について解説を担当しています。

本書が、親事業者及び下請事業者双方にとって、下請取引を巡る法律問題について理解を深める一助となり、またその解決に少しでもお役に立つことができるならば、望外の喜びです。

　最後になりますが、自由国民社の村上美千代さんをはじめ、本書を編むにあたって多大なるご協力を頂き、また献身的な努力を惜しまなかった関係者各位に対して、心より感謝申し上げます。

2010年6月

親和全期会業務推進委員会委員長・弁護士

石 原 俊 也

第3版はしがき

　本書の第2版を上梓してから3年半余りが経過しました。この間、東京オリンピックの開催決定、マイナス金利の導入等、経済の動向に影響を与える様々な出来事がありました。下請事業者が置かれている状況をみると、公正取引委員会が下請法違反で指導した件数は毎年増加しており、旧版当時と変わらず、あるいはそれ以上に厳しくなっているものと考えられます。このような下請事業者の厳しい現状を受けて、平成28（2016）年9月15日に安倍晋三首相は、日本商工会議所の会合において、「下請取引の条件改善に全力で取り組む」と述べ、大企業との下請契約で弱い立場に置かれることが多い中小企業の支援に努める考えを強調し、政府として打ち出している独占禁止法の運用強化や業種別ガイドラインの改定を着実に進める方針を示しました。こうした流れの中で、下請契約の適正化に対する関心もますます高まっています。

　本書の第3版では、以上のような状況を踏まえて、旧版の叙述を全体として見直すとともに、各種ガイドラインに目を配り、データを最新のものとするなどして、下請契約の現在のありかたを伝えるよう最大限努めました。また、早ければ平成29年通常国会で成立が見込まれる民法（債権法）の改正法案にも対応し、国会に提出された改正法案の内容を盛り込み、本書が少しでも長く活用できるよう配慮しました。本書が、旧版同様に親事業者及び下請事業者の双方にとって、下請取引を巡る法律問題を理解する一助となり、末永く活用されるよう希望します。

　最後になりますが、第3版についても旧版と同様に自由国民社の村上美千代さんをはじめとする関係者各位から多大な協力をいただいたことについて、心より感謝申し上げます。

2016年11月

弁護士　佐　藤　千　弥

目 次

第1章 法律の適用範囲 …1

1 下請法 …2
 (1) 下請法の趣旨、概要 …2
 (2) 下請法の適用対象となる取引 …4
 (3) 親事業者・下請事業者等の定義 …7
 (4) 下請法と独禁法の関係 …9
2 建設業法 …13
 (1) 建設業に適用される法律 …13
 (2) 建設業法遵守のガイドライン …15

第2章 契約の成立 …19

1 契約書作成の必要性 …20
2 発注書面の交付義務違反 …22
3 発注書面の記載事項及び交付時期 …24
4 建設業法19条1項・同条2項の趣旨 …28
5 建設業法19条1項の記載事項 …30

第3章　契約内容のルール～下請いじめの防止 …35

1　独禁法 …36

(1)　優越的地位の濫用 …36

　ア　フランチャイズ契約と優越的地位の濫用 …36

　イ　アニメーションの制作と優越的地位の濫用 …38

　ウ　大規模小売店告示 …40

(2)　排他条件付取引 …44

(3)　拘束条件付取引 …45

2　下請法 …46

(1)　下請法の親事業者の義務・禁止行為の概要 …46

　ア　親事業者の義務 …46

　イ　親事業者の禁止行為 …47

(2)　親事業者の禁止行為 …48

　ア　受領拒否 …48

　　(ｱ)　製造委託・修理委託の「受領」及び「受領を拒むこと」の意義 …48

　　(ｲ)　責に帰すべき理由 …50

　　(ｳ)　情報成果物作成委託の受領、無理な納期の指定 …52

　　(ｴ)　期日前の受領 …54

　　(ｵ)　発注の取消 …56

　イ　支払遅延 …58

　　(ｱ)　下請代金の支払遅延禁止制度の概要 …58

　　(ｲ)　支払遅延の禁止違反の事例 …60

　　　　(ウ)　製作物等の検査・修正と支払遅延 …62

　　ウ　下請代金の減額 …64

　　　　(ア)　下請法4条1項3号の趣旨 …64

　　　　(イ)　下請事業者の責に帰すべき理由 …66

　　　　(ウ)　下請代金の額を減ずること …68

　　　　(エ)　下請事業者の同意による減額 …70

　　　　(オ)　下請代金の減額が下請法に違反する場合の私法上の効力 …73

　　　　(カ)　違反事例の具体例 …74

　　エ　返品の禁止 …78

　　オ　買いたたき …84

　　　　(ア)　買いたたきとは …84

　　　　(イ)　「著しく低い下請代金の額を不当に定めること」の判断要素 …86

　　　　(ウ)　買いたたきと債務不履行の関係 …88

　　カ　物の購入強制・役務の利用強制 …90

　　キ　親事業者からの報復措置 …92

　　ク　有償支給原材料等代金の早期決済の禁止 …94

　　ケ　割引困難な手形交付の禁止 …96

　　コ　不当な経済上の利益の提供要請の禁止 …98

　　サ　不当な給付内容の変更及び不当なやり直しの禁止 …100

　　　　(ア)　不当な給付内容の変更 …100

　　　　(イ)　不当なやり直し …102

(3)　親会社の義務 …104

　　ア　支払期日を定める義務 …104

　　イ　書類の作成・保存義務 …108

ウ　遅延利息の支払義務 …112

3　建設業法 …114

　(1)　見積条件の提示 …114

　(2)　一括下請負 …116

　(3)　不当に低い請負代金 …118

　(4)　不当な使用資材等の購入強制 …122

　(5)　やりなおし工事 …124

　(6)　赤伝処理 …126

　(7)　工期 …128

　(8)　下請代金の支払 …130

　(9)　帳簿の備付け及び保存 …134

4　下請規制違反の契約の有効性 …136

5　偽装請負 …138

　(1)　偽装請負とは何か …138

　(2)　偽装請負によって生じる不利益 …142

　(3)　適法な請負と偽装請負の区別 …144

　(4)　偽装請負状態の解消方法 …148

第4章　契約上のトラブル …151

1　債務不履行責任 …152

　(1)　債務不履行総論 …152

2　損害賠償 …154

- (1) 損害賠償請求の要件 …154
- (2) 損害賠償の範囲 …156
- (3) 過失相殺 …158
- (4) 損害賠償額の予定 …159
- (5) 受領遅滞 …160

3 個別契約の契約解除 …161

4 特定物と不特定物 …167

5 原始的不能と後発的不能 …169

6 危険負担 …171

7 下請事業と瑕疵担保 …174

8 下請事業と損害賠償請求 …178

9 所有権移転時期 …181

10 契約締結上の過失 …183

第5章　下請代金の回収・保全 …187

1 回収・保全の総論 …188

2 回収方法 …189

3 保全 …193

4 親事業者（注文主）の倒産（破産や民事再生の場合）…197

第6章　継続的契約の解除・終了 …209

1　継続的供給義務が認められる場合 …210
2　継続的契約の終了原因 …212
3　継続的契約の終了（解約権が制限される理由）…214
4　予告期間と損害賠償 …218

第7章　救済方法 …223

1　トラブルの解決に至るまでの代表的な流れ …224
2　調停、裁判外紛争解決手段（ADR）について …228
3　民事裁判・強制執行について …231
4　弁護士費用について …234
5　救済方法：下請法による救済手続 …237
6　下請法違反行為の調査 …241
7　独禁法による排除措置命令等 …243
8　建設業法による救済手続 …245
9　継続的取引解消と救済手段 …247
10　相談窓口 …251
11　中小企業にとっての弁護士の役割 …255

第8章　契約書作成のポイント …259

1　情報成果物の作成委託に関する注文書の例 …272

2　役務提供委託に関する注文書の例 …274

3　修理委託の注文書の例 …276

4　製造委託の注文書の例 …278

〔コラム一覧〕
- 製品を預かり、検査した後に受取ったものとする旨の合意の効力 …49
- 情報成果物作成委託の特殊性に基づく運用 …53
- 60日以内の意味 …61
- 下請代金の減額の禁止規定と他の禁止規定の関係 …65
- 親事業者が返品をする際には …79
- そもそも検査を省略していたら？ …80
- 何で6か月なの？ …81
- 返品と受領拒否の違い …82
- ユーザーへの長期保証との関係は？ …83
- 買いたたきに関する通達 …85
- そもそも契約しなければいいのに？ …87
- 典型事例及び勧告事案 …89
- 親事業者が原材料等を無償で支給した場合は？ …95
- 「一般の金融機関」って？ …97
- すべての手形が規制の対象？ …97
- 知的財産権の譲渡における買いたたき禁止との関係 …99
- 返品とやり直しのちがい …102
- 発注後に当初の委託内容と異なる作業を要する場合の注意点 …103
- 瑕疵担保期間について …103

・下請負人の責めに帰すべき理由ってなに？ …125
・偽装請負は違法な労働者供給に該当するのか …141
・気がつきにくい多重請負、二重派遣 …147
・「契約締結上の過失」に関する他の見解 …185
・下請法と独禁法の適用の優先関係 …244

【巻末資料・1】

●下請代金支払遅延等防止法 …280
●下請代金支払遅延等防止法に関する運用基準 …285

【巻末資料・2】

●弁護士相談シート …311
索引 …312
執筆者紹介 …314

【凡例】

・本文中にある「ガイドライン」とは「下請代金支払遅延等防止法に関する運用基準」を指しています。

・民法（債権法）改正法案の条文は、現行条文の後に【　】で併記しています。

・法令等の用語について、以下のように略記しています。

独禁法	→	私的独占の禁止及び公正取引の確保に関する法律（独占禁止法）
労働者派遣法	→	労働者派遣事業の適正な運営の確保及び派遣労働者の就業条件の保護等に関する法律
最判	→	最高裁判決
民集	→	最高裁判所民事判例集
判時	→	判例時報
判タ	→	判例タイムズ

第1章　法律の適用範囲

第1章　法律の適用範囲

1　下請法
(1)　下請法の趣旨、概要

> *Question* 下請法とはどのような法律ですか。下請けイジメを防止する法律として独禁法等もありますが、なぜわざわざ下請法が制定されたのですか。

● *Answer*

　下請法（正式名称は「下請代金支払遅延等防止法」）とは、**親事業者による下請事業者に対する優越的地位の濫用行為を取り締まる**ために制定された特別の法律です。

　製造業の下請取引における優越的地位の濫用行為は独禁法の規制対象にもなりますが、下請業者が、元請との将来の取引に悪影響を及ぼすことをおそれ、公正取引委員会等に違反行為を申告することをためらう傾向があること等への配慮から、**下請取引の公正化・下請事業者の利益保護を実効的に実現する目的**で下請法が制定されました。

　この下請法が適用される取引かどうかについては、まず「委託する業務内容」と「資本金額」の2つの基準によって「親事業者」「下請事業者」に該当するか否かが判断されます。
　「親事業者」に該当する企業については、**書面の交付義務**（3条）、**遅延利息支払義務**（4条の2）、**書類等の作成・保存義務**（5条）等の義務が課せられます。
　また、下請事業者に対する優越的地位の濫用行為の具体的類型として、**親事業者の禁止行為**が列挙されています（4条）。
　そして、かかる規制の実効性を確保するため、公正取引委員会等によって、親事業者・下請事業者に対する定期書面調査や立入検査が実施され、違反が認められると行政指導による是正・勧告が行なわれるほか、罰金・罰則が課されます。

なお、公正取引委員会による下請法違反被疑事件指導件数は平成24年度は4550件、25年度は4949件、26年は5461件であり、毎年増加傾向にあります。
　以上述べた下請法の概要を図示すると、以下のようになります。

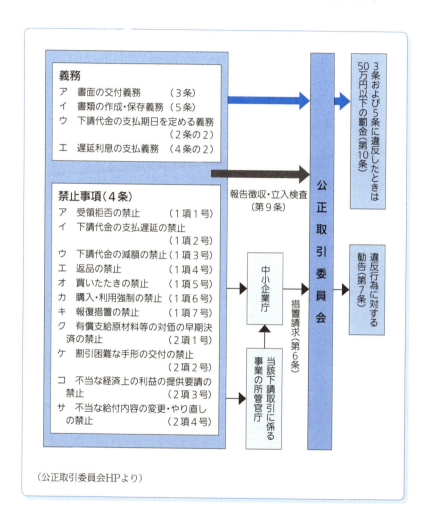

（公正取引委員会HPより）

(2) 下請法の適用対象となる取引

Question 下請法で規制される取引はどのようなものですか。

● *Answer*

下請法の適用対象となる取引は、①**製造委託**、②**修理委託**、③**情報成果物作成委託**、④**役務提供委託**の**4類型の委託取引**です（第2条第1項乃至4項）。このうち、③と④については、平成15年の法改正によって新しく追加されました。①から④までの委託取引を総称して「**製造委託等**」といいます（同条第5項）。

なお、建設業（建設工事）の下請取引については、下請法の適用対象から除外されています（第2条第4項）。これは、建設業法において下請法と類似の規制がなされているため、規制の重複を避けるためです。もっとも、建設工事に関連する設計業務、建設コンサルタント業務などを委託する場合は、上記③又は④に該当するので下請法が適用されます。上記①乃至④の委託取引については、さらにいくつかの取引類型に分けられます。

1 製造委託

物品を販売し、または製造を請け負っている事業者が、規格、品質、形状、デザイン、ブランドなどを細かく指定して、他の事業者に物品の製造や加工などを委託することをいいます。

ここでいう「物品」とは**動産**のことを意味しており、家屋などの建築物は対象に含まれません。

（類型1） 物品の販売を行っている事業者が、その物品の製造を他の事業者に委託する場合

（例） 製品、中間製品、特注材料等の製造・加工外注、製造工程中の検査・運搬等の作業外注、販売する物品の附属品（取扱説明書・保証書、容器、包装材料、ラベルなど）の製造を委託する場合等

（類型2） 物品の製造を請け負っている事業者が、その物品の製造を他の事業者に委託する場合

(例) 受注生産しているもの製品の製造の全部又は一部を他の事業者に委託する場合等

> (類型3) 物品の修理を行っている事業者が、その物品の修理に必要な部品又は原材料の製造を他の事業者に委託する場合

(例) 自社で修理している機械の修理に必要な特殊部品の製造又は加工を他の事業者に委託する場合等

> (類型4) 自家使用又は自家消費する物品を社内で製造している事業者が、その物品の製造を他の事業者に委託する場合

(例) 自社の工場で使用する工具又は設備・機械類を自家製造している場合、そのもの又は一部の製造を他の事業者に委託する場合等

2 修理委託

物品の修理を請け負っている事業者がその**修理**を他の事業者に**委託**したり、自社で使用する物品を自社で修理している場合に、その修理の一部を他の事業者に委託することなどをいいます。

> (類型1) 物品の修理を請け負っている事業者が、その修理行為の全部又は一部を他の事業者に委託する場合

(例) 物品の修理を請け負っている事業者が、その修理行為の全部又は一部を他の事業者に委託する場合

> (類型2) 自家使用する物品を自家修理している事業者が、その物品の修理行為の一部を他の事業者に委託する場合

(例) 自家使用する物品を自家修理している事業者が、その物品の修理行為の一部を他の事業者に委託する場合等

3 情報成果物作成委託

ソフトウェア、映像コンテンツ、各種デザインなど、**情報成果物の提供や作成**を行う事業者が、他の事業者にその作成作業を**委託**することをいいます。情報成果物の代表的な例としては、次のものを挙げることが

でき、物品の付属品・内蔵部品、物品の設計・デザインに係わる作成物全般を含んでいます。

> （類型1） 情報成果物を業として提供している事業者が、その情報成果物の作成の行為の全部又は一部を他の事業者に委託する場合

（例） ソフトウェア開発業者が、消費者に販売するゲームソフトのプログラムの作成を他の事業者に委託する場合等

> （類型2） 情報成果物の作成を業として請け負っている事業者が、その情報成果物の作成の行為の全部又は一部を他の事業者に委託する場合

（例） 広告会社が、作成を請け負ったポスターデザインの一部の作成を他の事業者に委託する場合

> （類型3） 自らが使用する情報成果物の作成を業として行っている場合に、その作成の行為の全部又は一部を他の事業者に委託する場合

（例） 事務用ソフトウェア開発業者が、自社で使用する会計用ソフトウェアの一部の開発を他の事業者に委託する場合等

4　役務提供委託

　運送やビルメンテナンスをはじめ、各種サービスの提供を行う事業者が、請け負った**役務の提供**を他の事業者に**委託**することをいいます。ただし、**建設業を営む事業者が請け負う建設工事は役務には含まれません。**

(3) 親事業者・下請事業者等の定義

> **Question** 下請法1条によれば「親事業者の下請事業者に対する取引」が規制対象になると書かれていますが、「親事業者」「下請事業者」とは何ですか。また、いわゆる「トンネル会社」とはどのようなものですか。

● Answer

1 「親事業者」「下請事業者」の定義

下請法1条によれば、「親事業者」は**規制主体**、「下請事業者」は**保護主体**と位置づけられますが、これらは**事業者の資本金規模**と**取引の内容**との2つの要素の組み合わせにより、以下のとおり定義づけられます。

(1) 製造委託・修理委託の場合

ア 資本の額または出資の総額（以下「資本金規模」という）が3億円超の法人事業者が、個人または資本金規模3億円以下の法人事業者に製造委託または修理委託をする場合において、前者を「親事業者」、後者を「下請事業者」といいます。

イ 資本金規模が1千万円超3億円以下の法人事業者が、個人または資本金規模1千万円以下の法人事業者に製造委託または修理委託をする場合において、前者を「親事業者」、後者を「下請事業者」といいます。

これらを図示すると、以下のとおりです。

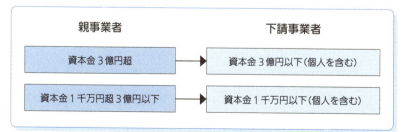

(注) 情報成果物作成委託のうち政令で定める「プログラム（ソフトウェア業）」、及び、役務提供委託のうち政令で定める「運送（運輸業）」「物品の倉庫における保管（倉庫業）」「情報処理（情報処理サービス業）」の4業種においても、同様の定義付けがなされています。

(2) 情報成果物作成委託・役務提供委託の場合（政令で定める4業種を除く）

ア　資本金規模が5千万円超の法人事業者が、個人または資本金規模5千万円以下の法人事業者に情報成果物委託・役務提供委託をする場合において、前者を「親事業者」、後者を「下請事業者」といいます。

イ　資本金規模が1千万円超5千万円以下の法人事業者が、個人または資本金規模1千万円以下の法人事業者に情報成果物委託・役務提供委託をする場合において、前者を「親事業者」、後者を「下請事業者」といいます。

　これらを図示すると、以下のとおりです。

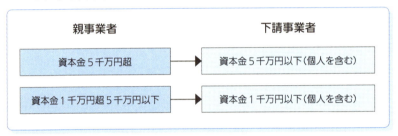

2　いわゆる「トンネル会社」に対する規制

　親会社から**役員の任免、業務の執行または存立**について支配を受け、且つ、親会社からの**下請取引の全部又は相当部分（50％以上等）**について**再委託**をしている子会社がある場合には、脱法行為を防止する見地から、いわゆるトンネル会社としてその子会社を親事業者とみなして下請法の適用を受けるものとしています（2条9項）。

(4) 下請法と独禁法の関係

> **Question 1** 下請法の規制対象行為には独禁法が適用される余地はないのですか。

● **Answer**

独禁法上の優越的地位の濫用に該当する場合には、下請法の規制対象行為にも独禁法の規定が適用される余地があります。

1 独禁法の適用

本来、下請取引における下請代金の支払遅延等の行為は、独禁法の不公正な取引方法のうち優越的地位の濫用行為に該当し、同法19条等の規定に違反するおそれのある行為ですが、同法による規制は、当該行為が「自己の取引上の地位が相手方に優越していることを利用したものかどうか」、「正常な商慣習に照らして不当なものかどうか」等を個別に認定する必要があります。

しかしながら、そのような個別の認定を行うためには相当の時間を要し問題解決の時機を逸するおそれがあり、その結果、親事業者と下請事業者との継続的な取引関係を悪化させる要因となり、結果的に下請事業者の利益にならないことも考えられます。また、下請取引という個別的な取引においては、下請業者が親事業者との今後の継続的な取引に悪影響を及ぼすことを懸念し、親事業者の違反行為を公正取引委員会又は中小企業庁等に申告することは余り期待できず、独禁法違反発覚の端緒として下請事業者の申告を期し難い状況です。

そこで、**下請事業者の利益を確保するため、独禁法の特別法として下請法が制定されました**。上記のような独禁法に関する問題意識から、適用対象を明確化するとともに、違反行為の内容(要件)及び違反行為に対する排除措置の内容(効果)を具体的に法定することにより、独禁法に比較して簡易な手続を規定し、迅速かつ効果的に下請取引の公正化と下請事業者の保護を図ろうとするものです。

簡易な手続として下請法に基づく勧告(下請法7条)が行われ、親事業者が当該勧告に従い必要な措置をとった場合には、勧告の原因となった違反行為について重ねて独禁法の措置を採る必要がないことから、独禁法上の措置は採れないものとされています(下請法8条)。

一方、親事業者が下請法７条の勧告に従わない場合には、下請法上は罰則等の制裁を課す旨の規定は設けられておらず、親事業者に勧告に従った必要な措置の履行を促すことが難しい状況にあります。下請法は、かかる場合に、下請事業者の窮状に対して何もせずに傍観する結論になることを容認する趣旨であるとは考えられませんので、親事業者が下請法７条の勧告に従わない場合には、独禁法による行政処分（排除措置命令及び課徴金納付命令）をなしうるというのが公正取引委員会の考え方です。

２　その他優越的地位の濫用行為に関する規制

　以上のとおり、独禁法は業種を問わず、全ての取引における優越的地位の濫用行為に対して適用されるものですが、優越的地位の濫用規制は条項が曖昧で、具体的にどのような場合に適用があるのか不明確なところがあります。しかるに、平成21年独禁法改正により優越的地位の濫用の一部に課徴金が課されることになったことから、法運用の透明性、事業者の予見可能性を向上させる必要が生じました。そこで、公取委は「優越的地位の濫用に関する独占禁止法上の考え方」を公表し、優越的市野濫用規制がどのような場合に適用されるかを明らかにしました。詳細は割愛しますが、下請法等が適用にならない事例で元請業者の責任を追及する際にはこれが参考になります。

　また特定の分野・取引に着目した優越的地位の濫用行為に関する規制として、下請法のほかに、「特定荷主が物品の運送又は保管を委託する場合の特定の不公正な取引方法」（平成16年３月８日公正取引委員会告示第１号。以下「**物流特殊指定**」という）が定められるとともに、どのような行為が独禁法に違反するのかを具体的に明らかにすることによって独禁法違反行為を未然に防ぐため、「流通・取引慣行に関する独禁法上の指針」（以下「**流通・取引慣行ガイドライン**」という）、「役務の委託取引における優越的地位の濫用に関する独禁法上の指針」（以下「**役務ガイドライン**」という）等が公表されています。

　物流特殊指定は、物品の運送又は保管の委託取引に着目し、荷主と物流事業者との取引における優越的地位の濫用行為を効果的に規制するため、荷主が物流事業者に対して、支払遅延、代金減額強制、著しく低い

代金の不当強制、購入強制、役務提供強制、割引困難な手形の交付、利益提供強制、不当な取引条件の変更、さらに、これら行為の要請を物流事業者が拒否したこと又は物流事業者が荷主の違法行為を公正取引委員会に知らせようとしたこと等を理由とする不利益取扱い等を、不公正な取引方法と指定しています。なお、物流特殊指定では、荷主と物流事業者それぞれについて資本金等の区分が設けられていますが、下請法と異なり資本金区分に合致しない場合も補足できる定義規定が置かれています。

流通・取引慣行ガイドラインは、主として生産財・資本財の生産者と需要者との取引及び消費材が消費者の手元に渡るまでの流通取引等を念頭において、事業者間の取引に関する独禁法上の考え方を示したものです「(流通取引慣行ガイドラインは、セーフハーバーを導入する内容の改正が近く予定されています。)」。

また、**役務ガイドライン**は、近年、事業者間の取引において、部品、製品等といった商品の取引だけではなく、役務を提供するサービス部門の比重が増大する経済のソフト化・サービス化が進展していることを踏まえ、役務を提供する委託取引に着目し、主として優越的地位の濫用規制の観点から、どのような行為が独禁法上問題となるかを、流通・取引慣行ガイドラインにおける取扱いを踏まえて明らかにすることによって、事業者の独禁法違反行為を未然に防止しその適切な活動の展開に役立てようとするものです。

いずれのガイドラインも資本金区分を設けておらず、多くの行為類型が挙げられていることから、下請法の資本金区分に合致しない場合や、下請法の違反行為類型に合致しない場合に、これらのガイドラインの考え方を参考にするとよいでしょう。

なお、下請法の適用が除外されている建設工事に係る下請取引については、建設業法及び独禁法が適用されます。独禁法の適用の有無は、「建設業の下請取引に関する不公正な取引方法の認定基準」(昭和47年公正取引委員会事務局長通達第4号)に従って、判断されることになります。

> **Question 2** 独禁法の改正により不公正な取引方法に対して課徴金納付命令が発令できるようになったと伺いましたが、なぜそのような改正がなされたのですか。

● **Answer**

　独禁法の平成21年改正により不公正な取引方法に対する課徴金納付命令が新たに新設されましたが、課徴金納付命令の対象として優越的地位の濫用を追加することについて、独禁法基本問題懇談会報告書では、優越的地位の濫用は「私的独占の予防的規制とは位置づけられず、また、違反行為者に不当な利得が生じる蓋然性が高く、特に、優越的地位の濫用については違反行為も多くみられることから、排除措置命令に加えて、違反金を賦課することによる抑止の必要性を検討すべきであると考えられる」と指摘されています。

　独禁法の平成21年改正により、不公正な取引の一部が公取委告示である「不公正な取引方法」（いわゆる一般指定）から、独禁法の条文に取り込まれ（5類型）、下請法に規定されている購入強制、利益提供強制、受領拒否、返品強制、支払遅延、減額強制、不当な取引条件の変更等が優越的地位の濫用の条文に盛り込まれました（独禁法2条9項5号イ、ロ及びハ）。

　そして、かかる優越的地位の濫用行為に対して、相手方との売上額の**1パーセントの課徴金**が科せられることになりました（**独禁法20条の6**）。優越的地位の濫用行為については、一度の違反行為だけで直ちに課徴金の対象となります（独禁法20条の2ないし20条の5参照。他の4類型は、10年以内に2度繰り返した場合に2度目のみに課徴金を課するということにとどまっています。）。このように、優越的地位の濫用行為についてだけ異なる取扱いがされたのは、他の4類型は、弊害が大きければ私的独占にも該当しうる行為類型であり、私的独占として課徴金対象とすれば足りると考えられたのに対し、優越的地位の濫用行為は弊害が大きくても独禁法の私的独占には該当しないと考えられたことによるものであると指摘されています。

2 建設業法
(1) 建設業に適用される法律

Question 私は、建設業の下請業者ですが、建設業の下請業者には、どのような法律が適用されるのでしょうか。

●*Answer*

建設業の下請業には、**下請法は適用されません**。建設業の下請業については、**建設業法と独禁法が適用されます**。

1　建設工事について元請業者から施工を請け負った業者も下請業者には変わりありません。しかし、建設業については、建設業法に下請取引に関する規制が規定されています。そのため、建設工事の下請取引（孫請取引も含みます。）は、下請業法ではなく、建設業法の規定に従うことになります。

　そして、独禁法19条は、「事業者は、不公正な取引方法を用いてはならない」と規定していますが、建設業において、元請負人が建設業法上の規定に違反していて、その違反がこの独禁法19条の「不公正な取引方法」違反に該当する、と判断される場合には、国土交通大臣又は都道府県知事が、公正取引委員会に対して、適当な措置を取るべきことを求めることになります（建設業法42条1項）。措置要求を受けた公正取引委員会は、元請業者の行為を違反と認めた場合、当該元請業者に対して違反行為の差止や、契約条項の削除などの必要な措置を命令することになります（独禁法20条）。

2　公正取引委員会が元請業者の行為を「不公正な取引方法」と認定するにあたって同委員会は、「**建設業の下請取引に関する不公正な取引方法の認定基準**」を規定しています。この認定基準は以下のとおりです。

①　正当な理由がないのに、下請負人からの工事完了の通知を受けた日から20日以内に完成確認検査を完了しないこと

②　正当な理由がないのに、完成確認後直ちに建築工事の目的物の引渡を受けないこと

③　元請負人が発注者等から請負代金の出来高分の支払や工事完了後の支払を受けているのに、正当な理由がないにも関わらずその工事

を下請けした下請負人に対しては、元請負人が支払を受けた金額の出来高に対する割合及び下請負人が施工した出来高部分に相応する下請代金を、元請負人が支払を受けた日から1ヶ月以内に支払わないこと

④　特定建設業者が注文者となった下請契約については、正当な理由がないのに、完成確認後に下請負人が引渡を申し出た日から50日以内に下請代金を支払わないこと

⑤　特定建設業者に関する上記④の下請代金について、一般の金融機関による割引を受けることが困難な手形で支払うことで下請負人の利益を不当に害すること

⑥　自己の取引上の地位を不当に利用して、通常必要と認められる原価に満たない金額での下請契約を締結すること

⑦　正当な理由がないのに下請契約の締結後、下請代金額を減額すること

⑧　自己の取引上の地位を不当に利用して、注文した建築工事に使用する資材や機械器具を指定、またはその購入先を指定して下請負人に購入させることで、その利益を害すること

⑨　注文した建築工事に必要な資材を元請負人から購入させた場合に、正当な理由がないのに下請代金の支払い期日より早い時期に、当該資材の対価の全部または一部を控除し、または支払わせることで、下請負人の利益を不当に害すること

⑩　元請負人が上記①～⑨の行為をしている場合、または行為をした場合に下請負人がこれを公正取引委員会、国土交通大臣、中小企業庁長官または都道府県知事に知らせたことを理由として下請負人に対し、取引の量を減らしたり、取引を停止するなどの不利益な取扱いをすること

(2) 建設業法遵守のガイドライン

> *Question* 建設業法の下請取引において、建設業法の違反は具体的にはどのように判断したらいいでしょうか。その指針はありますか。

● *Answer*

建設業の下請業については、その適正化を図るため平成19年6月に**「建設業法令遵守ガイドライン」**が策定されています。このガイドラインが建設業法に違反し、または違反するおそれのある行為の指針となります。

1 「建設業法令遵守ガイドライン」は、建築工事における下請取引について、建設業法に違反する行為例を具体的に示しています。具体例を示すことで法令違反行為を防ぎ、元請負人と下請負人が対等な立場になるようにし、下請取引が公正に行われることを目指しています。

ガイドラインでは、建設業の下請取引の流れに沿って以下の10項目を定めており、項目ごとに具体例が記載されています。具体例について詳しくは、国土交通省のホームページで公開されているガイドラインをご覧下さい。ここでは、ガイドライン記載の10項目と、その概要をご紹介します。

① **見積条件の提示**（建設業法20条3項）

元請負人は、下請負人に見積を行わせる場合には、下請契約の工事内容を具体的に請負人に提示しなければなりません。また、下請予定可価格に応じて一定の見積期間を下請負人が確保できるようにする必要があります。

② **書面による契約締結**

②-1 **当初契約**（建設業法18条、19条1項、19条の3）

下請契約は、下請工事の着工前に、建設業法所定の事項を記載した書面で締結しなければなりません。また、下請負人に一方的な義務を課しているなどの片務的な契約は不適当とされています。

②-2 **追加・変更契約**（建設業法19条2項、19条の3）

追加工事等については、追加工事の着工前に書面による契約の変更が必要ですが、工事状況により契約書面の取り交わしができない場合にも、最低限として、具体的な作業内容、当該工事が契

約変更の対象となること、契約変更を行う時期、及び追加変更工事金額等を記載した書面を追加変更工事の着工前に交わすこととされています。また、追加変更工事が下請負人の負担となる場合には、不当に低い請負代金として違法になる可能性があります。

③ **不当に低い請負代金**（建設業法19条の3）

元請負人が、自己の取引上の地位を不当に利用して、通常必要と認められる原価に満たない金額を請負代金額とする請負契約を締結することは禁止されています。

④ **指値発注**（建設業法18条、19条1項、19条の3、20条3項）

元請負人が一方的に決めた請負代金額（指値）により下請契約を締結させることは、双方の対等な立場を図る建設業法の趣旨に反しますし、その金額によっては上記③に反するので違法となる可能性があります。

⑤ **不当な使用材料等の購入強制**（建設業法19条の4）

下請契約締結後に、元請負人が自己の取引上の地位を不当に利用して、下請負人に対して、使用する資材や機械器具を指定、またはその購入先を指定することでその利益を害することは禁止されています。仮に購入先の指定をする場合には元請負人は、下請契約の見積条件として、その旨を明らかにしておかなければなりません。

⑥ **やり直し工事**（建設業法18条、19条2項、19条の3）

やり直し工事については、下請負人の施工に瑕疵等がある場合を除き、原則としてその費用は元請負人が負担しなければなりません。

⑦ **赤伝処理**（建設業法18条、19条、19条の3、20条3項）

下請負代金の支払について、下請負人との協議や合意がないまま、振込手数料や、建設廃棄物の処理費用、安全協力会費などを下請代金の支払い時に差引く（相殺する）行為は認められません。

⑧ **支払保留**（建設業法24条の3、24条の5）

元請負人の完成確認検査及び引渡が終了したのに、正当な理由がないまま、長期間にわたり下請代金の全部または一部を支払わないことは違法となります。

⑨ **長期手形**（建設業法24条の5第3項）

元請負人が特定建設業者で、下請負人が資本4,000万円以下の一般建設業者である場合、元請負人は、請負代金について、一般の金融機関による割引を受けることが困難な手形で支払うことは認められません。

⑩ **帳簿の備付け及び保存**（建設業法40条の3）

建設業者は営業所ごとに営業に関する事項を記録した帳簿を備え付け、5年間保存しなければなりません。

⑪ **関係法令**

建設業は、建設業法以外にも独禁法の規制対象となっており、建設業者は、建設業法上の調査権を持つ国土交通省や都道府県の他にも、公正取引委員会からの調査を受けることもあります。

このように元請負人は、このガイドラインだけでなく、公正取引委員会が規定する「**建設業の下請取引に関する不公正な取引方法の認定基準**」についても遵守するようにしなければなりません。

2 なお、国土交通省では、平成19年4月2日から、建設業の法令遵守のための情報収集窓口（「**駆け込みホットライン**」：**電話番号0570—018—240**）を開設しました。通報を受けた場合、建設業法などの法令違反の疑いのある建設業者に対して、必要に応じて立ち入り検査や監督処分を行うとしています。平成27年度「駆け込みホットライン」に寄せられた電話の件数は1735件、うち法令違反の疑いのある情報の受付件数は131件でした。

第2章 契約の成立

第2章　契約の成立

1　契約書作成の必要性

> **Question**　下請契約は口頭の約束だけでは足りず、契約書まで作っておかないと、法律上無効になるのですか。この点に関して、下請法や建設業法はどのような規制を設けていますか。

● **Answer**

　下請契約は、契約書を作成しなくても**口頭の約束だけで有効に成立します**（下請法や建設業法でも、この点に変わりはありません）。もっとも、下請法では、親事業者が**発注書面を下請事業者に交付することを義務づけ**ており、建設業法では、**契約書の作成を義務づけ**ています。

1　契約書を作成しなくても契約は有効

　まず、元請負人と下請負人との間の下請契約は、注文者と請負人との元請契約と同じく、請負契約であることに変わりはありません。

　そして、請負契約（民法632条）は、当事者の一方（請負人［下請負人］）がある仕事の完成を約束し、相手方（注文者［元請負人］）がその仕事の結果に対してその当事者（請負人［下請負人］）に報酬を与えることを約束することによって効力を生ずる契約であり、いわゆる双務・諾成の契約です。それゆえ、口頭の約束のみによって契約は成立し、契約書の作成までは必要ありません。

　少し詳しく説明しますと、現行法では、**契約自由の原則**が支配しており、その一つの内容として、契約方式の自由が認められています。ですので、契約書を作成するか否かも当事者の自由であって、いくつかの例外を除き、原則として契約書の作成は契約の成立要件となってはいないのです（請負契約もこの原則のとおりです）。

2　契約書を作成するメリットは

　もっとも、請負契約が仕事の結果に対して報酬を与えるものである以上、単なる口頭の約束だけでは、その内容が不明確となり、後日当事者

間での紛争を引き起こす原因になります。そこで、できる限り契約書を事前に作成し、その中で仕事の内容、代金額等の点を明確に定めておくことが望ましいといえます。そのような趣旨から、実務上は、建築請負契約の際に、建築請負契約約款（民間［旧四会］連合協定工事請負契約約款）が契約書に添付されることが多く行われています。

3　下請法や建設業法による規制では

　下請法や建設業法でも、口頭の約束だけで有効に成立するという上記の原則に変わりはありませんが、以下のような規制がなされています。

　まず、下請法では、下請事業者の利益を保護する観点から、契約書ではありませんが、**親事業者が発注書面を下請事業者に交付することを義務づけています**（下請法3条。詳しくは、本章2、3を参照）。同条に違反した場合でも下請契約の効力自体に影響はありません。

　次に、建設業法では、前記の紛争防止の観点のほか、請負契約の内容が一方当事者の利益に偏ることを是正すべき観点から、建設工事の請負契約につき、**法定の事項を記載した請負契約書の作成と交付を義務づけています**（建設業法19条。詳しくは第2章4・5を参照）。同条に違反した場合でも建設工事の請負契約の効力に影響はありません。

　なお、建設工事の下請取引については、下請法は適用されず、建設業法が適用される点には注意して下さい（第1章2(1)参照）。

2　発注書面の交付義務違反

> **Question**　親事業者であるA社は、下請事業者であるB社に対して、自社の製品の部品に関する製造委託を行いましたが、委託の内容を口頭で伝えてきただけで書面を交付しませんでした。この場合、A社には、どのような不利益が生じますか。

● **Answer**

50万円以下の罰金が科される可能性があります。

1　下請法3条の趣旨

　本来、請負契約は口頭での約束で成立し、下請法もこれを修正するものではありません。しかしながら、口頭での約束では、発注の具体的内容や支払条件等が曖昧なまま製造委託等がなされることも懸念されます。具体的には、物品の完成間近となった段階、あるいは納品完了後など、取引の最終段階で契約の具体的諸条件が決定されることにもなりかねず、下請事業者としては一方的に不利益を甘受しなければならないことも起こり得るところです。また、成立した契約内容を後々確認することができないことから紛争が生じ易くなり、紛争が実際に生じた場合には、弱い立場に立たされている下請事業者が、その不利益を甘受することも多くなりがちです。下請法は、第4条で親事業者の遵守事項を規定しておりますが、これら違反の事実を行政機関が確認するためにも、発注時の契約内容が明確にされている必要があります。

　そこで、下請法3条は、親事業者に対して、「公正取引委員会規則で定めるところにより下請事業者の給付の内容、下請代金の額、支払期日及び支払方法その他の記載事項を記載した書面」（以下**「発注書面」**と言います。）の**交付を義務付け**ています。

2　電磁的記録の提供

　発注書面を下請業者のコンピュータに電子メール等の電磁的方法を用いて送付することも、予め下請業者に対して電磁的方法の種類及び内容を示し、**書面又は電磁的方法によりその承諾**を得ていれば、発注書面を交付したものと認められます（下請法3条2項、下請法施行令2条1項）。下請事業者から電磁的記録の提供に関する承諾を得るにあたっては、**下請事業者の費用負担の内容、電磁的記録の提供を受けない旨の申し出を**

行うことができることも併せて提示することが必要とされています（公正取引委員会平成13年３月30日付「下請取引における電磁的記録の提供に関する留意事項」（以下「留意事項」といいます。）第２）。もっとも、この電磁的方法による場合、当該電磁的記録が下請事業者のファイルに記録され、これを出力することにより書面を作成できることが求められるため、電磁的記録が下請事業者のファイルに登録されない携帯電話への電子メールの送信では、発注書面の交付があったとは認められません（留意事項第１、１及び２（１））。また、電磁的記録の提供について、親事業者が負担すべきシステム開発費用負担を下請事業者に求めたり、電磁的記録の提供を行うことについて承諾しない下請事業者に対して取引条件や取引の実施について不利益な取扱いをしたりすることは、下請法４条２項３号（不当な経済上の利益の提供要請の禁止）、独禁法19条（優越的地位の濫用）に違反するおそれがあります。

3　下請法３条違反の効果

　発注書面の交付義務は、前述のとおり、それ自体下請事業者の保護について重要な役割を果たしております。しかしながら、下請法が制定された当初は、罰則規定がなかったため、実効性の点で問題があると指摘されていました。

　そこで、昭和40年改正の際に、発注書面の交付義務違反者を罰金３万円とする罰則規定が定められ、平成15年改正で、これが**50万円に引き上げられました**（下請法10条１号）。罰金は、発注書面の交付をしなかった者に科されますが、**両罰規定**が置かれているため、法人の代表者又は法人若しくは人の代理人その他の従業員等が、その法人又は使用者の業務に関して発注書面を交付しなかった場合には、法人や使用者に対しても併せて罰金が科されます（下請法12条）。

3 発注書面の記載事項及び交付時期

> **Question** 親事業者であるA社は、下請事業者であるB社に対して、ソフトウェアの作成を委託しようと考えています。しかしながら、最終ユーザーの求めている仕様が確定していないことから、発注書面上B社の給付内容について記載できません。このような場合、どのような対応をする必要があるのでしょうか。

● Answer

A社は、B社に対して委託する際に交付する当初書面に、他の必要的記載事項に加え、当初書面に給付内容を記載することができない正当な理由及び給付内容を定めることができる予定期日を記載する必要があります。また、A社は、最終ユーザーの仕様が確定した時点において、「直ちに」確定したソフトウェアの仕様内容及び当初書面との関連性を示す文言を記載した補充書面を、下請事業者であるB社に対して交付する必要があります。

1 記載内容

下請法3条の趣旨は、将来の紛争を未然に防止し、仮に紛争が生じたとしても、発注書面を前提とした明確な解決を可能とし、また、第4条で規定される親事業者の遵守事項違反に対する行政機関の勧告による是正を可能とすることにあります。そのため、発注書面には、公正取引委員会規則第3号「下請代金支払遅延等防止法第3条の書面の記載事項等に関する規則」（以下「3条規則」といいます。）により、概要次の事項について明確に記載しなければならないとされています。なお、3条規則に必要的記載事項として規定されている事項であっても、これらの事項が一定期間共通であるものとして、明確に記載された書面によって予め下請業者に通知されたときは、その期間内における発注書面については、共通事項について記載した書面との関連性を示す「下請代金等の支払方法については○年○月○日付で通知した文書による」といった記載に代えることができます（3条規則4条1項、平成15年12月11日付公正取引委員会事務総長通達第18号「下請代金支払遅延等防止法に関する運用基準」（以下「運用基準」といいます。）第3、1(1)）。このことは、電磁的方法による場合も同様です（3条規則4条2項）。なお、電磁的

方法による発注書面の交付については、本章2を参照して下さい。

(1) **当事者を識別する事項（3条規則1条1項1号）**

親事業者及び下請事業者の商号、名称又は事業者別に付された番号、記号その他の符合で事業者を識別できるものについて明確に記載する必要があります。

(2) **契約内容を特定する事項（3条規則1条1項2号）**

製造委託等をした日、下請事業者の給付及び提供する役務（以下「給付等」といいます。）の内容、給付等を受領又は提供を受ける期日（期間を定めて提供を委託する役務については当該期間）及び給付等の受領又提供を受ける場所について、それぞれを明確に記載する必要があります。給付等の内容については、その品目、品種、数量、規格、仕様等を明確に記載する必要があります（運用基準第3、1(3)）。

(3) **検査期日に関する事項（3条規則1条1項3号）**

下請事業者の給付の内容を検査する場合には、その検査を完了する期日を明確に記載する必要があります。

(4) **下請代金等に関する事項（3条規則1条1項4号乃至6号）**

ア　下請代金の額及び支払期日（3条規則1条1項4号）

下請代金額については、具体的な金額を記載することが困難なやむを得ない事情、例えば、原材料費等が外的要因によって変動し、これに連動して下請代金の額が変動するなどの場合には、その算定方法の記載で代替することも可能です（3条規則1条2項）。もっとも、当該算定方法は、算定の根拠となる事項が確定すれば自動的に下請代金が確定するものでなければなりません。また、確定した後速やかに、下請事業者に対して通知しなければなりません（運用基準第3、1(2)）。

イ　手形の金額及び満期（3条規則1条1項5号）

下請代金の全部又は一部の支払について手形を交付する場合には、当該手形の金額及び満期について明確に記載する必要があります。

ウ　一括決済方式による場合（3条規則1条1項6号）

一括決済方式による場合、金融機関の名称、貸付又は支払可能額、親事業者が当該金融機関に対して下請代金債権相当額又は下請代金債務相当額を支払う期日について、明確に記載する必要があります。下請法上認められている一括決済方式には、債権譲渡担保方式、ファク

タリング方式、併存的債務引受方式があり、その内容についても一定の制限がありますので、これに留意する必要があります（平成11年7月1日事務総長通達第16号「一括決済方式が下請代金の支払い手段として用いられる場合の下請代金支払遅延等防止法及び独禁法の運用について」、平成11年7月1日取引部長通知「一括決済方式が下請代金の支払手段として用いられる場合の指導方針について」）。

⑸　**原材料等に関する事項（3条規則1条1項7号）**

　製造委託等に関して親事業者が下請事業者に対して原材料等を購入させる場合には、その品名、数量、対価及び引渡期日並びに決済の期日及び方法について、明確に記載する必要があります。

2　補充書面

　もっとも、過去に前例のない試作品等の製造委託であるために、委託時に下請事業者の給付内容が定まっていない等の正当な理由がある場合には、必要的記載事項であっても記載を要しません（下請法3条1項ただし書き）。ここでいう正当な理由とは、「取引の性質上、製造委託等をした時点では必要的記載事項の内容について決定することができないと客観的に認められる理由がある場合」とされています（運用基準第3、2⑵）。この場合には、製造委託等を行う際に交付する書面（以下「当初書面」といいます。）に、当該記載できない事項（以下「特定事項」といいます。）以外の発注書面の必要的記載事項に加え、特定事項の内容を定められない理由及び特定事項の内容を定めることとなる予定期日を記載しなければなりません（3条規則1条3項）。

　このような場合、特定事項の内容については、速やかに定めなければならず、定めた後は、直ちに、当初書面との関連性が分かる文言を記載をした上で、特定事項の内容を記載した書面（以下「補充書面」といいます。）を交付しなければならないとされています（下請法3条1項ただし書き、運用基準第3、2）。

3　交付時期

　発注書面を取引中ないし取引終了時に交付されたとしても、発注時の発注内容の確認ができない以上、発注書面の交付を義務づけた法の目的

を達成することができません。そこで、下請法3条1項は、下請事業者に対して発注した場合には「直ちに」発注書面を交付しなければならないとしています。ここでいう「直ちに」とは、「一切の遅れを許さないという趣旨」であるとされています（粕渕功「下請法の実務」84頁）。そして、補充書面も、特定事項を定めた後「直ちに」交付しなければならないとされています（同項但し書き）。

4　本問

本問では、最終ユーザーの仕様が確定していないが故に給付内容を定めることができないので、「正当な理由」がある場合と言えます。そのため、A社がB社に対して委託の際に交付する当初書面には、他の必要的記載事項に加え、当初書面に記載できない正当な理由及び特定事項の内容を定められることとなる予定期日を記載する必要があります。また、最終ユーザーの仕様が確定し、これに伴い下請事業者が給付するソフトウェアの内容を確定できた時点で、A社は「直ちに」、当該内容及び当初書面との関連性を示す文言を記載した補充書面を、下請事業者であるB社に対して交付する必要があります。

4　建設業法19条1項・同条2項の趣旨

> **Question**　A社（元請負）とB社（下請負）とは、建設の下請工事の施工途中に、請負契約書（その内容は建設業法19条1項に基づいているものとします）を作成し、相互に交付しました。
>
> 　その後、当該下請工事に追加工事が必要となったため、B社は追加工事に関しても契約書を作成するようA社に求めましたが、A社は工期が迫っていることを理由にこれを拒否し、追加工事を早く行うようB社に対し強く求めました。そのため、B社はやむなく追加工事を施工しました。
>
> 　この場合、AB間における本工事、追加工事に関して、建設業法上の問題はないのでしょうか。

● **Answer**

　AB間における本工事、追加工事に関する請負契約自体は有効に成立していますが、本工事は建設業法19条1項に違反し、追加工事は同条2項に違反しています。

1　建設業法の適用

　前提として、設問では建設工事の下請が問題となっていますので、下請法ではなく、建設業法が適用されます（第1章2(1)参照）。

2　建設業法違反の有無について

(1)　本工事について

　まず、本工事については、A社とB社の間で、建設業法第19条第1項に基づく請負契約書を作成し、相互に交付しています。しかし、その作成・交付時期が当該下請工事の着工前ではなく、**施工途中**である点が問題です。

　すなわち、建設業法19条1項は、「建設工事の請負契約の当事者は、…契約の締結に際して次に掲げる事項を書面に記載し、署名又は記名押印をして相互に交付しなければならない。」と定めています。これは、当事者間の無用な紛争防止との趣旨のほか、請負契約の内容が一方当事者の利益に偏ることを是正すべきとの趣旨に基づいています。このよう

な趣旨からすれば、契約書に記載すべき内容は、当該工事の内容、請負代金に関する事項や工期等多岐にわたるほか（第2章参照）、**契約書の作成・交付時期についても、当該工事の着工前であることが必要**となります（建設業法令遵守ガイドライン（第4版）2.2-1）。

　従って、設問のA社の行為は、建設業法19条1項に違反するものです。なお、同条同項は、発注者と請負人の関係には勿論のこと、設問のような元請負人と下請負人の関係にも適用されます。

(2)　追加工事について

　次に、追加工事については、着工前に書面による変更契約を行わなかった点が問題です。すなわち、元請負人と下請負人は、追加工事又は変更工事の発生により、当初の請負契約書に掲げる事項を変更するときは、追加工事等の着工前にその変更の内容を書面に記載し、署名又は記名押印をして相互に交付しなければなりません（建設業法19条2項）。追加工事等の場合でも、同法19条1項の趣旨は同様に妥当するからです。それゆえ、**追加工事等の場合でも、着工前に契約書の作成・交付が必要**となります（建設業法令遵守ガイドライン（第4版）2.2-2）。

　従って、設問のA社の行為は、建設業法第19条2項に違反するものとなります。

3　請負契約の有効性について

　前記のように、A社の行為が建設業法19条1項及び2項に違反するとしても、上記各規定はいずれも**訓示規定**であり、契約の成立要件を定めたものではありません。

　従って、設問のAB間における本工事、追加工事に関する請負契約が有効に成立していることに変わりはありません。

5 建設業法19条1項の記載事項

> (Question) A社（元請負）とB社（下請負）とは、建設の下請工事の着工前に請負契約書を作成し、相互に交付しました。
> ところが、この契約書には、B社の施工範囲等が記載されておらず、「○○工事一式」との記載があるのみでした。
> この場合、上記のような契約書では、建設業法に違反しているのではないでしょうか。

● Answer

設問の契約書には工事内容や請負代金の額、工期についての定め等がないことから、建設業法19条1項に違反しています。

1 建設業法の適用

前提として、設問では建設工事の下請が問題となっていますので、下請法ではなく、建設業法が適用されます（第1章2(1)参照）。

2 建設業法第19条第1項の記載事項とは

建設業法第19条第1項では、後日の紛争回避と請負契約の偏務性を是正するため、「建設工事の請負契約の当事者は、前条の趣旨に従って、契約の締結に際して次に掲げる事項を書面に記載し、署名又は記名押印をして相互に交付しなければならない。」と定めています。そして、同項の1号から11号の記載事項のうち、**1号から3号**は請負契約の中核的内容ですので、特に明確に定めておく必要があります。以下、ポイントを絞って説明します。

(1) 「**工事内容**」（1号）：構造、仕様等を設計図・仕様書等により明らかにしなければなりません。

(2) 「**請負代金の額**」（2号）：総額定額請負、概算請負、単価請負等各種ありますが、請負代金の額が最終的に確定できる内容であることが必要です。

(3) 「**工事着手の時期及び工事完成の時期**」（3号）：具体的な日時が客観的に確定できることが必要です。また、請負人の労働災害を防ぐために、適切な工期の設定が望まれています。

(4) 「請負代金の…前金払又は出来形部分に対する支払の定めをするとき…の支払の時期及び方法」（4号）：請負人の資金準備の必要から、このような定めをすることが通常です（本号との関係で、建設業法21条、同法24条の3を参照）。

(5) 「…設計変更又は工事着手の延期若しくは工事の…中止の…場合における工期の変更、請負代金の額の変更又は損害の負担及びそれらの…算定方法に関する定め」（5号）：現実には進捗状況に応じ工事内容が変更されることは良くあることなので、その場合の元請負人と下請負人の協議を円滑に行えるようにするために、定めておくものです（建設業法19条2項参照）。

(6) 「天災その他不可抗力による工期の変更又は損害の負担及びその額の算定方法に関する定め」（6号）：天変地異等不可抗力によっても、本来、下請負人は工事完成義務を負うのが原則ですが、現実に鑑み、元請負人と下請負人との間で、発生したリスクをどう分担するかを定めるものです。

(7) 「価格等…の変動若しくは変更に基づく請負代金の額又は工事内容の変更」（7号）：請負契約の締結後、その基礎となった価格等が変動・変更されたため、当初の契約内容での工事の続行が妥当でない場合に、請負代金の額又は工事内容をどのように変更するかをあらかじめ定めておくものです。

(8) 「工事の施工により第三者が損害を受けた場合における賠償金の負担に関する定め」（8号）：本号に関連して、工事の施工に伴い避けられない損害は、注文者（下請の場合は元請負人）の負担とされています（建設工事標準下請契約約款23条参照）。

(9) 「注文者が工事に使用する資材を提供し、又は建設機械その他の機械を貸与するときは、その内容及び方法に関する定め」（9号）：貸与品については、仕様書等により使用方法も明らかにしておくと良いでしょう（なお、本号に関連して、建設業法19条の4を参照）。

(10) 「注文者が工事の…完成を確認するための検査の時期及び方法並びに引渡しの時期」（10号）：本号は特に請負契約関係について意味があります（下請契約につき、建設業法24条の4を参照）。検査方法も具体的に定めておくべきです。

⑪ 「工事完成後における請負代金の支払の時期及び方法」(11号)：通常は「工事目的物の引渡し後〇日以内」と規定されますが、本来、引渡しと代金の支払は同時履行が民法上の原則であることから、引渡し後はできるかぎり短期間で支払うよう定めるべきです（本号との関係で、建設業法24条の5を参照）。

⑫ 「工事の目的物の瑕疵を担保すべき責任又は当該責任の履行に関して講ずべき保証保険契約の締結その他の措置に関する定めをするときは、その内容」(12号)：このような定めをした場合に、施工業者の瑕疵担保に関する責任関係を明確にするために記載します（このような定めをすること自体を義務づけるわけではありません。）。

⑬ 「各当事者の履行の遅滞その他債務の不履行の場合における遅延利息、違約金その他の損害金」(13号)：注文者は、代金支払、工事完成検査、支給材料等の引渡し等について、請負人については工事の着手、完成について、履行遅滞、債務不履行が想定されるため、その場合の責任について定めておくものです。

⑭ 「契約に関する紛争の解決方法」(14号)：本号との関係で、建設業法は、建設工事紛争審査会によるあっせん、調停、仲裁の制度を設けています（建設業法第3章の2参照）。

3 電磁的方法による契約書の交付

建設業法第19条の請負契約書の作成・交付については、電子メールや磁気ディスク・CD-ROM等国土交通省令で定める情報通信の技術を利用した措置（「電磁的措置」という）による方法でも契約書の交付と認められますが、電磁的措置を講ずるには、予め契約の相手方から、講ずる予定の電磁的措置の種類及び内容についての（書面又は電磁的方法による）承諾を得ておく必要があります（建設業法第19条3項、同法施行令第5条の5、同法施行規則第13条の2乃至4参照）。

4 解体工事等に関する下請の場合の注意点は

「一定規模」以上の解体工事等を行う場合には、前記2の契約書面の記載事項（⑴から⑭）のほか、さらに、以下の①から④までの事項を記載する必要があります（建設工事に係る資材の再資源化等に関する法律（以

下「建設リサイクル法」といいます。）第13条第１項、特定建設資材に係る分別解体等に関する省令第４条参照）。なお、「一定規模」とは、以下のそれぞれの規模を指します（建設リサイクル法第９条第３項、同施行令２条１項）。

【記載事項】
① 分別解体等の方法
② 解体工事に要する費用
③ 再資源化等をするための施設の名称及び所在地
④ 再資源化等に要する費用

【一定規模】

	工事の種類	規模
1	建築物に係る解体工事	当該建築物（当該解体工事に係る部分に限ります。）の床面積の合計が80平方メートル
2	建築物に係る新築又は増築の工事	当該建築物（増築の工事にあっては、当該工事部分に限る）の床面積の合計が500平方メートル
3	建築物に係る新築工事等（前記２を除く）	その請負代金の額が１億円
4	建築物以外のものに係る解体工事又は新築工事等	その請負代金の額が500万円

第3章 契約内容のルール ～下請いじめの防止

第3章　契約内容のルール～下請いじめの防止

1　独禁法
(1)　優越的地位の濫用
ア　フランチャイズ契約と優越的地位の濫用

> **Question**　私は、あるコンビニエンスストアチェーンの加盟店を経営していますが、売れ残った弁当の廃棄費用の負担が重いので、売れ残りの弁当はその日のうちに値下げして販売したいと考えています。しかし、本部に相談したところそれは認めないと言われました。本部に従わなければならないのでしょうか。

● Answer

　コンビニエンスストアのフランチャイズ契約において、本部と加盟店の力関係は、個々の契約内容にもよりますが、一般に本部が圧倒的に強いと考えられます。その場合、個々の加盟店の経営行為を不当に禁止することは、優越的地位の濫用（独禁法19条、2条9項5号、6号ホ、一般指定13項）にあたる可能性があります。

1　コンビニエンスストア本部の強い立場

　フランチャイザーとフランチャイジーの関係に下請法の適用はありません。

　コンビニエンスストアのフランチャイズ契約においては、加盟店は本部との取引により商品の仕入れ等ができなければ、経営を維持することは不可能です。従って、通常は本部のほうが圧倒的に強い立場にあると考えられます。

　しかし、各加盟店は独立した経営主体ですから、独自の経営手法が認められるべきとも言えます。例えば、弁当等の販売可能な期間が非常に短い商品を、期間経過前に値下げして販売すること（いわゆる「見切り販売」）ができないとすれば、加盟店は商品を廃棄するしかないことになりますが、その廃棄費用を加盟店が負担するのは、加盟店の負担が大きくなることは明らかです。

このような行為が違法か否かは、一律に判断できることではありません。なぜなら、フランチャイズ契約においては、本部は自らの販売戦略を維持しブランド価値を守るため、加盟店の独自の行動を是正する指導ができて然るべき、とも考えられるからです。結局は、本部の指導が、加盟店に従う以外の選択肢が無く、かつ、その内容が不当な場合に、優越的地位の濫用となります。その際、本部の指導が不当かどうかは、経済的な負担を本部と加盟店のどちらが負うのかという事情が最も大きな考慮要素となるでしょう。

　公正取引委員会は、平成14年4月24日付で「フランチャイズ・システムに関する独禁法上の考え方について」を公表しています。その中で、この見切り販売につき、「廃棄ロス原価を含む売上総利益がロイヤルティの算定の基準となる場合において、本部が加盟者に対して、正当な理由がないのに、品質が急速に低下する商品等の見切り販売を制限し、売れ残りとして廃棄することを余儀なくさせること」が優越的地位の濫用になるとしています。

2　見切り販売妨害行為が優越的地位濫用にあたるとした事例

　見切り販売をやめさせる行為が、加盟者が自らの合理的な経営判断に基づいて廃棄に係るデイリー商品の原価相当額の負担を軽減する機会を失わせるものなので、優越的地位に濫用にあたるとした事例として、公正取引委員会排除措置命令平成21年6月22日（セブン－イレブン・ジャパン事件）があります。

　この排除措置命令を受けて独禁法25条（独禁法違反行為について無過失損害賠償責任を認めた規定）に基づいてセブン－イレブン・ジャパンに対して損害賠償請求した事案では、損害賠償請求を認めています（東京高判平成25年8月30日）。

イ　アニメーションの制作と優越的地位の濫用

> *Question 1* 当社は、アニメーションの受託制作会社ですが、発注者である制作会社からの注文の際、発注書面がもらえず、口頭で注文されています。その後に契約内容で代金減額等の不当な要求をされるのを防ぐため、発注書面を出してもらうわけにはいかないのでしょうか。

● *Answer*

　発注の際には、作業内容・作成物や納期、代金額を具体的に記載した発注書面の交付がなされるべきであり、発注者がこれを行わない場合には、優越的地位の濫用（独禁法19条、2条9項5号、6号ホ、一般指定13項）として違法になる可能性があります。

1　委託取引における受託者の弱い立場

　アニメーション産業については、公正取引委員会が流通実態・取引慣行に関する実態調査を行い、報告書を公表しています。これによると、アニメーション産業等の委託取引においては、一般に、受託して制作する成果物が発注者の仕様に基づいた特殊なものが多く、その場合は発注者以外に転売することができず、テレビ放送用として制作するアニメの場合は、事実上、地上波テレビ局で放映できなければ当該アニメ作品のDVD等の販売を確保できないことや、受託制作会社はテレビ局や元請制作会社に比べて小規模な会社が多いこと等の事情から、発注者のほうが受託制作会社より優越した地位にあることが多いとされています。

2　発注者による優越的地位の濫用

　発注者が受託制作会社に対して行う不当な行為の典型例は、受託制作会社に対して一方的に低い対価を押しつけることです。

　受注・発注は契約ですから、対価は両当事者間の協議・交渉によって定まるのが原則です。しかし、実際には十分な協議が行われず、優越的地位にある発注者が金額等の契約内容を一方的に決めるという事態がまま見られます。これが優越的地位の濫用や下請法上の問題となるかどうかは、当事者間で十分な協議が行われたか否かを含め、諸事情を総合的に判断することになります。

　金額のほかに問題となるのが、発注書面等の交付です。契約は口頭で

も成立しますが、実際の契約においては契約書を作成するのが原則です。なぜなら、口頭でのやりとりだけでは、発注者から、不当な発注取消し、発注内容の変更、やり直し、代金減額といった要求をされるおそれがあるからです。

　そのような紛争を防止するため、発注の際には、作業内容・作成物や納期、代金額を具体的に記載した発注書面の交付がなされるべきです。なお、経済産業省は「アニメーション業界における下請取引等の推進のためのガイドライン」を出していますのでそちらを参考にして下さい。

> *Question 2*　当社は、アニメーションの受託制作会社ですが、著作権の帰属は発注者とされてしまっています。そのため、キャラクター商品などの二次利用収益の配分をもらえません。これは仕方ないことなのでしょうか。

●Answer

　発注者と受託制作会社のどちらに著作権が帰属するかは、当事者間で十分な話し合いを行って決するのが原則です。もっとも、発注者が著作権の帰属を一方的に決めることは優越的地位の濫用にあたる可能性があります。

1　著作権の帰属

　制作されたアニメの著作権は、発注者と受託制作会社のどちらにそのアニメの「発意と責任」が存在するのかを基礎として、両者で十分に協議して定められるべきです。もっとも、著作権が発注者に帰属するとする場合は、一旦受託制作会社に発生した著作権が発注者に移転するということも多いでしょう。そのときは、著作権の譲渡の対価としての金額が支払われたか否かが重要な判断要素となります。

2　二次利用の窓口業務

　また、二次利用の窓口業務を行う主体は当然に発注者ということにはなりません。発注者が受託制作会社と協議もせずそのような窓口業務を当然のように行うなら、それは優越的地位の濫用となる可能性があります。そのような事態にならないよう、二次利用の窓口業務を誰がどのように行うかについても、当事者間で事前に十分に協議すべきです。

ウ 大規模小売店告示

> **Question** 私は大手小売業者の納入業者ですが、大手小売業者と納入業者の取引はどのように規制されているのでしょうか？

● Answer

　大規模小売業者・納入業者の取引においては、大規模小売業者がバイイングパワーを利用して、不当な協賛金の負担要請や不当な返品要請、従業員の派遣要請など事前の契約とは関係のない取引を行わせるケースがしばしば見られますが、これらの行為は、独禁法が禁止する「優越的地位の濫用」に該当する可能性があります。

　そして、公正取引委員会は、大規模小売業者による優越的地位の濫用行為を効果的に規制するため、納入取引の実態に即した取引上の地位の不当利用を規制する「大規模小売業者による納入業者との取引における特定の不公正な取引方法」（平成17年5月13日公正取引委員会告示11号、一般に「大規模小売店告示」と呼ばれているので、以下このように表記します）を指定し、その運用基準を定めています。

　以下では、その概要を説明します。

1　大規模小売業者及び納入業者の定義

　大規模小売業者とは、一般消費者により日常使用される商品の小売業を行う者であって、①前年度の総売上高が100億円以上又は②一定以上の店舗面積（東京都特別区及び政令指定都市では3000㎡以上、その他の市町村では1500㎡以上）の事業者をいいます。

　コンビニエンスストアのフランチャイザー（本部）もこれに含まれる場合があります。

　納入業者とは、大規模小売業者が販売する商品納入する事業者ですが、取引上の地位が当該大規模小売業者に対して劣っていないと認められる者を除きます。

　納入業者の取引上の地位が当該大規模小売業者に対して劣っていないと認められるかどうかの判断の際には、①納入業者の当該大規模小売業者に対する取引依存度、②当該大規模小売業者の市場における地位、③納入業者にとっての取引先変更の可能性、④その他当該大規模小売業者と取引することの必要性を示す具体的事実（納入業者の売上高等）を総

合的に勘案します。

2　禁止行為

大規模小売店告示では以下の行為が禁止されます。

① 不当な返品（大規模小売店告示1項）

大規模小売業者が、納入業者から購入した商品の全部又は一部を当該納入業者に対して返品することは、納入業者の責めに帰すべき事由がある場合など一定の場合を除いて原則として禁止されています。

② 不当な値引（大規模小売店告示2項）

大規模小売業者が、納入業者の責めに帰すべき事由がある場合を除いて、納入業者から商品を購入した後において、商品の納入価格の値引きを当該納入業者にさせることは禁止されています。

③ 不当な委託販売取引（大規模小売店告示3項）

大規模小売業者が納入業者に対して、正常な商慣習に照らして納入業者に著しく不利益となるような条件で委託販売取引をさせることを禁止されています。

従来、甲商品の粗利を1万円として買取仕入れにより仕入れてきたところ、突然、仕入方法を買取から委託仕入れに変更し、他の取引条件等が変わらないにもかかわらず、委託仕入れにおける委託手数料を従前の粗利と同じ1万円とすることがこれに該当します。

④ 特売商品等の買いたたき（大規模小売店告示4項）

大規模小売業者がセール等を行うために購入する商品について、自己等への通常の納入価格に比べて著しく低い価格を定め」て納入させることは禁止されています。

⑤ 特別注文品の受領拒否（大規模小売店告示5項）

大規模小売業者がプライベート・ブランド商品など特別な規格等を指定した上で、納入業者に商品を納入させることを契約した後において商品の受領を拒むことは、納入業者の責めに帰すべき事由がある場合又はあらかじめ当該納入業者の同意を得て、かつ、商品の受領を拒むことによって納入業者に通常生ずべき損失を大規模小売業者が負担する場合を除いて、禁止されています。

⑥ 押し付け販売等（大規模小売店告示6項）

大規模小売業者が取引関係を利用して、納入業者が購入等を希望しな

いにもかかわらず、自己の指定する商品を購入させ、又は役務を利用させることは正当な理由がある場合を除いて禁止されます。

⑦ 納入業者の従業員等の不当使用等（大規模小売店告示7項）

大規模小売業者が、自己の業務のために納入業者に従業員等を派遣させて使用すること、又は自らが雇用する従業員等の人件費を納入業者に負担させることは原則として禁止されています。

⑧ 不当な経済上の利益の収受等（大規模小売店告示8項）

大規模小売業者が、納入業者に対し、決算対策協賛金など本来当該納入業者が提供する必要のない金銭等を提供させること、及び納入業者の商品の販売促進に一定程度つながるような協賛金や納入業者のコスト削減に寄与するような物流センターの使用料等であっても、納入業者が得る利益等を勘案して合理的であると認められる範囲を超えてこれらを提供させることは禁止されます。

⑨ 要求拒否の場合の不利益な取扱い（大規模小売店告示9項）

①～⑧の要求を拒否した納入業者に対し、代金の支払遅延、取引停止等の不利益な取扱いをすることは禁止されています。

⑩ 報復行為（大規模小売店告示10項）

納入業者が公正取引委員会に対し、①～⑨の事実を知らせ、又は知らせようとしたことを理由として、当該納入業者に対し、代金の支払遅延、取引停止等の不利益な取扱いをすることは禁止されています。

3　具体例

公正取引委員会が、大規模小売店告示違反を理由として排除措置命令を下した典型例として以下のようなものがあります。返品、値引、及び従業員派遣要請の事例が多いです。

① 店舗の閉店・改装に伴う返品

納入業者に対し、店舗の閉店又は全面改装に伴い自社の店舗で販売しないこととした商品及び棚替え又は商品改廃に伴い定番商品から外れた商品を返品していたことが大規模小売店告示1項に違反するとされた事例が複数あります（公正取引委員会排除措置命令平成21年6月19日、同平成22年7月30日等）。

② 独自の販売期限に基づく返品

食品スーパーが、メーカーが定めた賞味期限とは独自の販売期限を設

定して、これを徒過した商品を返品したことが大規模小売店告示1項に違反するとされた事例があります（公正取引委員会排除措置命令平成20年5月23日）。

③ 割引相当額の値引

小売店が割引販売した商品について、割引額を補填するために、納入業者に割引販売による利益減少額の全部または一部を負担させた行為が大規模小売店告示2項に違反するとされた事例が複数あります（公正取引委員会排除措置命令平成19年3月27日、同平成20年6月23日等）

④ 押し付け販売

スーパーがお中元やお歳暮の販売に際して納入業者にギフト券等を購入させた事例（公正取引委員会排除措置命令平成18年10月13日）、ホームセンターが在庫を納入業者に購入させた事例（公正取引委員会排除措置命令平成18年10月13日（前の事例と同日に出た別事件））、百貨店が絵画の展示会で販売する絵画の納入業者に購入させた事例（同平成21年3月5日）で大規模小売店告示6項に違反するとされた事例があります。

⑤ 従業員の派遣要請

納入業者に従業員を派遣させたことが大規模小売店告示7項に違反するとされた事例が複数あります（公正取引委員会排除措置命令平成20年5月23日、平成20年6月23日、平成20年6月30日、平成21年6月19日、同平成22年7月30日等）

⑥ 協賛金

ホームセンターが新規出店および改装に伴い、店舗の粗利を確保するため、算定根拠を明示せずに納入業者に協賛金を負担させていた事例が大規模小売店告示8項に違反するとされた事例があります（公正取引委員会排除措置命令10月13日）

(2) 排他条件付取引

> Question　排他条件付取引とはどのようなものでしょうか。

● Answer

　ある事業者が、不当に、相手方が競争者と取引しないことを条件として当該相手方と取引し、競争者の取引の機会を減少させるおそれがある行為のことです（独禁法19条、2条9項6号ニ、一般指定11項）。

1　排他条件付取引

　排他条件付取引は、相手方が競争者と取引しないことを条件とする行為のことですから、特約店契約や専売店制はこれに該当することになります。しかし、排他条件付取引だからといって、直ちに違法となるわけではありません。相手方の取引の不当な制限となる場合や、市場の公正な競争を阻害する場合に、はじめて違法となります。

2　違法となる排他条件付取引とは

　公正取引委員会の相談例として、以下のものが挙げられています。
「A：生コンクリート製造業者の協同組合
　B：生コンクリート卸売業者の協同組合

　BはAから生コンクリートを共同購入しているところ、①BがAと生コンクリートの共同販売事業を行う。それと共に、②BがAに対し、今後は生コンクリートをBにしか売らず、Bに加盟していない業者には売らない、という契約の締結をすることに問題は無いでしょうか。」

　この問題について、公正取引委員会は、②の点につき、これはBがAに対し、B以外のものには生コンクリートを販売しないようにさせることとなり、このことはBの市場における地位を考慮すれば、不公正な取引方法に該当するおそれがあり、独禁法上問題となるおそれがある、と回答しています。

　違法となるかどうかは、市場における影響力・支配力等、実質的な点を考慮して判断されます。例えば、Aの支配力が弱く、Bに加盟しない業者でもA以外から生コンクリートを容易に調達できるのであれば、違法とならないこともあるでしょう。

(3) 拘束条件付取引

> *Question* 拘束条件付取引とはどのようなものでしょうか。

● *Answer*

相手方とその取引の相手方との取引その他相手方の事業活動を不当に拘束する条件をつけて、当該相手方と取引することです（独禁法19条、2条9項6号ニ、一般指定12項）。

1 拘束条件付取引

拘束条件付取引は、相手方の事業活動を拘束するものですが、契約は一般に相手方の事業活動を制約する側面があるので、相手方の事業活動を拘束するからと言って、それが直ちに違法となるわけではなく、市場の公正競争を害する不当な制約に該当する場合に違法となります。

2 違法となる拘束条件付取引とは

拘束条件付取引として違法とされた事例として、農協に対する排除措置命令（大分大山町農協事件・公取委条令平成21年12月10日）を挙げることができます。

「A農協は、X市等においてBと称する農産物直売所を数店舗運営し、Bの出荷登録者が出荷した直売用農産物の販売を受託していたが、X市内において新たにCと称する農産物直売所が営業を開始することになったため、A農協は、BC双方の出荷登録者に対し、Cに直売用農産物を出荷しないようにさせること、及びその手段として、Cに直売用農産物を出荷した場合にはBへの直売用農産物の出荷を取りやめるよう申し入れること、を内容とする基本方針を決定し、双方の出荷登録者に対してそのように申し入れるとともに、Bの出荷登録者に対して基本方針を周知すること等により、Cに直売用農産物を出荷しないようにさせた。」

この違反に対し、公正取引委員会は、A農協に対し、そのような行為をやめること、それを理事会で決議すること、それをABにおいて周知徹底すること、独禁法遵守の行動指針作成のための措置を講じること等を命じました。

2　下請法
(1)　下請法の親事業者の義務・禁止行為の概要
ア　親事業者の義務

> Question　下請法上、親事業者に課される義務を教えてください。

● Answer

　親事業者には、発注に際し必要な事項を全て記載した書面を交付すること、下請代金の支払期日を定めること、下請事業者に対してした給付内容・下請代金の額等について書類を作成し2年間保存すること、下請代金を支払期日までに支払わなかったときは一定の遅延利息を支払うこと、以上4つの義務が課せられています。

1　書面交付義務（下請法3条）
　親事業者は、発注に際し、委託をした日・下請事業者の給付の内容・給付を受領する日・場所・下請代金の額・支払期日等の必要事項を全て記載した書面を交付する義務を負っています。第2章で解説しています。

2　支払期日を定める義務（下請法2条の2）
　親事業者は、給付内容について検査するかどうかを問わず、下請代金の支払期日を、物品等を受領した日から起算して60日以内で、かつ、できる限り短い期間内で定める義務を負っています。詳しくは本章(3)アで解説します。

3　書類の作成・保存義務（下請法5条）
　親事業者は、下請事業者に対し、下請法所定の業務を委託した場合において、下請事業者の給付内容・下請代金の額等の第5条所定の事項等を記載した書類を作成し、これを2年間保存する義務を負っています。詳しくは本章(3)イで解説します。

4　遅延利息の支払義務（下請法4条の2）
　親事業者は、下請代金を支払期日までに支払わなかったときは、下請事業者に対し、物品等を受領した日から起算して60日を経過した日から実際に支払をするまでの期間につき、その日数に応じ、未払額に年率14.6％を乗じた額の遅延利息を支払う義務を負います。詳しくは本章(3)ウで解説します。

イ　親事業者の禁止行為

> *Question* 下請法上、親事業者の禁止行為を教えてください。

● **Answer**

親事業者は下請事業者に対し、当該行為が違法であると知っていたか否か、事前の合意の存否にかかわらず、以下の11項目の行為が禁じられています。

1　受領拒否の禁止（下請法4条1項1号）
注文した物品等の受領を拒むこと。

2　下請代金の支払遅延の禁止（同2号）
下請代金を受領後60日以内の範囲であらかじめ定められた支払期日までに支払わないこと。

3　下請代金の減額の禁止（同3号）
あらかじめ定めていた下請代金を減額すること。

4　返品の禁止（同4号）
受け取った物品を返品すること。

5　買いたたきの禁止（同5号）
類似品等の価格や市価に比べ著しく低い下請代金を不当に定めること。

6　購入・利用強制の禁止（同6号）
親事業者が指定する物品、役務を強制的に購入、利用させること。

7　報復措置の禁止（同7号）
下請事業者が親事業者の不公正な行為（1～6．8～11の行為）を公正取引委員会や中小企業庁に知らせたことを理由に、親事業者が下請事業者に対し不利益な取扱いをすること。

8　有償支給原材料等の対価の早期決済の禁止（下請法4条2項1号）
有償で支給した原材料等の対価を、それによってできあがる物品の下請代金の支払期日よりも早く下請代金と相殺したり、支払わせたりすること。

9　割引困難な手形の交付の禁止（同2号）
代金の支払として一般の金融機関で割引できない手形を交付すること。

10　不当な経済上の利益の提供要請の禁止（同3号）
下請事業者から金銭、労務の提供等をさせること。

11　不当な給付内容の変更及び不当なやり直しの禁止（同4号）

下請事業者の負担で注文内容の変更、受領後のやり直しをさせること。

⑵　親事業者の禁止行為
ア　受領拒否
㋐　製造委託・修理委託の「受領」及び「受領を拒むこと」の意義

> **Question**　X会社は、衣料品の製造を下請事業者であるY会社に委託しています。Y会社は、定められた納期に、定められた品質、数量の製品を納入しようとしましたが、X会社から倉庫がいっぱいで保管場所がないことを理由に断られました。X会社の行為は問題がありますか。

● **Answer**

　X会社の行為は、下請事業者であるY会社の「責に帰すべき理由がないのに」、Y会社の「給付の受領を拒む」ものであり、下請法4条1項1号に違反します。

1　「受領を拒むこと」

　下請法4条1項1号の「受領」とは、「物品の製造又は修理委託においては、給付の内容について検査するかどうかを問わず、親事業者が下請事業者の給付の目的物を受け取り、自己の占有支配下に置くこと」を意味します（下請法ガイドライン第4の1⑴ア）。検査の有無を問わないことが重要です。

　下請法4条1項1号は、このような「受領」を親事業者が「拒むこと」を禁止しています。

「受領を拒む」とは、「下請事業者の給付の全部又は一部を納期に受け取らないこと」です（下請法ガイドライン第4の1⑴ウ）。

　下請事業者が親事業者から製造を委託された部品などは、通常一定の規格や品質を求められるため、製造された部品などを他の業者に販売することは困難です。そのため、親事業者から「受領」を拒まれると下請事業者は在庫を抱えてにっちもさっちもいかなくなってしまいます。下請事業者は、中小企業であることがほとんどですので、大量の不良在庫を抱えることは死活問題となります。

　下請法4条1項1号が「受領を拒むこと」を親事業者に禁止している

のはこのような理由からです。

> **【コラム】製品を預かり、検査した後に受取ったものとする旨の合意の効力**
> 　一度製品を受け取って検査して合格だった場合に、検査合格時点で「受領」があったことにする内容の契約がなされることがあります。しかし、下請法では検査のために製品を預かった時点で「受領」があったことになります。そうしないと、検査を口実にいつまでたっても「受領」せず、下請代金の支払いを遅らせることが可能になってしまうからです。

2　「責に帰すべき理由」

　ただし、親事業者は、「下請事業者の責に帰すべき理由」がある場合には、受領を拒むことができます。
「下請事業者の責に帰すべき理由」がある場合については、出来上がった製品が契約の内容と違う場合やあらかじめ定められた納期に違反する場合などに限られます（ガイドライン第4の1⑵）。

3　解答の詳細

　本問では、Y会社が定められた納期に、定められた品質、数量の製品を納入しようとしているにもかかわらず、X会社は倉庫がいっぱいで保管場所がないことを理由に受領を拒んでいます。

　Y会社は、事前に合意したとおりの製品を納期に納めようとしているのですから、Y会社にはなんら責に帰すべき理由はありません。倉庫がいっぱいで保管場所がないというのは、あくまで親事業者であるX会社の問題であり、受領を拒む理由にはなりません。したがって、X会社の行為は下請法4条1項1号に違反します（本設問と類似の事案につき公正取引委員会の警告事例がある。平成19年版公正取引委員会年次報告書第9章第2－4⑴）。

　また、Y会社が現実に製品を持参するなどやるべきことをした場合には、以後、Y会社は「不履行によって生ずべき一切の責任を免れ」ます（民法492条）。X会社が製品を受け取らないことは、「受領遅滞」にあたり、「履行の提供があった時から遅滞の責任を負う」ことになります（民法413条）。したがって、Y会社は、X会社に対して債務不履行を理由として損害賠償を請求できることになります。しかし、Y会社の側から請負契約を解除することは、特段の事情がない限り認められないとするのが判例です（最判昭和40年12月3日民集19巻9号2090頁）。

(イ) 責に帰すべき理由

> **Question** X会社は、自動車部品の製造を下請事業者であるY会社に委託していました。Y会社は、あらかじめ定められた納期に部品を完成させましたが、X会社は、部品のサイズがあらかじめ書面で明確に定められたサイズと異なるという理由で受領を拒否しました。X会社の受領拒否は問題ありますか。

● **Answer**

X会社の受領拒否には「下請事業者の責に帰すべき理由」があるので、下請法4条1項1号には違反しません。

1 受領を拒める場合

親事業者は、下請事業者の給付の受領を拒むことができないのが原則ですが、「下請事業者の責に帰すべき理由」がある場合には、受領を拒むことができます。

下請事業者が事前に合意した規格や品質に合わない製品等を製作した場合、製作された製品等に欠陥があるような場合、また事前に合意した納期に間に合わなかった場合などについてまで受領を義務づけると今度は親事業者の負担が大きすぎるため、例外が認められているのです。

そのため、「下請事業者の責に帰すべき理由」がある場合とは、事前の合意に定められた寸法、材質、品質などの仕様に従っていない場合や数量が不足している場合等「下請事業者の給付の内容が3条書面に明記された委託内容と異なる場合」又は給付された製品に傷や汚れなど欠陥がある場合等「下請事業者の給付に瑕疵等がある場合」及び「下請事業者の給付が3条書面に定められた納期に行われない場合」に限られます（下請法ガイドライン第4の1(2)アイ）。

2 責に帰すべき理由の判断

しかしながら、これらはあくまで例外ですから、責に帰すべき理由の判断は厳格に考えなければなりません。

例えば、事前に合意した書面に委託の内容が明確に記載されていない場合など下請事業者の給付の内容が委託内容と異なるかどうか明らかでない場合や納期が明確に記載されていない等のため納期遅れであることが明らかでない場合、納期が下請事業者の事情を考慮しないで一方的に

決定されたものである場合などには受領拒否は認められません（詳しくは下請法ガイドライン第4の1⑵アイ参照）。

このように、「下請事業者の責に帰すべき理由」があるかどうかは、形式的に判断されるのではなく、事前の合意が明確であったかどうか、親事業者の優越的な地位を濫用したものでないかどうかを具体的に考量し判断されなければならないでしょう。

3　解答の詳細

本問事案では、Y会社が製造した自動車部品は、あらかじめ書面で明確に定められたサイズと異なっており、仕様に合致していません。

したがって、「下請事業者に責に帰すべき理由」があり、下請法4条1項1号に違反しません。

また、民法上、Y会社の製造した部品には、サイズが異なるという「瑕疵」があるので、X会社はY会社に対し、「瑕疵の修補」及び「損害賠償の請求」をすることができます（民法634条）。さらに、「契約の目的を達することができない」場合には、契約を「解除」することができます（民法635条）。

「責に帰すべき理由」が認められず実際に公正取引委員会が警告等を行った具体例（公正取引委員会年次報告より）

[警告]

親事業者の取引先のキャンセルによるもの（平成17年、平成20年）
親事業者の在庫調整を理由とするもの（平成19年）
親会社とその取引先との間の仕様変更によるもの（平成18年）
親会社の販売先の売れ行き不振を理由とするもの（平成16年）

[指導]

親事業者の取引先の生産数量が減少したこと又は、親事業者の取引先の工場の受け入れ体制が整っていないことを理由とするもの（平成21年）
親事業者の販売先が倒産したことを理由とするもの（平成22年）
給付の目的物が不要となったことを理由とするもの（平成23年）
受注予想見込みの違いがあったことを理由とするもの（平成25年）

(ウ) 情報成果物作成委託の受領、無理な納期の指定

> **Question** 放送事業者X会社は、予定していたTV番組が放送コードにかかる等問題があり放送できなくなってしまったことから、代わりのTV番組の作成を番組制作業者である下請事業者Y社に委託しました。
> その際、X会社は、放送予定日が近いことから本来製作に1カ月程度かかるものを1週間で完成させるようY会社に強要し、Y会社はX会社からの今後の仕事がなくなることを心配して委託を引き受けました。しかし、Y会社は期限までに完成することができなかったため、X会社は受取を拒否しました。問題はありますか。

● **Answer**

Y会社が納品できなかった原因はX会社の無理な納期の指定が原因であり、X会社の受取拒否には、下請法4条1項1号の「下請事業者の責に帰すべき理由がない」といえます。

1 情報成果物作成委託の「受領」

情報成果物の作成委託における「給付の受領」とは、「給付の目的物として作成された情報成果物を記録した媒体を、自己の占有下に置くこと」、また、「情報成果物を記録した媒体がない場合には、当該情報成果物を自己の支配下に置くこと」です(下請法ガイドライン第4の1(1)イ)。

例えば、作成したプログラムを書き込んだCD-ROMや、放送番組を録画したVTRテープが親事業者の事実上の支配下に置かれれば、「受領」があったことになります。また、CD-ROMやテープなどを介さずに、直接、作成したプログラム等をネットを介して親事業者のパソコンに移せば、それで「受領」があったことになります。

また、情報成果物作成委託においても、検査の有無にかかわらず自己の支配下におけば「受領」があったことになります。

2 「無理な納期の指定」の評価

前のQで述べたように、「下請事業者の責に帰すべき理由」があるかどうかは、形式的に判断されるのではなく、事前の合意が明確であったかどうか、親事業者の優越的な地位を濫用したものでないかどうかを具体的に考量し判断されなければなりません。

本問では、親事業者であるＸ会社が下請事業者のＹ会社が弱い立場にあることをいいことに、本来なら１ヶ月程度かかるところを１週間という無理な納期を強要しています。Ｙ会社は、無理を承知で引き受けていますが、下請事業者が合意すればそれでよいというものではありません。Ｙ会社は、今後の仕事がなくなることを心配して引き受けたのであり、親事業者の優越的地位を濫用した事例といえるでしょう。

　このような場合には、「下請事業者の責に帰すべき理由」がなく、Ｘ会社の受取拒否は、下請法４条１項１号に違反します（下請法ガイドライン第４の１(2)イ(ウ)参照）。

　民法上は、どのような納期を定めるかは親事業者と下請事業者との合意によれば原則自由であり、無理な納期の合意の効力も一概に否定はできません。しかし、親事業者が下請事業者の弱い立場を利用するなどして無理な納期を合意させるなどした場合は、「公の秩序又は善良の風俗に反する事項を目的とする法律行為」にあたり合意が無効とされる可能性があります（民法90条）。その場合は、民法上親事業者は、完成した成果物を受領する義務があるでしょう。

> **【コラム】情報成果物作成委託の特殊性に基づく運用**
>
> 　Ｘ会社とＹ会社の間で、番組作成の過程で、Ｘ会社が内容をチェックし、番組の内容が放送コードなど一定の基準を満たしたことを確認した時点で「受領」があったことにする合意をしているような場合があります。このような合意も情報成果物作成委託の場合、作成過程において、内容について確認したり、今後の作業について指示を受けたりするため、一時的に親事業者の支配下に成果物が置かれることの必要性があるので、内容のチェックのために親事業者の支配下に置かれた場合でも、直ちに「受領」とは扱わない運用になっています（詳しくは、本章(2)イ(ウ)参照）。

(エ) 期日前の受領

> **Question 1** X会社は、下請事業者であるY会社に機械部品の製造を委託しています。X会社は、Y会社から、あらかじめ定められた納期（4月1日）の2週間前（3月18日）に製品の納入を要請されました。下請代金の支払日を5月31日とすると、親事業者であるX会社はこれに応じる必要がありますか。

● **Answer**

本問では、Y会社があらかじめ定められた納期以前に機械部品の製造を終了させ、X会社に対し受領を要請しています。

このような納期前の受領について、下請法上は特に規定を置いていません。

しかしながら、下請事業者であるY会社にとっては、完成した製品を出荷することで倉庫内の在庫を減らすことができる点で利点があります。

それでは、親事業者には納期前に受領する義務があるでしょうか。

この点、あらかじめ定められた納期前に受領する義務は親事業者にはありません。例えば、親事業者の倉庫が納期までいっぱいであるような場合、受領義務が認められるとすると別の倉庫を借りなければならないなどの不利益を被ってしまいます。

したがって、本設問でも、X会社は、機械部品の納入に応じる必要はありません。Y会社の要請を拒んでも受領拒否にあたることはなく、下請法4条1項1号には違反しません。

また、民法上も、契約で定められた履行期前に受け取る義務はありません。

> **Question 2** では、逆に、設問のX会社がY会社の要請を受けて納期前に機械部品の納入を受け入れることはできるでしょうか。

● **Answer**

もちろんできます。実際にも受け入れることが通常でしょう。

ただし、親事業者が納期前の給付物を受け取った場合には、その時点で、「受領」があったことになり、あらかじめ定められていた支払日まで60日を超えてしまう場合には、下請代金の支払日が早くなります。

これは、下請代金の支払期限が、「受領した日」から60日以内（下請法2条の2）と定められていることから、「受領」の有無が、下請代金の支払期間の起算点に影響を及ぼすためです。

　したがって、本設問の場合、X会社がY会社の要請を受け入れると、下請代金を支払わなければならない期間が最大2週間早くなります。

　先に述べたように、納期前の納入を認めることは、在庫管理の点で下請事業者に有利であるため、できる限り認めることが望ましいといえます。

　しかし、期限前の納入が「受領」とされると、親事業者は下請代金の支払期限が早くなるという不利益を受けます。資金の潤沢な親事業者であればそれでもかまわないといえますが、資金繰りに苦しむ親事業者の場合、期限前の受領を受け入れることは苦しい場合もあるでしょう。

　そこで、実務上、「仮受領」という方法を選択することができます。親事業者は、納期前に納品を要請された場合、「仮受領」であることを伝えたうえで製品を受け取り、納期まで製品を保管することができます。この方法によれば、下請代金の支払い期間は元々の注文書等（下請法3条書面）に記載された納期から60日以内ということになります。

　民法上は、契約自由の原則があるので、合意があれば納期前に受け取ることも支払時期について特別な約束をすることも原則自由です。したがって、「受領」とすることも「仮受領」とすることも有効です。但し、下請法に違反するような支払時期の合意は、公序良俗に反し、無効とされる場合があります（民法90条）。

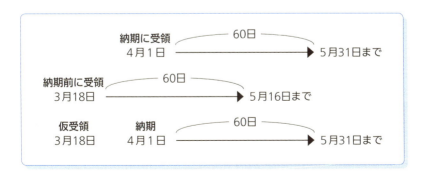

(オ) 発注の取消

> **Question** X会社は、ゲーム用プログラムの作成を下請事業者であるY会社に委託しました。しかし、X会社は、委託後すぐに委託内容にミスがあり、そのまま完成しても商品として使用できないことに気が付き、委託を取消しました。その時点でY会社は、プログラムを作成途中でした。X会社の取消は認められますか。

● **Answer**

　X会社の取消は、「受領を拒むこと」にあたり、下請法4条1項1号に違反しますが、やむを得ない事情がある場合に例外的に、これまでに要した費用を支払って取消すことが許されます。

1 原則

「受領を拒む」とは、「下請事業者の給付の全部又は一部を納期に受け取らないこと」です。

　それだけでなく、「納期を延期すること又は発注を取り消すことにより発注時に定められた納期に下請事業者の給付の全部又は一部を受け取らない場合も」、結局は同じことですから「原則として受領を拒むことに含まれ」ます（下請法ガイドライン第4の1⑴ウ）。

　そうすると、X会社は、Y会社に対し発注を取消していますから、原則として「受領を拒むこと」にあたり、下請法4の1１号に違反することになります。

2 例外

　しかし、下請法上、下請事業者がまだ仕事を完成させていない場合にも絶対に取消は認められないとする必要があるでしょうか。

　また、親事業者の側に発注ミスがありそのままでは製品としての価値がないという場合、親事業者の取引先が破綻してしまい製品が不要になってしまった場合、あるいは地震で親事業者の工場が壊れ下請事業者に製造委託した部品が不要になってしまった場合など、発注の取り消や納期の延期がやむを得ないという事情がある場合にまで、常に取消や延期が認められないと考えるのは酷でしょう。それ故、やむを得ない事情がある場合には、一定の限度で発注の取消や納期の延期が「受領を拒むこと」にあたらないと考える必要があります。下請法ガイドラインも「原

則として」としており、実際の運用上例外を予定しているといえます。

ただし、下請法4条1項1号が「受領を拒むこと」を禁じているのは、下請事業者の保護のためですから、下請事業者が仕事に着手していない場合はともかく、仕事に着手している場合には取消や延期時までにかかった費用相当額を支払う必要があります。また、例外である以上、あくまでやむを得ない事情がある場合であることが前提であり、費用を支払いさえすれば取消すことができるとは考えるべきではないでしょう。

したがって、やむを得ない事情がある場合に、これまでに要した費用分を支払った場合には、納期の延期及び発注の取消が認められる場合があります。これまでに要した費用としては、原材料費や人件費、場合によっては、設備投資に要した費用が考えられます。

本設問では、委託内容にミスがあり、そのまま完成しても商品として使用できないことが判明したというのですから、やむを得ない事情があるといえます。ただ、Y会社はすでにプログラムを製作途中ですから、これまでにかかった人件費等の費用を支払ったうえで発注を取消すことができます。

民法上は、注文者であるX会社は、Y会社が「仕事を完成させない間は、いつでも損害を賠償して契約の解除をすることができ」ます（民法641条）。したがって、発注の取消も有効です。ただし、発注を取消すことは、上記のように原則として下請法に違反しますので、場合によっては公序良俗に反し、取消が無効になる場合があります（民法90条）。

> **point**
> 発注の取消⇒原則として下請法違反
> やむを得ない事情がある場合に例外として違反としない運用
> ※あくまで例外的運用である点に注意が必要です。

イ　支払遅延
㈦　下請代金の支払遅延禁止制度の概要

> **Question** 当社は、毎月下請事業者からの請求書に基づいて下請代金を支払っています。
> 　下請事業者は、先々月分につき請求書を送付して来ませんでした。また、下請事業者から、先月納入分を翌月納入分として支払ってほしいと頼まれました。
> 　以上のような場合でも、予め定められた期日に支払をしなければ支払遅延に該当するのですか。

● **Answer**

　いずれの場合も、受領後60日以内の範囲であらかじめ書面によって定められた支払期日までに下請代金の支払をしなかった場合は、支払遅延に該当することになります。

　下請事業者から請求書が送られてきていなかったり、親事業者と下請事業者との間で支払期日を遅延させることについて合意が存在していたりしても、下請法の適用に違いはありません。

1　支払遅延禁止制度の概要

　親事業者は、物品等を受領した日（役務提供契約の場合は役務が提供された日　以下、「受領等の日」といいます。）から起算して、60日以内の範囲で予め定められた支払期日までに下請代金を全額支払わなければなりません（下請法2条の2）。

　この規定は、下請代金を親事業者が支払期日までに支払わなければ、下請事業者は資金繰りに重大な影響を及ぼし、例えば従業員への賃金や材料代金の支払等ができなくなり、最悪の場合は下請事業者の倒産という事態にまで発展しかねないことから、これを未然に防止し、下請取引の安定を図るために設けられたものです。

　親事業者は、下請法5条により書類の作成・保存義務を負っており、その中には下請代金の支払期日も明記すべきこととされています。支払遅延禁止制度の趣旨からいって、この書類に明記すべき下請代金の支払期日は、受領等の日から60日以内である必要があります。

2　支払期日以後の下請代金の支払

　予め合意された支払期日までに下請代金が支払われない場合、民事法上も、親事業者は債務不履行責任を負い、損害賠償義務が発生することがあります。また、下請法上も、受領等の日から60日以内に下請代金が支払われない場合には、下請事業者は親事業者に対し、受領等の日から起算して60日を経過した日（つまり61日目）から、実際の支払日までの期間につき、年率14.6％の遅延利息を請求することができます（下請法4条の2）。本章2⑶ウ参照。

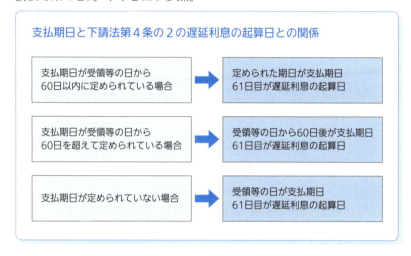

3　下請事業者から請求書が来ない場合の対応

　設問にもあるとおり、親事業者は、下請事業者から請求があったかどうかにかかわらず、受領等の日から60日以内の範囲で予め合意された支払期日までに下請代金を支払う必要があります。下請事業者からの請求が遅れて処理に困るような場合には、日頃から、下請事業者に対し、請求書等の督促をする等の注意をするべきでしょう。

4　親事業者と下請事業者との間の合意の法的効力

　また設問のように、支払期日について下請事業者との間で法律と別途の合意がされている場合でも、下請法は合意にかかわらず適用されます。従って親事業者は、合意にかかわらず、少なくとも受領等の日から60日以内に下請代金を支払う必要がありますので、注意しましょう。

(イ) 支払遅延の禁止違反の事例

> **Question 1** 当社は、家電製品の製造販売事業を行っています。
>
> 　数年来の付き合いがある下請事業者から、毎月加湿器の生産に必要な部品を、当社倉庫に納入してもらっています。加湿器は、需要の季節変動が激しいため、常に一定の在庫水準が確保されるように納入をお願いしており、このうち、毎月当社が実際に使用した分について、翌月末に支払をしています。
> 　このような対応に問題はありますか。
>
> **Question 2** 当社の製品に使用する特殊なネジにつき、その金型の製造と、定期的にネジ自体を一定量製造することを下請事業者に依頼しました。なお、金型については試打ち品を納入してもらいました。
> 　依頼の2か月後から、ネジ自体については、約束どおり一定量ずつ納入されておりますが、金型自体の製作については、代金の請求を受けていないため、下請代金を支払っていません。
> 　このような対応に問題はありますか。

● **Answer**

　いずれも支払遅延に該当する可能性があり、問題があります。

1　いわゆる使用高払方式の問題点

　Q1のように、下請事業者が毎月一定量の納入を求められる一方で、親事業者は毎月必要量のみを使用し、使用量に見合った分だけ下請代金を支払う方式は、使用高払方式あるいはコック方式と呼ばれています。

　このような方式による場合、下請事業者は、具体的な納期ごとの生産量が特定されていなくても、一定の在庫水準が常に保たれるように納入しなくてはならないため、親事業者が自身の都合によって使用しないにもかかわらず、使用しなかった在庫部分について、恒常的に支払遅延状態を引き起こすことになりますし、また、下請事業者に在庫が使用されないことについてのリスクを負担させることにもなります。

　使用高払方式は、恒常的に下請事業者に負担を強いるシステムであり、下請事業者の合意があっても法律上このような方式を採ることは認められていません。

2　金型の製造委託の問題点

　金型の製造委託において、金型自体の占有を親事業者が取得する場合には、他の製作物等と同様、原則どおり、金型の受渡しによって受領とされます。従って、金型自体を受領した日から60日以内の範囲で予め合意された支払期日までに下請代金を支払う必要があります。

　また、完成した金型を使用した部品を、金型製造業者とは別の業者が製造する場合など、金型自体の占有が別の事業者に移転する契約の場合には、その別の事業者に納入された時点が受領に当たることになります。

　一方で、金型自体の占有が下請事業者にとどまる場合には、そのまま当該下請事業者が、金型を使用した部品の製造をも担当する場合が多いものと思われますが、このような場合、設問Q2のように、金型を使用した部品の納入により、その部品自体についてだけ下請代金が支払われ、金型についてはうやむやになってしまう場合が少なくないようです。

　しかし、これでは金型についての下請代金が支払われていないことになるわけですから、下請法上このような取扱いが認められないのは言うまでもありません。このような場合、予め交付すべき書面には、金型の製造をも委託すること、金型については、「試打ち品」を納入すべきこと、その納期及び受領場所、金型についての下請代金と支払期日をしっかりと明記する必要があるでしょう。

　金型の製造をも含めて同一の下請事業者に委託する場合には、金型自体の製造委託についても下請法の適用がありますので、十分に注意しましょう。

【コラム】60日以内の意味

　これまで、下請代金は60日以内の範囲で予め合意された支払期日までに支払うべし、と繰り返し述べてきましたが、この60日というのは、要するに2か月以内ということを意味します。

　従って、例えば、月初納入、翌月末支払と定めている場合、月によっては61日後に下請代金を支払うことになりますが、これをも禁止するという趣旨ではありません。また、その日が金融機関の休業日である場合には、期間が2日以内であれば、期日の順延が認められています。

(ウ) 製作物等の検査・修正と支払遅延

> *Question 1* 当社は、数十年来の付き合いの自動車製造業者から依頼を受け、ハイブリット車用のエンジンの部品製造を引き受けました。ハイブリット車用のエンジンの製作は初めてでしたが、なんとか納入予定日に間に合わせ、納入したところ、新製品のため、検査に時間がかかると告げられました。
>
> 　2週間後、検査が完了し問題がなかったとの連絡があり、下請代金支払期日はその日から2か月後と指定されました。このような自動車製造業者の対応に問題はありませんか。
>
> *Question 2* 当社は、数十年来の付き合いのテレビ番組製作会社から、番組内の1コーナーの作成を依頼されました。作成した番組を会社に持って行き、内容を確認してもらいましたが、一部製作会社の意図にそぐわない部分があったようで、内容変更を要請され、これに応じました。
>
> 　2週間後、修正して最終的に納入したところ、問題ない旨確認され、下請代金支払期日はその日から2か月後と指定されました。
>
> 　このような番組製作会社の対応に問題はありませんか。

● **Answer**

　Q1の場合、自動車製造業者の対応には問題があると考えられます。

　当該自動車製造業者が、当初定められていた納入予定日から2か月以内に下請代金を支払わなかった場合、下請法上の支払遅延に該当し、同業者は勧告の対象になります。

　一方、Q2のような情報成果物作成委託の類型の場合は、別途考慮すべき事情によって、対応に問題がないと評価できる場合があります。

1　製作物等の検査と支払遅延

　製作物等が納入された場合、親事業者がその製作物等について検査をすることがあります。しかし、検査の結果如何によって支払期日が左右されてしまうのでは、下請事業者の関知できない理由で支払期日が遅延することになり、これでは支払遅延を防止した意味がありません。

そこで、仮に製作物等につき親事業者が検査をすることになっていたとしても、その検査の有無にかかわりなく、受領等の日から60日以内に下請代金が支払われない場合は、運用基準上、一律に支払遅延に該当するとの扱いになっています。
　ただし、検査の結果、支払期日到来前に瑕疵等が発見されるなど、下請事業者の責めに帰すべき理由があり、やり直しを要する場合には、当該やり直し後の製作物等を受領した日が、支払期日の起算日になります。

2　情報成果物作成委託の場合の特殊性と注意点

　情報成果物作成委託の類型（Q2のような事例）において、親事業者が作成過程で委託内容について確認をしたり、製作途中の成果物を確認したり、今後の作業について指示をしたりする場合が考えられます。
　この場合、一時的に、親事業者が成果物を自己の支配下に置くことになりますから、これをもって「受領」と評価する考え方もあり得ます。
　しかし、この時点では成果物が委託した水準の内容に到達しているかどうか明らかではないのであって、検討後の修正点が多岐にわたる場合などは特に不都合が生じます。
　情報成果物作成委託の類型において、Q2のように、親事業者と下請事業者との間で打ち合わせを重ね、段階的に成果物の完成に至るような事例において、当事者間で、一定の水準を満たした時点を受領時とする旨の合意があるものと認められる場合には、その時を受領日として支払期日を定めても差し支えないものと考えられています。（下請ガイドライン第4の2(3)参照。）
　ただ、親事業者の求めと下請事業者の考える水準とに齟齬がある場合など、後々争いが生じる結果にもなりかねませんし、親事業者の求める水準があまりにも高すぎると、下請法上も支払遅延と評価されてしまう可能性が出てきます。
　本件のような場合には、事前に、具体的にどのような行為を委託するのか、できる限り明確にしておく必要があるでしょう。また、製作途中の成果物を確認のために受領する場合には、当事者間でその点を明確にしておく必要があるでしょう。

ウ 下請代金の減額
㋐ 下請法4条1項3号の趣旨

> **Question** 百貨店である親事業者は、地元のプロ野球A球団の優勝記念グッズの販売を計画し、その製造を下請事業者に委託しましたが、目論見が外れB球団が優勝してしまいました。親事業者は発注時に合意した下請代金の額を発注後に減ずることはできますか。下請事業者も事情は分かっているのですから減額に同意してもらえると思うのですがどうですか。

● **Answer**

親事業者は、下請事業者の責に帰すべき理由がないのに、発注時に合意した下請代金の額を発注後に減額すると、下請法4条1項3号に違反することとなります。下請事業者の同意があっても同様です。

■下請法4条1項3号の趣旨

下請法4条1項3号は、親事業者が、下請事業者の責に帰すべき理由がないのに、下請代金の額を減ずることを禁止しています。

親事業者が製造委託等の時に合意した下請代金の額を支払うべき義務があることは当然であり、下請代金の額は下請法3条書面の必要的記載事項となっています。にもかかわらず、発注後に親事業者の都合でその額を減ずると、下請事業者は、自身に何ら責任がないにもかかわらず、当然に受取るべき代金を受取れず、直接的に下請事業者の利益が損なわれます。また、立場の弱い下請事業者は親事業者に減額に同意することを求められれば事実上了承するほかはないため、親事業者が取引上の優越的地位を利用して下請事業者に対し減額への同意を強要する恐れもあります。そこで、下請法4条1項3号は、下請事業者の責に帰すべき理由がある場合でないかぎり、発注時に合意された下請代金について、一切の下請代金の減額を認めていません。

近年の公正取引委員会の勧告事例のほとんどが下請代金の減額のケースであることからも分かるとおり、下請代金の減額は、下請いじめの典型的な行為であり、この規定は、昭和31年の下請法制定当初から設けられています。

本事例でも、百貨店が下請業者に対する下請代金を減額することは、たとえ下請業者が事情を分かっていて減額に同意したというものであっても認められないことになります。

【コラム】下請代金の減額の禁止規定と他の禁止規定の関係
① 買い叩きの禁止規定（下請法４条１項５号）との違い
　下請代金の減額の禁止規定が問題にしているのは、親事業者が一旦決まった下請代金を事後的に減額することです。これに対して、買い叩きとは、契約締結の段階で下請代金を著しく低く定めることです。
② 不当な経済上の利益の提供要請禁止規定（下請法４条２項３号）との違い
　下請代金の支払時に協力金・協賛金・決算対策協力金等を下請代金から差し引く行為は下請代金の減額に該当します。これに対して、下請事業者に協力金・協賛金・決算対策協力金等を別途支払わせる行為は不当な経済上の利益の提供要請禁止規定の規制対象になります。
③ 不当な給付内容の変更等禁止規定（下請法４条２項４号）との違い
　不当な給付内容の変更等禁止規定の規制対象となるのは、親事業者が自己の都合で発注内容を変更したために下請事業者に追加的な費用が発生したにもかかわらず、親事業者がこの費用分を負担しないケースです。
　つまり、発注内容の変更がある場合は不当な給付内容の変更等禁止規定の規制対象となり、発注内容の変更がない場合下請代金の減額規定の規制対象になることになります。なお、ここで発注内容に変更がない場合には、発注内容は変わらないが発注数量が増加しているにもかかわらず、下請代金が据え置かれた場合も含まれます。
　ただし、発注内容の変更にかかる追加的な費用を親事業者が負担しないケースは、平成15年下請法改正で下請法４条２項４号の規定が追加される以前は下請代金の減額に該当するとされていた関係もあって、区別は現実には難しい面があります。

㈢ 下請事業者の責に帰すべき理由

> **Question** 親事業者が下請業者に対して発注した部品を検査したところ、およそ3割の部品について瑕疵が発見されました。時間がないので返品せずに親事業者で手直しをしようと思いますが、このような場合でも親事業者は一切下請代金の額を減ずることができないのですか。

● **Answer**

親事業者は、「下請事業者の責に帰すべき理由」がある場合に限り、下請代金の額を減ずることができます（下請法4条1項3号）。「下請事業者の責に帰すべき理由」は、下請事業者が発注内容に従った給付を行なっていない場合に認められます。

1 「下請事業者の責に帰すべき理由」とは

発注後に下請代金の額を減ずることができるのは「下請事業者の責に帰すべき理由」がある場合、すなわち、給付の内容が発注書面に明記された委託内容と異なるか、給付に瑕疵がある場合、又は給付が発注書面に明記された納期に遅れた場合に限られます。このような場合は、下請事業者が発注内容に従った給付を行っていないのですから、下請代金全額を支払うことになると、親事業者は損害を被ることになってしまいます。

したがって、親事業者が下請事業者の責に帰すべき理由により被った損害を実質的に填補するための減額は許されると考えられます。

具体的には、瑕疵等の存在や納期遅れ等、下請事業者の責に帰すべき理由により受領拒否又は返品が可能であるのに、そうしないで親事業者自ら手直しをした場合に、手直しに要した費用を減ずること、あるいは、瑕疵等の存在や納期遅れによる商品価値の低下が明らかである場合に、客観的に相当と認められる額を減ずることも下請代金の減額の禁止には違反しません。ただし、減額は受領拒否又は返品が可能であるのに、これをしなかった場合に限られます。受入れ検査時に発見し得る瑕疵なのにこれを看過し後で発見した場合、あるいは、返品可能期間を経過した後である場合は、返品すること自体ができませんから、減額はもはや認めないので、注意が必要です。

2　関連Q&A

Question 1　有償支給した材料を下請先が加工の際の不手際により使えなくしてしまった場合、この材料代金を下請代金から差し引いてよいですか。無償支給した材料を下請先が使用不可能にした場合、この材料代金を請求してよいですか。

Answer　下請業者の責に帰すべき理由により支給材料を使用不可能にした場合であるならば、それにより生じた親事業者の損害を填補させる趣旨で材料代金を請求することは可能です。もっとも、このような場合は、当事者間でトラブル処理の方法・基準等についてあらかじめ定めておくことが望ましいでしょう。

Question 2　下請事業者からの給付に納期遅れや欠品があった場合に、下請代金の額から一定率を違約金として差引くこととしたいが問題はありませんか。

Answer　下請事業者の責に帰すべき理由により納期遅れ等があった場合には、客観的に相当と認められる範囲で減額を行えますが、その範囲は取引ごとに異なるのが通常です。したがって、民事上当事者間で違約金をあらかじめ定めることは可能ですが（民法420条）、それが個々の取引の違いを無視して、一律に一定率の違約金を課すものであるならば、下請代金の減額に該当するおそれがあります。

Question 3　当社は、親事業者から受注した部品の納入について、当初発注日の1週間後が納期でしたが、急に発注日から2日を納期とする旨申し渡されました。そこで、従業員を残業させ、不眠不休で部品を製造しましたが、全部を納入できたのは発注日の3日後でした。このような場合も、納期を守れなかった以上、親事業者の下請代金の減額の要請に応じなければならないのでしょうか。

Answer　この場合、納期を早める必要があったのは親事業者の都合に過ぎず、そもそも発注日を一方的に変更すること自体できません。本件では下請事業者の責に帰すべき理由はないため、減額に応じる必要は全くありません。

(ウ) 下請代金の額を減ずること

> **Question** 「下請代金の額を減ずる」とは、どのような場合をいうのですか。例えば下請代金を銀行口座に振込む際の振込手数料については、たいした金額ではないことから、下請事業者の合意がなくても、下請代金から差引いて払って良いのではないですか。

● **Answer**

発注時に合意された下請代金の額は発注書面に記載され、親事業者は、これを原則として直ちに下請事業者に交付することが義務づけられており（下請法3条1項）、親事業者は、下請事業者の責に帰すべき理由がないかぎり、この発注時に合意された下請代金を一方的に減ずることは一切許されません（下請法4条1項3号）。

1 「額を減ずる」とは

「額を減ずる」とは、発注時に合意された下請代金としての支払額を少なくする結果をもたらす行為を広く含む趣旨と考えられるため、親事業者は、減額の名目、方法、金額の多少を問わず減額をすることは許されませんし、発注後いつの時点で減額しても下請代金の減額の禁止に違反することとなります。

具体的には、金額の多少を問わない以上、下請代金の支払に際し端数が生じた場合に、これを1円以上の単位で切捨てて支払うことや、下請業者と合意することなく、下請代金を下請事業者の銀行口座へ振込む際の手数料を下請事業者に負担させ、下請代金から差し引くこと、消費税・地方消費税額相当分を支払わないことも、「下請代金の減額」にあたります。方法を問わないことから、下請代金の総額はそのままにしておいて数量を増加させることも、単価が下がることにより実質的に支払額を少なくする結果をもたらすため許されません。また、勧告事例では、下請代金の支払手段としてあらかじめ「手形支払」と定めているのを下請事業者の希望により一時的に現金で支払う場合において、手形払の場合の下請代金の額から、短期の自社調達金利相当額を超える額を差し引くことも「下請代金の減額」に該当するとされています（平成21年12月15日勧告）。

2 関連Q&A

Question 1 下請代金の額に端数が生じた場合、これを四捨五入して支払うことは問題がありませんか。

Answer 支払時点において1円以上の単位で切り捨てて支払うことは下請代金の減額として問題となりますが、円未満を四捨五入し、あるいは切り捨てて支払うことは問題がないとされています。

Question 2 下請事業者の了解を得た上で、下請代金を下請事業者の銀行口座に振込む際の振込手数料を下請代金の額から差引いて支払うことは認められますか。

Answer 合意なく行うことは問題ですが、発注前に当該手数料を下請事業者が負担する旨の書面による合意がある場合には、親事業者が負担した実費の範囲内で当該手数料を差し引いて下請代金を支払うことも認められ、禁止されている下請代金の減額にはあたりません。

Question 3 下請代金の支払手段としてあらかじめ「手形支払」と定めているのを下請事業者の希望により一時的に現金で支払う場合において、手形払の場合の下請代金の額から、短期の自社調達金利相当額を超える額を差し引くことが、なぜ「下請代金の減額」に該当するのですか。

Answer 手形支払を一時的に現金払いとする場合、親事業者は、手形の満期に用意すれば良かった現金を支払期日に支払うことになるので、当初の代金（手形額面）から、手形期間分の利息に相当する額を差し引くことがありますが、その金額が、親事業者の短期調達金利相当額を超えるものであった場合、支払期日に現金で支払う額が、手形額面からその日に現金を調達するための金利を差引いた額より減ることから、下請代金の減額に該当することになります。

Question 4 親事業者が、下請事業者に対して売掛金債権がある場合、下請代金と売掛金債権と相殺することは問題がありますか。

Answer 親事業者の下請事業者に対する売掛金債権が弁済期にある場合には、下請代金債権と売掛代金債権とを対当額で相殺することに問題はありません（民法505条）。これに対し、売掛金債権が弁済期にないのに、下請事業者に同意させるなどして、下請代金債務と相殺することは、下請事業者に売掛金債権の期限の利益を放棄させるものであり、下請代金の減額として問題となります。

(エ) 下請事業者の同意による減額

> (Question) 当社は、決算期を迎え数字が厳しいことから、下請事業者に対して、「協賛金」の拠出をお願いし、下請事業者の同意を得た上で、その協賛金を下請代金の額から差引こうと思っておりますが、何か問題はありますか。

● Answer

　親事業者の一方的な減額ではなく下請事業者の同意がある場合であっても、下請代金の減額をすることは一切許されません。

1 下請事業者の同意による減額

　減額が許されるのは、下請事業者の責に帰すべき理由がある場合だけですから、たとえ親事業者の一方的な減額ではなく、下請事業者の同意がある場合であっても、下請代金の減額をすることは許されません。したがって、発注後はもちろん、発注前に下請事業者と協議して下請代金を減額することについてあらかじめ合意がなされているような場合であっても、その特約に正当性は認められないことになります。

　勧告事例を見ると、たとえば、平成17年9月22日勧告では、自社が販売する時計・デジタルカメラ・電子辞書等の製造にあたり、それらの部品等の製造を下請事業者に委託していた大手計算機メーカーが、下請事業者との間でその期の取引金額が一定額を超えた場合等には親事業者に協賛金を支払うことを内容とする覚書を締結し、下請代金の額から協賛金の額を差引いていたことに対し、かかる行為は下請業者の責に帰すべき理由がないのに下請代金の額を減ずるものであり、下請代金の減額の禁止に違反するとされています。そのほかにも、違反事例では、「割引料」「手数料」「一時金」「協力値引き」「協定販売促進費」「協力金」「値引き」「歩引」「年間」「決算」「オープン新店」「協賛店値引き」「原価低減」など、様々な名目の金額を下請代金の額から差引く合意について、下請法違反であるとの勧告がなされております。いずれにせよ合意の内容が下請事業者の責に帰すべき理由がないにもかかわらず下請代金の額を減ずるものであれば、減額の禁止として問題となり得ることに十分注意が必要です。

2　関連Q＆A

Question 1　「合理的理由に基づく割戻金」として下請代金の減額に当たらないとされるボリュームディスカウントとは、どのようなものですか。発注前に一定の方法で減額する旨の書面による合意をすれば、事後に減額することは許されるのですか。

Answer

(1)　下請事業者の同意があっても減額することは許されませんが、その一方で、下請法ガイドラインでは、①ボリュームディスカウント等合理的理由に基づく割戻金であって②あらかじめ、当該割戻金の内容を取引条件とすることについて合意がなされ③その内容が書面化されており④かつ、発注書面と割戻金の内容が記載されている書面との関連づけがなされている場合には、当該割戻金は下請代金の減額には当らないとされています。

(2)　このボリュームディスカウントとは、親事業者が下請事業者に対して一定期間内に一定数量を超えた発注をした場合に、下請事業者が支払う割戻金のことです。これが下請代金の減額にあたらないとされるのは、ある一定の期間において、親事業者が従来の発注実績を超え発注したことにより、受注量の増加によるコスト削減効果が部品単価の低下による不利益を上回り、下請事業者が当該期間において得る利益が当該期間の従来の発注実績によって得られる利益を上回るなど、下請事業者にも相応の利益をもたらすからです。

したがって、親事業者が、毎年10,000個の部品を発注しているのに、今後１年間の当該部品の発注予定数量を5,000個と定め、これを上回った場合には下請事業者が割戻金を支払うものとしても、下請事業者には何らのコスト削減効果も認められない一方で、単に部品単価の低下による不利益をもたらすものであるため、ボリュームディスカウントとはいえません。

(3)　前述の平成17年９月22日勧告も、ボリュームディスカウントの形を装いながら、当該事業者への通常の発注量に過ぎない金額を割戻金の基準額として定めていたことから、「下請代金の減額」に当ると判断されたものといえます。単に、発注前に一定の方法で減額する旨の書面による合意が有れば、それだけで事後的に減額が許

されるものではないことに、十分留意が必要です。

Question 2 下請事業者との間に単価の引き下げについて合意が成立し単価改定された場合、合意前に既に発注されているものにまで新単価を遡及適用して良いですか。

Answer 発注時に定められた下請代金の金額は、下請事業者の責に帰すべき理由がない限り減額することは許されないことから、下請事業者との間で単価の引き下げについて合意し新単価を定めた場合であっても、合意前にすでに発注されているものに対してまで新単価を適用することは、下請代金の減額（遡及適用）にあたり許されません。

例えば、1年ごとに単価改定し、例年4月1日から新単価を適用している当事者が、今年は交渉が長引き5月1日に単価引き下げの合意がなされたとしても、新単価が適用されるのは5月1日以降発注分であり、それ以前に発注されたものについては、新単価を適用することはできないことになります。この場合において、当事者間で、新単価の適用時期を、4月1日とする旨合意したとしても、そのことは減額を正当化する理由にはならないので注意が必要です。

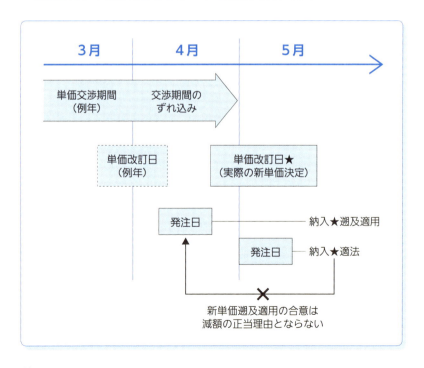

㋺ 下請代金の減額が下請法に違反する場合の私法上の効力

> **Question** 下請代金の減額が下請法に違反する場合の私法上の効果及び契約自体に与える影響について教えて下さい。

● **Answer**

親事業者が下請法に違反する下請代金の減額を一方的に行った場合、親事業者の下請代金債務の不履行となります。

他方、親事業者と下請事業者の合意に基づいて下請法に違反する減額を行った場合には、かかる合意自体が私法上有効かが問題とされます。裁判例によれば、合意自体は私法上当然に無効とはならないが、その内容が下請法の趣旨に照らして不当性が強い場合は、私法上も無効とされる場合があるとされます。

1 減額を親事業者が一方的に行ってきた場合の債務不履行責任

親事業者が下請法に違反する減額を一方的に行ってきた場合、私法上は下請代金債務の一部不履行として、下請事業者は減額された未払金額の支払いを請求することができます（民法415条）。なお、この場合の遅延利息については下請法4条の2により、下請業者は、減額された上記未払金額について、受領日から60日を超える期間の分の14.6％の遅延利息をも併せて請求できると考えられます。

2 減額を当事者の合意に基づいて行った場合の合意自体の効力

他方、減額が親事業者と下請事業者の合意に基づいて行われた場合には、かかる合意自体が、下請法の趣旨に反し私法上無効とされるべきではないかが問題とされます。これに対し、単価の遡及適用の合意の有効性が問題とされた「東洋電装事件東京地裁判決（東京地判昭和63年7月6日判時1309号109頁）」では「遡及適用の期間、新単価との差額等を勘案して同法4条1項3号の趣旨に照らして不当性の強い場合」には遡及値引きの合意は公序良俗（民法90条）に反して無効となる場合があり得るが、「下請法4条1項3号に抵触するというだけで右合意が無効となることはない」としています。しかし、私法上は有効であるとしても、下請法に反する場合は、当然、公正取引委員会の勧告の対象となり、社会的制裁を受けますので、そのような合意をあえてすべきではないでしょう。

(カ) 違反事例の具体例

> **Question** 下請代金の減額について、公正取引委員会から勧告がなされているのは、具体的にはどのようなケースですか。

● **Answer**

公正取引委員会の勧告は、平成16年度から平成27年度まで137件ありますが、このうち133件で、下請の代金の減額の禁止が問題とされています。

1 金利引きによる減額

【H16.12.22勧告】N社は、同社が販売する段ボール等の製造委託に関する下請代金の支払について原則として下請代金の額が一定額を超えた場合手形を交付していたが、下請代金の支払期日に現金での支払を希望する一部の下請事業者に対し、手形の交付に代えて現金での支払を行うに当たり、手形期間の金利相当分と称して自社の短期調達金利相当額を超える金額を下請代金から差し引くことにより、下請代金の額を減じていた。(同種事例【H24.12.14勧告】【H22.1.29勧告】等)

2 新単価の遡及適用による減額

【H20.6.27勧告】M社は、乗用車・トラックに使用する部品の製造委託に関し、単価改定について合意した下請事業者に対し、単価改定の合意日前に発注した部品について単価改定後の単価をさかのぼって適用し、下請代金の中から単価改定前の単価と単価改定後の単価との差額に相当する額を差し引くことにより、下請代金の額を減じていた。(同種事例【H27.7.31勧告】【H25.6.6勧告】【H24.3.30勧告】【H23.7.26勧告】等)

3 ボリュームディスカウントを装った減額

【H17.9.22勧告】C社は、同社が販売する時計・デジタルカメラ・電子辞書等の製造のための部品等の製造委託に関し、下請事業者に対し、各期首ころまでに、その期の取引金額が一定額を超えた場合等にはC社に協賛金を支払うことを内容とする覚書を締結し、下請代金の額から協賛金の額を差し引くことにより、下請代金の額を減じていた。(同種事例【H26.8.28勧告】【H26.6.30勧告】【H25.4.26勧告】等)

4 下請業者との間の事前合意に基づく減額

【H17.6.23勧告】T社は、同社が販売する自動販売機等の製造の一部

の委託に関し、顧客からの原価低減要請等に対応するため、下請事業者に対し、一定期間における自動販売機等の部品の原価低減を要請し、それぞれの下請事業者との間で協力を求める額を取り決め、これを下請代金の額から減額して下請代金を支払っていた。(同種事例【H17.9.22勧告】【H17.12.26勧告】【H18.3.2勧告】【H18.4.4勧告】等)

5 子会社を関与させることによる減額

【H17.9.21勧告】T社は、同社が請け負う印刷物の企画、デザイン等に係る情報成果物の作成の委託に関し、同社が全額出資する子会社を発注業務に関与させ、事務手数料の名目で、下請代金から、下請代金の額に一定率を乗じて得た金額を差し引き、下請代金の額を減じていた。

6 単価修正・端数処理名目での減額

【H20.3.28勧告】N社は、貨物自動車運送の委託に関し、自社の利益を確保するため、①下請事業者に対して、「単価修正額」等と称して下請代金の額に一定率を乗じて得た額を②、さらに、「単価修正」と称して下請代金から前記①の額を差し引いた金額が30万円以上の場合は同金額の1000円未満の端数の額を、同金額が30万円未満の場合は同金額の100円未満の端数の額をそれぞれ負担するよう要請し、これに応じた下請事業者の下請代金を減じていた。

7 下請代金の減額からさらに買いたたきに移行したケース

【H19.12.6勧告】H社は、消防用設備の保守点検業務の委託に関し、①自社の経費削減を図るため、下請事業者に対し「出精値引」と称して、下請代金の額に一定率を乗じて得た額を負担するよう要請し、これを下請代金の額から差し引くことにより、下請代金の額を減じ、②前記①の行為について、公正取引委員会が下請法に基づき調査を開始したことから、前記①の行為を取りやめることとした上で、下請事業者に対して、それぞれの事業者と十分な協議を行うことなく一方的に、下請代金の額から一定率を乗じて得た額を差し引いて支払っていた額を、一律に、そのまま支払う下請代金の額とすることを定めたが、当該下請代金の額は、下請事業者の給付の内容と同種又は類似の内容の給付に対し通常支払われる対価に比し著しく低いものであった。

8 ファクシミリによる発注費用名目の減額

【H23.12.21勧告】菓子の卸売業者のS社は、菓子の製造を下請業者

に委託していたが、下請へファクシミリで発注する際に通信費がかかるとの理由でファクシミリによる発注に係る費用として発注書面の送信枚数に一定額を乗じて得た額をそれぞれ差し引くことにより、下請代金の額を減じていた。

9 物流センターの使用料を実質下請業者の負担とするための減額
【H24.1.18勧告】菓子の卸売業者のＴ社は、菓子の製造を下請業者に委託していた。Ｔ社は、下請事業者から受領した商品をＴ社の取引先の物流センターに納品しているところ、当該取引先に対して支払う物流センターの使用料に充てるため、下請事業者に対し、「センターフィ」として負担するよう要請し、当該下請事業者に支払うべき下請代金を減じていた。

10 不合格品名目による減額
【H25.2.26勧告】トラック・バス等のブレーキ等の部品の製造委託に関し、自社の原価低減活動への協力要請に応じることとした下請事業者に対して、不合格品が発生したとの名目で、下請代金の額から一定額を減額していた。

11 コスト削減効果が生じたという名目による減額
【H25.4.23勧告】食品メーカー系の物流会社Ａ社は、荷主から請け負う貨物の運送又は倉庫における貨物の仕分作業等の委託に関し、下請事業者に対し、運送ルートの見直しや倉庫内の商品配置の見直し等について改善提案を行ったことによりコスト削減効果が生じたとして、下請事業者におけるコスト削減の実態にかかわらず、旭流通システムが算出したコスト削減額に一定率を乗じて得た額を差し引くことにより、下請代金の額を減じていた。

12 自社の業績悪化を理由とする減額
【H26.6.27勧告】パチンコ製造業者のＭ社は、自社の業績悪化を理由として「業績悪化を理由とする値引き」として、下請代金の額から一定額を差し引いていた。

13 売れ行き不振を理由とする減額
【H27.7.31勧告】大手スポーツ用品販売店Ｚ社は、自社の店舗で販売するスポーツ用品等の製造を委託する下請業者に対して、下請事業者が納入した商品の売行きが悪いことを理由に店頭販売価格の引下げを行う

に当たって「値引」として、下請代金の額から差し引いていた。

14 「開店時販促費」「カラー写真台帳制作費」名目での減額
　　　実際の振込手数料を超える金額の振込手数料名目での差引

【H28.8.25勧告】大手コンビニエンスストアF社は、同社が消費者に販売するプライベートブランドの食料品の製造を委託する下請業者に対して、オープン直後に店で売れ残った商品の代金を「開店時販促費」名目で、店舗向け商品カタログへの写真掲載費を「カラー写真台帳制作費」名目でそれぞれ負担させ、さらにその振込手数料を支払わせて、事実上下請代金を減額していた。また、下請代金支払の際に、実際の振込手数料を超える金額を振込手数料名目で控除していた。（同種事例【H25.12.5勧告】等）

エ　返品の禁止

> (Question) 返品が認められる場合につき、公正取引委員会からガイドラインが出されています。詳細に規定されている反面、一読了解とはいきません。分かりやすく説明してください。

● Answer

返品が認められるのは、「下請事業者の責に帰すべき理由」がある場合、すなわち、
① 下請事業者の給付の内容が下請法3条所定の書面（以下、「3条書面」といいます。）に明記された委託内容と異なる場合
② 下請事業者の給付に瑕疵がある場合
に限られます。まずはこの大原則を押さえましょう。もっとも、たとえ上記①②を理由とする場合でも、下請法ガイドラインは一定の場合には返品を認めないとして絞りをかけています。

また、現実の取引においては、下請事業者が製造した製品等につき納入時に検査が行われるのが通常であると思われます。その場合、検査方法や瑕疵の程度によって、返品可能期間に違いを設けています。

1　下請法4条1項4号の趣旨

親事業者の委託によって下請事業者が製造する製品等や作成する情報成果物を、他社との契約等の製品として転用することは極めて困難なことが多いでしょう。その場合、容易に返品が認められれば、下請事業者は製品等の対価を得られないことになり著しい不利益を被ります。これを防止するために規定されたのが本号です。受領拒否（下請法4条1項1号）と趣旨は同じです。

2　返品が認められる場合

(1)　原則

返品が認められるのは、「下請事業者の責に帰すべき理由」がある場合です。そして、下請法ガイドラインでは、「下請事業者の責に帰すべき理由」があるとして返品が認められるのは、次の①②の場合において、当該給付を速やかに引き取らせる場合に限られるとされています。

① 下請事業者の給付の内容が3条書面に明記された委託内容と異なる場合
② 下請事業者の給付に瑕疵がある場合

　これらは、言い換えれば、下請事業者が不合格品や不良品を製造した場合であり、このような場合には返品を認めて下請事業者にその責任を負わせるのが妥当ということになります。

　受領拒否（下請法4条1項1号）においては、①②のほか、③下請事業者の給付が3条書面に記載された納期に行われない場合（納期遅れ）も受領拒否が認められています。しかし、4号の返品の禁止との関係では、親事業者が納期遅れを承知の上で受領した以上、親事業者は下請事業者の責任を免除したとみなすべきですから、これを理由に返品することは許されません。

　なお、4号に違反して親事業者が返品を行った場合、返品分につき代金が未払いであれば、下請事業者は、親事業者に対して、代金の支払請求が可能です。代金とは別に損害が生じている場合、返品自体は、親事業者と下請事業者との間における契約の不履行というわけではありませんから、契約法理での責任追求は難しいと思われます。下請事業者としては、親事業者に対し、不法行為に基づく損害賠償請求（民法709条）を追及することになるでしょう。

> 【コラム】親事業者が返品をする際には……
> 　親事業者による返品が認められる場合、親事業者は、瑕疵の内容を明らかにするのはもちろん、いつの納品分の瑕疵であるかも明示する必要があります。そうでないと、返品が許される期間内かどうかの判断ができないからです。

(2) 返品は容易には認められない

　たとえ①②を理由として返品する場合であっても下請法ガイドラインでは、次のア～エにあたる場合には、返品は認められていません。つまり、返品を容易に認めず、上記①②にあたることが客観的に明らかである場合に限定することで下請事業者の保護を図っているのです。

ア　3条書面に委託内容が明確に記載されておらず、または、検査基準が明確でない等のため、下請事業者の給付の内容が委託内容と異なる

ことが明らかでない場合
イ　検査基準を恣意的に厳しくして、委託内容が異なるまたは瑕疵等があるとする場合
ウ　給付に係る検査を下請事業者に文書により明確に委任している場合において当該検査に明らかなミスが認められる給付について、受領後6か月を経過した場合
エ　委託内容と異なることまたは瑕疵等があることを直ちに発見することができない給付について、受領後6か月（下請事業者の給付を使用した親事業者の製品について一般消費者に対し6か月を超える保証期間を定めている場合においては、それに応じて最長1年）を経過した場合

　まず、上記アについては、下請事業者の給付の内容が委託内容と異なるか否かを判断することができないことになること、上記イについては、これを許せば親事業者の意のままに本号を骨抜きにすることが可能となってしまうことから、それぞれの場合における返品を認めていません。

　次に、上記ウとエは、返品の認められる期間についての規定です。まず、そもそも、下請法ガイドラインは、①②の場合において、当該給付を速やかに引き取らせる場合に限り返品を認めています。これは、すなわち、納品時に検査がされることを想定し、不良品や不合格品であれば、その時点で速やかに返品すべきことを前提としています。しかし、現実には納品時に発見ができない瑕疵が存在する場合もあり、そのような場合に一律返品を認めないのでは親事業者に余りに酷ですから、上記原則を修正しているのです。

> 【コラム】そもそも検査を省略していたら？
> 　親事業者がそもそも検査を省略している場合は、全量を合格品とみなしているということができることから、返品は認められないので注意が必要です。

【コラム】何で６か月なの？
　６か月という期間は、納品時に発見ができない瑕疵につき、下請事業者の責に帰すべき理由があるか否かを判断するには、この程度は必要であろうということで定められています。似たような規定として商法526条第２項があります。この規定は、商人間の売買において買主が直ちに発見できない瑕疵を発見した場合は、６か月以内であれば契約の解除や代金の減額等を請求できるとするものです。

3　速やかに返品すべきか、６か月以内であれば返品が可能か

　下請法ガイドラインでは、①②の場合において当該給付を速やかに引き取らせる場合のほか、ロット単位での抜取り検査（※）を行う場合についても規定がされています。この点については、検査方法ごとに場合分けするよりも、検査後速やかに返品するのが原則であることを念頭に置きつつ、例外として受領後６か月以内であれば返品が可能な場合があると整理するのがよいでしょう。

※　ロット単位での抜取り検査
　製造した製品をすべて検査する方法を全量（全数）検査というのに対し、検査の対象となるひとまとめの集合体（ロット）から一部を抜き取って検査を行い、その検査結果を基準と比較してロット全体の合否を決める検査方法をいいます。

(1) 検査後速やかに返品すべき場合

　親事業者が自ら全量検査をしている場合でも、自らロット単位で抜取り検査をしている場合でも、検査で不合格とした製品等については速やかに返品しなければなりません。検査によって直ちに発見することができる瑕疵であれば、親事業者としても速やかに返品することが可能ですから、これをすべきということになります。

(2) 受領後６か月以内（ユーザー保証がある場合は１年以内）であれば返品が可能な場合

　親事業者が自ら全量検査をしている場合であれ、親事業者が自らロット単位で抜取り検査をしている場合であれ、検査を下請事業者に委託し

ている場合であれ（文書で検査基準を示している場合に限られます）、直ちに発見することができない瑕疵が発見された場合は受領後６か月以内であれば返品が可能です。また、検査を下請事業者に委託している場合（文書で検査基準を示している場合に限られます）で、下請事業者の検査に明らかな手落ちがある場合も同様です。これらの場合は、親事業者に速やかに返品させることは困難もしくは適当でないことから一定の猶予を与えたものということができます。

　なお、抜取り検査の性質上、検査対象となった抜き取った製品等は合格品とされたものの、ロットの中に不良品が混入している場合があり得ます。この場合でもその瑕疵が直ちに発見できる瑕疵であれば原則返品は認められません。しかし、次の条件をいずれも満たす場合には、受領後６か月以内の返品が認められます。
ア　下請事業者の給付に係る検査をロット単位の抜取りの方法により行っている継続的な下請取引であること
イ　発注前にあらかじめ、直ちに発見できる不良品について返品を認めることが合意され、その内容が書面化されている場合であること
ウ　上記イの書面と３条書面との関連付けがなされていること
これらの条件を満たす場合には、遅くとも製品等を受領後、その受領に係る下請代金の最初の支払時までなら返品することが認められます。

　これは、全量検査ではなく抜取り検査を選択したリスクは親事業者に負担させるのが公平との考えにもとづき、まずは原則通りに解釈しつつ、下請取引における抜き取り検査の必要性にも配慮して一定の条件のもと修正を図ったものということができます。

> **【コラム】返品と受領拒否の違い**
> 　返品の禁止と受領拒否の禁止の趣旨は同一ですが、規制対象となる行為の時点が異なります。
> 　つまり、受領拒否は給付をそもそも受けとらないことであるのに対して、返品は給付を一旦受領した後に返却することですので、受領拒否の禁止は給付の受領までの行為が規制対象ですが、返品の禁止は給付の受領が完了した後の行為が規制対象となります。

【コラム】ユーザーへの長期保証との関係は？

　現実の商取引においては、親事業者がユーザーに対して、例えば２年や３年といった長期の保証期間を定めている場合があります。しかし、時の経過とともに下請事業者の責任かどうかの判断は困難になりますし、長期間経過後に返品がされた場合の下請事業者に与える影響も無視できませんから、下請法ガイドラインは最長でも１年としているのです。つまり、下請法との関係では、長期保証は、親事業者がユーザーへのサービスとして行っているものなのです。ただ、下請事業者の製造した製品等が原因でユーザーに損害が発生した場合に、下請事業者が民事上の賠償責任を負うか否かは下請法とは別の問題となります。

オ 買いたたき
㋐ 買いたたきとは

> **Question** 当社Xは、現在、自動車内装部品を下請業者A社に発注していますが、近時の原油価格の高騰の影響を受けて、A社から従来の発注単価の引き上げを求められています。当社としては、従来の発注単価に据え置いたまま発注していますが、問題となりますか。

● **Answer**

従来の発注単価のままでは、当該取引の通常の対価と比べて著しく低い下請代金額となる場合や、A社と十分に協議することなく、一方的に従来どおりの発注単価に据え置いた場合は、下請法4条1項5号に違反するおそれがあります。

1 意義・趣旨

下請法4条1項5号は、親事業者がその地位を利用して下請事業者に対して不当に低い下請代金を押し付ける、いわゆる買いたたきを防止する趣旨で設けられました。昭和31年の下請法制定当時は、買いたたきの類型化が困難であることから特段の規定を設けず、独禁法による規制のみの対象とされていましたが、買いたたき事例が増加したことに伴い、昭和37年に下請法の規制対象として新たに追加されました。

買いたたきは、親事業者が下請事業者に発注する行為を対象としている点で、一旦決定された下請代金額を事後に減ずる「減額」（同項3号）とは区別されます。Qのケースは、一旦発注単価が決定された後に発注単価の問題（下請代金の据置き）が生じているかのように見えますが、個々の発注の単価が決定された後にそれを減額したわけではないので、「減額」として禁止されるのではなく、個々の発注について不当に低い価格を押し付ける点で「買いたたき」として禁止される場合にあたります。

2 要件

では、買いたたきにあたるかどうかはどのような基準で判断されるのでしょうか。下請法4条1項5号において買いたたきは、「下請事業者の給付の内容と同種又は類似の内容の給付に対し通常支払われる対価に比し著しく低い下請代金の額を不当に定めること」とされており、主と

して「通常支払われる対価」、「著しく低い下請代金の額を不当に定めること」の解釈が問題となります。

(1) 「通常支払われる対価」とは

同種又は類似の給付(又は役務の提供)の内容について、当該下請事業者の属する取引地域における取引価格(通常の対価)をいいます(市場の取引価格と考えてよいでしょう)。もっとも、下請取引の対象には市場性が乏しいものもありますので、通常の対価の把握が困難な場合には、それと同種又は類似の給付内容(又は役務の提供)の従前からの対価を通常の対価として扱うことになります。

(2) 「著しく低い下請代金の額を不当に定めること」とは

「著しく低い」、「不当に定める」という要件が一義的には明確ではないため、①価格水準(通常の対価との乖離状態、原材料等の価格動向等)、②決定方法(代金額の決定における下請事業者との十分な協議の有無等)、③決定内容(代金額の決定が差別的かどうか等)等を要素として総合判断されることとなります。

3 効果

下請法4条1項5号違反に対しては、公正取引委員会による原状回復措置その他必要な措置の勧告(具体的には下請代金額の引上げの勧告)が行われます(下請法7条2項)。なお、民法上の問題としては、原油価格の高騰により当初の契約通りに履行を強制させることが著しく公平に反するような場合、いわゆる事情変更の原則といった一般法理(民法1条2項)によって契約を解除することができるかが問題となってきます。

親事業者X社としては、下請事業者A社と十分な協議を行い、再見積りを取るなどの方法をもって発注単価を見直した上で合意する必要があるでしょう。

> 【コラム】買いたたきに関する通達
>
> 平成20年8月29日、買いたたきの具体的内容を明示した大臣通達文書が、約600の事業者団体及び約1万4000社の親事業者に対し発出され、原油・原材料価格高騰時において「買いたたき」が行われないよう周知徹底されました。

㈣ 「著しく低い下請代金の額を不当に定めること」の判断要素

> **Question** 当社Yとしては下請事業者B社との間で下請代金額を決める際、何ら強制をしているつもりはなく、ただコストを抑える為に低価格の発注単価を希望したところ、B社が了解してくれただけなのですが、その場合でも買いたたきにあたるのでしょうか。

● Answer

事業者がコストの低減を考えることは当然ですが、通常の取引価格と比べて著しく低価格となる場合や、下請事業者B社と十分に協議をしない場合には、下請法4条1項5号の規定に違反するおそれがあります。

1 買いたたきに該当するかどうかを判断するための重要な要素については、前頁の解説で①価格水準、②決定方法、③決定内容等を挙げました。以下では、さらに個別具体的なケースを考えてみます。

⑴ 「著しく低価格になる場合」とは通常の対価と比べて具体的にどの程度低い場合をいうでしょうか。

個別具体的な取引事案により程度は様々ですので何％低い場合といった基準を定めることは困難です。また、こういった基準を示すことは、かえって買いたたきに該当しない限度の低額基準を示すことになってしまい適当ではありません。そこで、価格水準（①）は重要な要素ではありますが、当該取引相手との間でいかなる手続を経ていかなる決定がなされたのかという要素（②③）、特に十分な協議の場を持ったか否かを重視して判断するべきでしょう。

⑵ 下請事業者が何ら申し出をしなかった場合でも十分な協議の場を持つ必要があるのでしょうか。

下請事業者の立場の弱さから親事業者の一方的な言いなりになっている場合もあります。十分な協議を行ったかどうかは、買いたたきに該当するかどうかの重要な要素ですので、親事業者から協議の場を持つようはたらきかける必要があるでしょう。

⑶ 下請事業者に再見積書を提出させれば十分な協議を持ったといえるでしょうか。

親事業者としては、再見積書を提出させれば、何度も価格交渉をしたのであるから十分な協議を持ったと考えがちです。しかし、そ

れが形式的なものにすぎず、作業内容、当初の見積価格との格差、見積書の作成経緯、回数等の諸般の事情から、実質的にみれば親事業者が求める価格になるように強制したり、取引の中止をにおわせて何度も低価格を押し付けたりしているにすぎない場合には、十分な協議の場を持ったとはいえません。

(4) 大量に発注する前提で単価の低い見積書を出させた後、少量の発注しかしないにもかかわらず、見積書の単価をそのまま維持した場合はどうでしょうか。

大量に発注されることを前提に、低価格の発注単価を受け入れた下請事業者としては不利益を被ることが明らかです。親事業者としては、取引内容・条件を偽ったと言われぬよう、十分な協議をする必要があります。

(5) 特定の地域、例えば、海外向け製品の部品についてだけ、国内向け製品の同一部品より低価格にして発注単価を抑えることはどうでしょうか。

海外では国内より安い販売価格でなければ売り上げが伸びないといった理由も考えられますが、下請事業者にとってみれば、同一部品を納入しているにもかかわらず、特定の販売先に対して安く販売するということだけで低価格を押し付けられる理由はありません。下請事業者にとっても利益が出ることなど十分に理由を説明して協議のうえ価格を決定する必要があります。

2 以上のとおり、親事業者が発注単価を定めるにあたっては、必ず下請事業者と十分な協議の場をもつことが必要です。

【コラム】そもそも契約しなければいいのに？

下請事業者としては契約自由の原則から余りに低価格であればそもそも取引をしなければいいとも思われますが、立場の違いから取引関係を獲得・維持したいと思うのは止むを得ないところです。

親事業者としては、単に低価格の発注単価を下請事業者に押し付けるのではなく、双方が原材料の調達方法を見直したり、新工法を開発したり、下請事業者に負担をかけずに低い発注単価を可能とする提案を持ち寄るなどして、よりよい取引関係を維持すべきでしょう。

⑼ 買いたたきと債務不履行の関係

> **Question** 当社Cは、親事業者Z社から貨物運送の一部を請け負うに際し、親事業者に見積書を提出しました。その後に作業内容が当初の予定を大幅に上回ることになったのですが、当初の見積書のまま発注を受けました。当社は、再度見積書を出して単価の見直しを求めましたが、Z社は当社の作業能力の問題に過ぎないと言って取り合ってくれません。どのように対応すればいいでしょうか。

● **Answer**

発注単価の決定に際し、下請事業者と親事業者との間で、十分な協議が行われたとは言えず、買いたたきに当たる可能性があります。C社としては中小企業庁に適切な指導を求めることを検討すべきでしょう。

1　前問の解説で説明したとおり、親事業者が下請事業者との間で十分な協議を行ったかどうかが買いたたきに当たるかどうかの重要な判断要素の1つです。

　買いたたきに当たる場合には、下請法上、公正取引委員会による代金引き上げその他必要な措置をとるべきことの勧告（下請法7条2項）及び公表（平成15年以降は、勧告事例について全て公表する取扱いとなっています）が行われますので、親事業者がこの勧告に従うことは期待できるでしょう。

2　下請事業者の帰責性について

　では、Z社が言うように、作業内容の増大の原因が、下請事業者側の事情である場合はどうでしょうか。

　この点、買いたたきは、「受領拒否」（下請法4条1項1号）、「減額」（同項3号）、「返品」（同項4号）とは異なり、「下請事業者の責に帰すべき理由がないのに」という文言が明記されていません。したがって、下請事業者に責任がないことは、買いたたきの要件ではなく、たとえ下請事業者側の事情によるものだとしてもこれに該当する可能性があります。

　そして、親事業者が下請事業者に対し作業内容を発注するのが通常であるところ、親事業者に作業内容の決定権があることが多く、また、作業内容が増大する理由は様々です。このような具体的な事情を考慮

することなく、単に作業能力の問題であるとの一言で、協議の場を持たないような場合には、買いたたきに当たる可能性があります。

3　債務不履行責任との関係

　では、作業内容が当初の見積書で予定していたものから大幅に変わったにもかかわらず、下請事業者Ｃ社は、親事業者Ｚ社の発注に従い履行を強制されるのでしょうか。また履行しない場合には債務不履行責任が生じるのでしょうか。

　まず、ＣＺ間の取引が個別の発注毎に契約が成立する内容のものである場合には、従前の代金での発注に対して下請事業者が承諾をしなければ契約は成立しませんので、従前の代金での発注に応じる必要はありません。他方、ＣＺ間の取引が継続的取引である場合には、その契約内容如何によって、発注のみで個別契約が成立しているものとして、債務不履行責任を問われる可能性があります。

　もっとも、上記のとおり契約内容如何によって結論が変わるとしても、下請事業者にとって、本件契約内容が上記のいずれに当たるか判断に迷ったり、親事業者との取引関係を考慮して適切な対応ができないことも十分に考えられます。下請事業者としては、そのまま履行せずに放置すると債務不履行責任を問われる可能性がありますので、早めに法律の専門家あるいは中小企業庁に相談するのがよいでしょう。

　なお、中小企業庁への通報により親事業者から不当な報復を受けるような場合には、別途「報復措置」（下請法４条１項７号）としての規制があります。また、当初見積書のままの発注では契約が成立していないとして、その有効性を民法上問題にしたとしても、当然には下請代金の引き上げ効果はありません。したがって、公正取引委員会による勧告を求める方が、適正な下請代金額による取引を確保する実効性が高いと考えられます。

【コラム】典型事例及び勧告事案

　買いたたきの典型事例については、下請法ガイドラインをご参照下さい。また、買いたたき事案として、初めて公正取引委員会による勧告・公表の対象となったものとしては、株式会社ホーチキメンテナンスセンター事案があります（平成19年12月６日勧告・公表）。

カ　物の購入強制・役務の利用強制

> **Question**　親事業者が下請事業者に対して、自社や自社の関連会社・取引先等が取り扱う製品を購入させたり、そのサービスを利用させたりしても問題ないでしょうか。

● **Answer**

　一定の例外（後記4参照）を除き、親事業者が下請事業者に対し、自己の指定する物を強制して購入させたり、役務を強制して利用させたりすることは下請法によって禁止されています。

1　物の購入・役務の利用の強制が禁止される趣旨

　下請法4条1項6号は、正当な理由がある場合を除いて、親事業者が、下請事業者に対して製造委託等をした場合に、「自己の指定する物」を「強制して」購入させること又は「自己の指定する役務」を「強制して」利用させることを禁止しています。

　親事業者が、下請事業者に対し、取引上の優越的な地位を利用して、自己やそのグループ会社、取引先等の利益のために、それらが製造し又は所有する製品を購入させたり、それらの提供するサービスを利用させたりして、その対価を負担させることは、下請事業者に損害をもたらすこととなり得ます。これを防止するために、下請法では上記禁止規定が設けられているのです。

2　自己の指定する物・役務とは

(1)　「自己の指定する物」とは、親事業者自身が有する物に限らず、その子会社・関連会社や取引先その他の第三者が有する物であっても、親事業者が下請事業者に対して指定したものであれば全て含まれます。

　指定する「物」の内容も、下請事業者が親事業者から製造を委託された物品等を製造するための原材料や機械器具等のみならず、当該物品等とは無関係のものも含め、一切の不動産・動産が含まれます。

(2)　「自己の指定する役務」についても自己の指定する物と同様に、親事業者自身が提供する役務はもちろんのこと、その子会社・関連会社や取引先その他の第三者が提供する役務であっても、親事業者が下請事業者に対して指定したものである限り全て含まれます。

　「役務」の内容にも限定がありませんので、保険、リース、インター

ネット接続サービスなど、他人のために行う労務や便益、サービス等が広く含まれます。

例えば、親事業者が下請事業者に対し、製品の運送や広告宣伝活動をある業者に依頼するよう指示したりする場合等も、自己の指定する役務を強制的に利用させる場合に当たり得ます。

3　「強制して」購入させる・「強制して」利用させるとは

「強制して」（物を）購入又は（役務を）利用させるとは、下請事業者の意思決定の自由を抑圧し、正常な意思決定ができないようにして、物の購入又は役務の利用をさせることをいいます。

その具体的な方法としては、ある物の購入又はある役務の利用を取引開始の条件とすることや、購入又は利用をしない場合に取引を停止する等の不利益を与えることが考えられますが、その他、下請取引関係を利用して、事実上、購入又は利用を余儀なくさせていると認められる場合も含まれます（ガイドライン第4の6(1)）。例えば、購買・外注担当者等下請取引に影響を及ぼすことができる者が下請事業者に購入又は利用を要請したり、下請事業者から購入する旨の申出がないのに、一方的に物を下請事業者に送付したりする等、単に親事業者が下請事業者に"要請"する場合であっても、下請法で禁止されている購入・利用強制に該当するおそれがあります（ガイドライン第4の6記載の具体例参照）。

4　例外的に許される場合

親事業者による下請事業者に対する物の購入・役務の利用の強制が例外的に許される場合として、下請法は、「下請事業者の給付の内容を均質にし、又はその改善を図るため必要がある場合その他正当な理由がある場合」を定めています。

例えば、親事業者が下請事業者に発注する物品等や修理業務等について一定の品質を持たせたり、品質を改善させたりするために必要がある場合は、特定の原材料や機械器具を有償で支給し、それらを用いることを条件として製造委託することが許されます。

キ　親事業者からの報復措置

Question 1 先日、数十年来付き合いのある親事業者より、「デフレによって原材料費が下落しているのだから、その分下請代金も減額せよ。下請代金は減額した分だけ支払う」などと一方的に通告され、特に当社に責められるようなことがないにもかかわらず、下請代金を減額されました。

そこで、中小企業庁に対してこのことを申告し、適切な指導をしてもらうように求めたところ、今度は同じ親事業者から、突然取引の停止を通告されてしまいました。

このような親事業者の行為は、「報復措置」に該当しますか。

Question 2 先日、数十年来付き合いのある親事業者に対し、昨今の厳しい経済情勢によって当社の経営が苦しくなっていることを理由に、物品納入の単価を引き上げてもらうように要請しました。

ところが、単価の引き上げに応じてくれないばかりか、突然、発注数量を減らされ、また、今月分の支払も遅れています。

このような親事業者の行為は、「報復措置」に該当しますか。

● **Answer**

Ｑ１の事例における親事業者の行為は、「報復措置」（下請法４条１項７号）の典型的な事例です。親事業者からこのような取扱いを受けた場合には、そのような取扱いに屈せずに、もう一度、中小企業庁に対しそのような不利益な取扱いを受けたことを通告した上、適切な指導をしてもらうように求めるべきでしょう。

一方で、Ｑ２の事例における親事業者の行為は、行政機関への通知に対する不利益な取扱いではないため、「報復措置」に該当するものではありません。しかし、このような行為は、「下請代金の減額」や「支払遅延」等の下請法上の他の禁止行為又は他の法令違反に該当する可能性が高いと思われます。

1　報復措置とは

下請法上の「報復措置」とは、親事業者が「受領拒否」「支払遅延」をしている場合、若しくは「下請代金の減額」「返品」「買いたたき」「購

入・利用強制」をした場合、又は親事業者について「有償支給原材料等の対価の早期決済」「割引困難な手形の交付」「不当な経済上の利益の提供要請」「不当な給付内容の変更、やり直し」があると認められる場合に、下請事業者が、公正取引委員会又は中小企業庁に対し、親事業者のそのような事実を知らせたことを理由として、親事業者から、取引の量を減じられたり、取引を停止されたり、その他不利益な取扱いを受けることをいいます（下請法4条1項7号）。

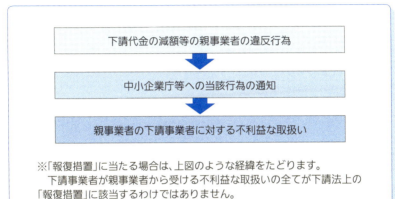

※「報復措置」に当たる場合は、上図のような経緯をたどります。
　下請事業者が親事業者から受ける不利益な取扱いの全てが下請法上の「報復措置」に該当するわけではありません。

2　一方的に取引を停止された場合

　前述のとおり、下請法上の「報復措置」に該当するのは、下請事業者が、親事業者が同法上の禁止行為をしていることを行政機関に知らせたことに対し、親事業者から不利益な取扱いを受けた場合に限られます。

　しかし、仮に下請法上の「報復措置」に該当しない場合であっても、親事業者から一方的に取引数量を減らされたり、理由のない支払の遅延を受けたりした場合又は突然取引停止を通告されたりした場合には、親事業者の行為には様々な問題があるものと思われます。すなわち、独禁法上の優越的地位の濫用規制に違反することや、下請法上の「下請代金の減額」「支払遅延」に該当することも考えられます。また民事法上も、継続的契約を一方的に反故にする行為は契約違反に該当し、場合によっては損害賠償請求の対象となるでしょう。

　親事業者から一方的に取引の停止等を通告された場合には、すぐに専門家に相談し、対応を検討すべきでしょう。

ク 有償支給原材料等代金の早期決済の禁止

> *Question 1* 親事業者が有償で支給した原材料等の代金と下請代金とを相殺処理する場合、有償支給原材料等代金の早期決済の禁止規定（下請法４条２項１号）との関係で注意すべき点はありますか。
> *Question 2* 下請事業者の責めに帰すべき理由があるとして早期決済の禁止に触れない場合とは、具体的にどのような場合でしょうか。

● *Answer 1*

　親事業者としては、原材料等の代金をその原材料等を用いて製造等した製品等の下請代金の額から差し引く形で相殺（見合い相殺）するのであれば本号違反にはなりません。

● *Answer 2*

　下請事業者が、支給された原材料等を毀損したり、不良品を製造したりした場合等、下請事業者が取引の信頼を裏切る行為をしたときには、本号違反にはなりません。

1　相殺処理との関係

(1)　下請法４条２項１号の趣旨

　親事業者が下請事業者に有償で支給した原材料等の代金支払いが請負代金の支払いよりも早期になされるということは、期限到来済みの下請代金から期限未到来の下請代金に含まれるべき原材料等の代金が相殺されることを意味します。つまり、原材料等の代金分だけ下請事業者の手取りが減ることになります。下請事業者の資金力は親事業者に劣るのが通常ですから、上記早期決済は、下請事業者の資金繰りを圧迫する等下請事業者に不利益を与えます。本号は、これを防止するために規定されています。

(2)　早期決済にあたる場合

　有償支給原材料等の支払いを下請代金との相殺によらずに、別途支払うものとしても問題はありませんが、現実には、相殺処理によって決済されることが多いでしょう。

　本号は、あくまで早期決済を禁止するものですから、原材料等の代金をこの原材料等を用いて製造等した製品等の下請代金の額から差し引く

形で相殺（見合い相殺）するのであれば本号違反にはなりません。他方、例えば、既に履行期が到来している、もしくは、有償支給後直ちに履行期が到来する他の下請代金と相殺する場合は、親事業者が原材料等の代金を早期に回収することになりますので、本号に該当することになり許されません。

　原材料等を有償支給している親事業者としては、本号に違反する事態を避けるため、決済方法として「見合い相殺」を制度化しておくのがよいでしょう。

> 【コラム】親事業者が原材料等を無償で支給した場合は？
> 　この場合には本号の問題は生じません。しかし、原材料等を滅失・毀損させた場合の責任の所在・費用負担といった別の問題が新たに発生するおそれがあります。下請事業者としては、原材料が無償で手に入るからといってメリットばかり、というわけにはいきません。

2　下請事業者の責めに帰すべき理由

　下請事業者の責めに帰すべき理由がある場合には、本号の適用はありません。例えば、

① 下請事業者が支給された原材料等を毀損等したために、親事業者に納入すべき製品の製造等が不可能になった場合
② 支給された原材料等によって不良品や3条書面の内容とは異なる物品を製造した場合
③ 支給された原材料等を他に転売した場合

などがこれにあたります。

　本号の趣旨は1(1)で述べたとおり、下請事業者に資金繰りの圧迫等の不利益が及ぶことを防止することにあります。上記①〜③はいずれも下請事業者自らが取引の信頼を裏切る行為をした場合であり、このような場合には下請事業者を保護する必要はありません。もっとも、下請事業者の責めに帰すべき理由については、受領拒否、下請代金の減額及び返品の禁止についての規制と同様、極めて限定的に解釈されます。

ケ　割引困難な手形交付の禁止

> **Question**　下請法4条2項2号では、下請代金の支払につき、支払期日までに「一般の金融機関による割引を受けることが困難であると認められる手形」を交付することが禁止されています。割引が困難かどうかはどのように判断されるのでしょうか。具体的に手形サイトが制限されているのでしょうか。

● **Answer**

　現在の公正取引委員会及び中小企業庁の指導では、手形サイトが120日（繊維業にあっては90日）を超える長期の手形は割引困難な手形とみなされ、その交付は下請法4条2項2号に違反するおそれがあります。もっとも、上記はあくまで指導であって、上記期間内の手形であれば、必ず下請法に違反しないというわけではありません。

1　下請法4条2項2号の趣旨

　下請法4条2項2号の趣旨は、親事業者が下請代金の支払いにつき一般の金融機関で割引を受けることが困難な手形を交付すると、下請事業者は支払期日までに下請代金を受け取ることができず、不当な不利益を受けるおそれがあるため、これを防止することにあります。

2　割引困難性の判断

　個別の手形が一般の金融機関によって割引を受けることができるかどうかは、手形サイトだけでなく、親事業者及び下請事業者の信用力や両者と金融機関との取引関係等を総合考慮して判断されるものですから、本来、手形サイトによって画一的に決せられるものではありません。

　しかし、基準が不明確であれば手形取引を萎縮させたり下請法規定が形骸化するといった不都合もあるため、法律を運用する上ではある程度明確な基準が必要となります。また、業界における一般的な慣行やその時々の金融情勢等を勘案すれば、ほぼ妥当な手形サイトを目安として設定することも不可能とまではいえません。

　そこで、公正取引委員会及び中小企業庁は、昭和41年以降、手形サイトを、原則として120日以内（繊維業にあっては90日以内）とするよう指導し、これを超える手形は割引困難な手形とみなして、すべて上記期間内に改善するよう指導しています。

もっとも、前述のとおり、割引困難性はあくまで総合的な判断ですから、上記期間内の手形であれば必ず本号に違反しないとはいいきれません。したがって、親事業者としては、下請代金をなるべく現金によって支払うべきともいえるでしょう。

> **【コラム】「一般の金融機関」って？**
> 　銀行、信用金庫、信用組合等の預貯金の受入（受信業務）と融資（与信業務）を併せて行う金融機関を「一般の金融機関」といいます。街の金融業者は含まれません。

3　不当な利益侵害

　下請法4条2項2号は、「有償支給原材料等代金の早期決済の禁止」（下請法4条2項1号）同様、割引困難な手形の交付によって、下請事業者の利益を不当に害した場合に適用されます。

　この点、親事業者から交付された手形が支払期日までに一般の金融機関によって割引を受けることができなかったときには、下請代金の支払いがなされていないことになりますから、支払遅延（下請法4条1項2号）に該当し、本号は適用になりません。

　そこで、本号にいう下請事業者の利益を不当に害するとは、支払遅延以外の原因、すなわち一般の金融機関で割引ができずそれ以外の方法によった場合や通常の割引以上の負担で現金化した場合などをいうことになります。

> **【コラム】すべての手形が規制の対象？**
> 　本号で規制の対象となる手形は、親事業者が振り出す約束手形に限られません。下請事業者に交付するすべての手形が対象となりますので、いわゆる回し手形も対象となります。そして、回し手形の場合は、手形の交付日を起算点として上記期間を超えるか否かを判断します。

コ　不当な経済上の利益の提供要請の禁止

> **Question**　当社Xは、卸売業者らに販売促進費用を支払っていますが、この費用の一部に充当するため、下請事業者A社に対し「販売対策協力金」として仕入数量又は販売数量に一定額を乗じて得た額を負担するよう要請しています。このような要請は何か問題となりますか。

● Answer

親事業者が下請事業者に対し、事前に当該協力金の目的、協力金の額、その算出根拠等を明確にし、金銭の提供とそれによって得られる下請事業者の利益との関係を明確にしない場合には、不当な経済上の利益の提供要請をしたとして、下請法4条2項3号に違反するおそれがあります。

1　意義・趣旨

下請法4条2項3号は、親事業者が、自己のために、下請事業者に対して金銭や役務その他の経済上の利益を提供させると、下請事業者の利益が不当に害されることから、これを防止するために設けられました。従来、親事業者が協力金、協賛金等を下請代金から差し引く行為は「減額」（下請法4条1項3号）の規制対象とされてきました。しかし、親事業者が下請代金とは別個に金銭の提供や労務の提供をさせる行為は、「減額」に当たらず規制の対象外とされていたことから、平成15年法改正で新たに本規定が設けられました。

2　要件

(1)　「自己のために」とは、もっぱら下請事業者の利益となる場合を除き、経済上の利益が親事業者に直接帰属する場合のほか、親事業者の子会社に経済上の利益を提供させることで、間接的に親事業者の利益となる場合も含まれます。

(2)　「金銭、役務その他の経済上の利益を提供させる」とは、協賛金、従業員の派遣等の名目如何を問わず、下請代金の支払とは別個独立して金銭の提供や労務の提供を要請することをいいます。

(3)　「下請事業者の利益を不当に害すること」とは、内容が一義的ではありませんが、下請事業者が自らの利益のために自由な意思をもって経済上の利益を提供する場合には「下請事業者の利益を不当に害する」

ものではないとされています。もっとも、下請事業者が親事業者に対し経済上の利益を提供すること自体、下請事業者が害されているのではないかと考えるのが通常です。したがって親事業者としては、下請事業者が金銭等の経済上の利益を提供することが、下請事業者にとって直接の利益となるということを明らかにできなければ「不当に害する」ものと判断される可能性があります。

3 本件の場合

本件では、当該商品の販売先顧客が拡大し、親事業者がより多くの商品受注を受けることにより、下請事業者A社の納入部品が増えるメリットがあるようにも思えます。しかし、A社にとってみれば、当該協力金の目的、協力金の額、その算出根拠などが事前に明らかとならなければ、金銭の提供によって得られる具体的な利益・不利益の判断が全くできません。そこで、親事業者X社としては、A社が自由な意思で判断できるようこれらの関係を事前に説明しなければ、不当な経済的利益の提供として下請法4条第2項第3号に違反するおそれがあります（違反行為事例：平成21年4月24日株式会社マルハニチロ食品に対する勧告）。

4 効果

不当な経済的利益提供禁止に違反する場合には、下請法上、公正取引委員会より、速やかにその下請事業者の利益を保護する為に必要な措置を取るべきことが勧告されます（下請法7条3項）。具体的には、不当な利益提供の撤回と提供した経済上の利益の返還が勧告されることになります。

【コラム】知的財産権の譲渡における買いたたき禁止との関係

情報成果物等の作成に関し、下請事業者に知的財産権が発生することがありますが、下請事業者の給付内容に知的財産権を含まない場合、下請事業者に発生した知的財産権を、作成の目的たる使用の範囲を超えて親事業者に無償で譲渡・許諾させることは不当な経済上の利益の提供要請に該当します。下請事業者の給付の内容に、下請事業者に発生した知的財産権を含むものとして3条書面に明確に記載した場合であっても、当該知的財産権の対価について、下請事業者と協議することなく一方的に通常の対価より低い額を定めることは、買いたたきに該当する可能性があります。

サ 不当な給付内容の変更及び不当なやり直しの禁止
⑺ 不当な給付内容の変更

> *Question* 当社Xは、部品の製造を下請事業者A社に委託しましたが、当該部品を使用した製品の売行きが悪く在庫が急増してしまったことから、部品の一部について発注を取り消しました。A社に、取消した発注分にかかる調達済みの原材料等の費用をそのまま負担させた場合、どのような問題が生じますか。

●Answer

部品の瑕疵等下請事業者A社の「責めに帰すべき理由」で製品の売れ行きが悪く在庫が急増した等の事情がない限り、不当な「給付内容の変更」として、下請法4条2項4号に違反するおそれがあります。

1 意義・趣旨

親事業者が下請事業者に対し、下請事業者に何らの責任がないにもかかわらず、費用を負担せずに発注内容の変更等を行う（又は受領後にやり直しをさせる）ことは、当初の予定と異なった不必要な作業を下請事業者に押し付けて下請事業者の利益を害することになります。そこで、このような事態を防止するために下請法4条2項4号が設けられました。

2 要件

(1) 「給付内容の変更」とは

「給付内容の変更」とは、親事業者が給付の受領前に3条書面に記載されている委託内容を変更し、当初とは異なる作業を行わせることいい、発注の取り消し（契約解除）もこれに当たります。

(2) 下請事業者の責めに帰すべき理由

「下請事業者の責めに帰すべき理由」があるとして、親事業者が費用を負担することなく、下請事業者に対して「給付内容の変更」（又は「やり直し」をさせること）が認められるのは、次の3つの場合に限られます（下請法ガイドライン第4の8(3)）。

ア 下請事業者の要請により給付内容を変更する場合。

イ 給付の受領前に下請事業者の給付内容を確認したところ、給付内容が3条書面に明記された注文内容と異なること又は下請事業者の給付に瑕疵等があることが合理的に判断される場合。

ウ　下請事業者から給付を受領後、下請事業者の給付内容が３条書面に明記された注文内容と異なる場合又は下請事業者の給付に瑕疵等がある場合。

　もっとも、上記アイウにあたる場合であっても、次の①②③④の場合には、給付内容の変更（又はやり直し）を求めることは認められません。

①　下請事業者からの給付受領前に、下請事業者から注文内容を明確にするよう求めがあったにもかかわらず親事業者が正当な理由なく仕様を明確にせず、下請事業者に作業を継続させた後に給付内容が注文内容と異なるとする場合。

②　取引の過程において下請事業者が注文内容を提案し、親事業者の了承を受けて製造等を行ったにもかかわらず、後日給付内容が注文内容と異なるとする場合。

③　恣意的に検査基準を厳しくして注文内容と異なる又は瑕疵等があるとする場合。

④　通常の検査では瑕疵等のあること又は注文内容と異なることを直ちに発見できない下請事業者からの給付について、受領後１年を経過した場合（通常の検査で直ちに発見できる瑕疵の場合には、発見後速やかにやり直しをさせる必要があります。なお、「不当なやり直し」の解説を併せて参照下さい）。

(3) 下請事業者の利益を不当に害すること

　給付内容の変更ややり直しは、発注後の状況の変化や委託内容の完成具合によって必要な場合も生じますので、一律に禁止することは適当ではありません。要は下請事業者に不測の不利益を生じさせることが問題となりますので、給付内容の変更（又はやり直し）に要する費用を親事業者が負担すれば本条違反にはなりません。

　したがって、本件において、Ａ社に何ら落ち度がないと考えられる場合には、Ｘ社は、当初の発注内容に従ってＡ社に実際に生じた費用を全て負担すべきでしょう。

> **解説参照**：「給付内容の変更」と「やり直し」はその意義・趣旨、要件、効果等について考え方が共通しますので次のＱの解説を併せて参照下さい。

(イ) 不当なやり直し

> **Question** 当社Ｙが作成を委託するテレビＣＭ制作は、その制作条件を全て明確に書面にすることができないため、下請事業者Ｂに一定の裁量を与え作業をさせたところ、最終的に完成した番組がスポンサーの意向に沿わないものとなりました。この場合、Ｂの費用負担のもとにやり直しをさせることは問題となりますか。

● **Answer**

制作委託の条件内容を発注書面に明確に記載できない場合もありますが、その場合であっても、給付受領後に、下請代金額の設定時に想定できない費用の全てをＢに負担させて追加的作業をさせる行為は、不当なやり直しにあたり、下請法４条２項４号に違反するおそれがあります。

1 要件

(1) 「やり直し」とは

「やり直し」とは、親事業者が給付の受領後に、３条書面に明記された委託内容にはない追加的作業を行わせることです。「給付内容の変更」が給付受領前の問題であるのに対し、「やり直し」は給付受領後の問題です。

> 【コラム】返品とやり直しの違い
>
> 親事業者が受領した物品等を返却して再び受け取らないことは「返品」に該当し、受領した物品等を一旦下請事業者に返却し、それを修理させて再納入させたり、良品に交換させる行為は「やり直し」に該当します。

(2) その他

「下請事業者の責めに帰すべき理由」、「下請事業者の利益を不当に害すること」といった要件は、「不当な給付内容の変更」の箇所で説明したとおりです。もっとも、本設問のような情報成果物の作成を委託する場合には、さらに以下のような特例があります。

放送番組等、情報成果物の作成委託の場合、親事業者の価値判断等により評価される部分があるため、委託内容の給付条件を事前に３条書面の中で明記できない場合があります。このような場合、やり直しをさせることになった経緯等を踏まえ、やり直しの費用を下請事業者との十分な協議の下で合理的な負担割合を決定してそれぞれ負担するのであれば、

やり直しをさせても下請法上問題となりません。ただし、親事業者が一方的に負担割合を決定することによって下請事業者に不当な不利益を与える場合には下請法違反となります（下請法ガイドライン第4の8(4)）。

> 【コラム】発注後に当初の委託内容と異なる作業を要求する場合の注意点
> 　当初の委託内容と異なる作業を要求することで、新たな製造委託等をしたと判断されると、改めて3条書面を交付する必要があります。また、取引過程で3条書面に記載された委託内容に変更があった場合には、その内容を5条書面として作成・保存する義務があります。当初から詳細な発注内容の確定できない取引については、下請事業者とのトラブルを防止するために、これらの書面の作成・保存を特に徹底する必要があります。

2　効果

　下請法4条2項4号に違反すると、公正取引委員会により、「下請事業者の利益を保護するための必要な措置」をとるべきこと（具体的には、不当なやり直しの場合はその行為の差し止めと下請事業者が負担した費用分の支払等）の勧告が行われます。民法上の効果としては、当初の契約内容と異なる合意が認められれば、合意に基づく給付義務とその対価の支払義務が発生することになりますし、当初の契約内容を一方的に変更等した場合には債務不履行責任（民法415条）が問題となります。

> 【コラム】瑕疵担保期間について
> 　親事業者が、委託内容と異なること又は瑕疵等があることを直ちに発見できないような給付を受けた場合、受領後1年以内であれば、無償でやり直し等を求めることができます。もっとも、親事業者と顧客等との間で1年を越える担保期間を定めた場合、親事業者と下請事業者がこれに応じて瑕疵担保期間を予め定めることは可能です（下請法ガイドライン第4.8(3)エ）。親事業者が顧客との間で3年間、下請事業者との間で5年間の担保期間を定めた場合、民法上の担保責任の規定が任意規定である以上直ちに無効とはなりません。しかし、不必要に長期間の担保期間を定めることは下請事業者に無償のやり直し期間を長期化させる不利益がありますので、契約内容にかかわらず、下請事業者に対し、親事業者の担保期間である3年を超えて費用の全額を下請事業者の負担のもとにやり直しをさせることは下請法上は許されません。

(3) 親会社の義務
ア 支払期日を定める義務

> **Question** 下請取引において、下請代金の支払期日は自由に決めることが可能でしょうか。支払期日を特に定めないことも可能でしょうか。

● **Answer**

親事業者は下請代金の支払期日を必ず定めなければなりません。また、その支払期日は、下請事業者からの給付の受領日又は役務の提供日から60日以内のできる限り早い日としなければなりません。

1 支払期日を定めることの要否、支払をいつまでにしなければならないか

(1) 下請事業者にとって、下請代金の支払をいつ受けられるかは、資金繰りを考える上で非常に重大な問題です。また、下請代金の支払が引き延ばされると、下請事業者の資金繰りに重大な支障が生じかねません。

そのため、下請法上、親事業者には下請代金の支払期日を必ず定める義務が課されています。またその支払期日は、以下のア又はイの日から起算して（数え始めて）、60日の期間内で、かつ、できる限り短い期間内において、定められなければならないとされています（下請法2条の2第1項）。

上記の60日の期間を数え始める日は、以下のとおり、下請取引が役務提供委託かそれ以外の取引かによって区別されています（これらの取引の内容については、第1章参照）。

ア 下請取引が役務提供委託以外（製造委託、修理委託、情報成果物委託）の場合は、親事業者が下請事業者の「給付を受領」した日

この給付を受領した日とは「目的物を事実上自己の支配下に置いた日」とされています。

イ 下請取引が役務提供委託の場合は、下請事業者が親事業者に対し、その委託を受けた「役務の提供」をした日

ただし、個別の役務が連続して提供される場合であって、次の要

件を満たすものについては、月単位で設定された締切対象期間の末日にその期間内の役務が全て提供されたものとして取り扱うとされています（下請法ガイドライン第4の2(4)）。

① 下請代金の額の支払が、月単位で設定される締切対象期間の末日までに提供した役務に対して行われることがあらかじめ合意され、その旨が注文書等（下請法3条の書面）に明記されていること。
② 注文書等（同上）に当該期間の下請代金の額、又は具体的な金額を定める算定方式が明記されていること。
③ 連続して提供する役務が同種のものであること。

上記の場合、例えば、締切対象期間を月の初めから末日までとすれば、その月に提供された全ての「役務の提供日」は末日であるとして、その末日から60日以内に下請代金を支払えば足りることとなります。

(2) 上記(1)の支払期日の設定は、「親事業者が下請事業者の給付の内容について検査をするかどうかを問わず」遵守しなければなりません。

すなわち、親事業者が、下請事業者から、製造を委託した物品等を受領した場合には、たとえその後に物品等や修理内容について検査を行うことが予定されていたとしても、一般的に、物品等を受領した日が上記(1)アの「給付を受領」した日となります。

したがって、その日から起算して60日以内に下請代金を支払わなければならず、受領した物品等の検査が終わった日から60日以内に支払えばよいのではありません。例えば、9月28日に納品を受け、10月2日に検査をしたような場合、検査日から60日目の11月30日を支払日とすることは許されません（下記図参照）。

(3) ただし、コンピュータープログラムなどの情報成果物作成委託においては、親事業者が作成の過程で、委託内容の確認や今後の作業につ

いての指示等を行うために、情報成果物を一時的に自己の支配下に置くことがあります。そこで例外的に、①情報成果物を親事業者が一時的に支配下に置いた時点ではそれが委託内容の水準に達しているかが明らかではない場合において、②あらかじめ、親事業者が下請事業者との間で、情報成果物が一定の水準を満たしていることを確認した時点で受領したこととすることを合意している場合には、当該情報成果物を支配下に置いたとしても直ちに「受領」したものとは取り扱わず、②の確認をした時点を「支払期日」の起算日とすることが認められています（下請法ガイドライン第4の2(3)）。

　もっとも、その場合でも、注文書等（3条書面）に明記された納期日に情報成果物が親事業者の支配下にあれば、その内容の確認が終わっていなくても給付を受領したものとして、この納期日が「支払期日」の起算日となります（同上）。

(4)　なお、下請法上の文言は「60日の期間内」とされていますが、実務上は、納品締切制度（支払期日を毎月〇日締翌月〇日払いというように、毎月一定日までに受領した物品等について、翌月の一定日を支払期日とする制度）を採用している場合には、「2か月以内」に支払期日を定めればよいとして運用されているようです。

　したがって、例えば支払期日を毎月末日締めの翌月末日払いと定めている場合、ある月の初日に製品を受領した分について、翌月末日に支払うと、61又は62日目が支払日となってしまうことがありますが、そのような場合でも下請法違反としては扱われません。

2　支払期日を定めなかった場合はどうなるか

　親事業者と下請事業者の間で下請取引の支払期日が定められなかったときは、下請法上、支払期日は一体いつとされるのでしょうか。

　この場合、①下請取引が役務提供委託の場合は下請事業者が役務の提供をした日、②下請取引がそれ以外の取引の場合は親事業者が下請事業者の給付を受領した日、がそれぞれ支払期日と定められたものとみなされます（下請法2条の2第2項）。

　すなわち、上記1(1)ア、イで記載した、60日の期間を起算し始める

最初の日が自動的に支払期日とみなされるのです。したがって、支払期日を定めなかった場合、親事業者は、役務の提供を受けたり給付を受領したりしたその日に下請代金を支払わなければならないこととなります。

3　60日を超えて支払期日を定めた場合はどうなるか

　上記1の下請法の制限に反して、親事業者が給付を受領した日（又は下請事業者による役務の提供日）から起算して61日以降の日を下請代金の支払期日と定めた場合には、どうなるのでしょうか。

　この場合、親事業者が給付を受領した日（又は下請事業者による役務の提供日）から起算して60日を経過した日の前日（つまり60日目）が下請代金の支払期日と定められたものとみなされます（下請法2条の2第2項）。

　よって、下請取引において、親事業者が給付を受領した日から起算して61日以降の日、例えば3か月後の日を下請代金の支払期日と定めた場合にも、親事業者は、60日目に下請代金を下請事業者に支払わなければなりません。

4　支払期日までに支払をしなかったときはどうなるか

　親事業者が、親事業者と下請事業者との間で定められた支払期日又は上記2及び3の場合におけるみなし支払期日までに下請代金を支払わないときには、どうなるのでしょうか。

　この場合、親事業者の行為は「支払遅延」に該当することになります（第3章2⑵イを参照下さい）。

　また、親事業者は、下請事業者に対し、給付を受領した日又は役務提供を受けた日から起算して60日を経過した日から支払日までの期間について、遅延利息の支払義務を負うことになります（第3章2⑶ウを参照下さい）。

イ　書類の作成・保存義務

> *Question* 下請取引において、親事業者が、下請事業者に対する発注書面以外に作成・保存しなければならない書類はありますか。

● *Answer*

　下請法上、親事業者が下請事業者に製造委託等をした場合には、当該親事業者に対し、下請事業者の給付その他所定の事項を記載した書類等を作成し保存する義務が課されています。

1　下請取引に関する書類の作成・保存義務

　親事業者に下請事業者との取引状況について注意を払わせ、下請法違反その他下請取引に関するトラブルを防止するとともに、公正取引委員会等の親事業者に対する監視監督を迅速・適正に行いやすくするために、親事業者が下請事業者に製造委託等をした場合、親事業者には、下請事業者の給付その他所定の事項を記載した書類等の作成・保存が義務付けられています（下請法5条）。

2　書類に記載すべき内容

　書類に記載すべき内容は、具体的には、「下請代金支払遅延等防止法第五条の書類又は電磁的記録の作成及び保存に関する規則」（以下「5条規則」といいます）1条1項で概ね以下のとおり定められています。

①	下請事業者の商号、名称（番号、記号等で下請事業者を識別できるものでも可）
②	製造委託、修理委託、情報成果物作成委託又は役務提供委託をした日（≒発注日）
③	（契約した）下請事業者の給付（役務提供委託の場合は、役務の提供。以下同じ）の内容及びそれを受領する期日（又は役務の提供がされる期日・期間）
④	実際に受領した給付の内容及びその給付を受領した日（又は役務の提供がされた期日・期間）

⑤	下請事業者の給付の内容について検査をした場合は、その検査を完了した日、検査の結果及び検査に合格しなかった給付の取扱い
⑥	下請事業者の給付の内容の変更や、やり直しをさせた場合には、その内容及びその理由
⑦	（契約した）下請代金の額及び支払期日並びにその額に変更があった場合は増減額及びその理由 ＊注文書等に、下請代金の額としてその算定方法を記載した場合は、以下の事項を明確に記載・記録しなければなりません（5条規則1条2項）。 ・算定方法及びそれによって算定された具体的な金額 ・算定方法に変更があったときは変更後の算定方法、変更後の算定方法によって定められた具体的な金額及びその理由
⑧	実際に支払った下請代金の額、支払った日及び支払手段
⑨	下請代金について手形を交付した場合は、手形の金額、交付日及び手形の満期
⑩	下請代金を、金融機関との約定に基づき、債権譲渡担保方式又はファクタリング方式若しくは併存的債務引受方式により支払う場合は、以下の事項 ・金融機関から貸付け又は支払を受けることができることとした額及び期間の始期 ・（親事業者が）下請代金債権又は下請代金債務の額に相当する金銭を金融機関に支払った日
⑪	下請代金につき、電子記録債権で支払う場合は、次に掲げる事項 ・電子記録債権の額 ・下請代金の支払を受けることができることとした期間の始期 ・電子記録債権の支払期日
⑫	原材料等を親事業者から購入させた場合は、その品名、数量、対価及び引き渡しの日、決済日及び決済の方法
⑬	下請代金の一部を支払い、又は原材料等の対価を控除した場合は、下請代金の残額
⑭	遅延利息を支払った場合は、遅延利息の額及び遅延利息を支払った日

なお、注文書等に正当な理由があるために記載せず、当該事項の内容が定められた後直ちにそれを記載した書面を下請事業者に交付しなければならない事項（特定事項）があった場合（下請法3条1項ただし書）

には、その内容が定められなかった理由、その内容を記載した書面を交付した日及び記載した特定事項の内容を明確に記載・記録しなければならないとされています（5条規則1条3項）。

3　電磁的記録による場合

　親事業者は、上記2の内容を、必ずしも書面に記載して保存する必要はなく、電磁的な方法によって記録を作成・保存することも認められています。ただし、その場合には以下の要件を満たす必要があります（5条規則2条3項）。

①　訂正・削除を行った場合は、その事実及び内容を確認できること。
②　電磁的記録をディスプレイの画面及び書面に出力できること。
③　下請事業者の名称等や製造委託等をした日の範囲指定を検索条件とした検索機能を有していること。

4　記載・記録方法の留意事項

ア　上記2の各事項を書類に記載する場合には、「下請事業者別に」記載しなければなりません（5条規則2条2項）。
　　したがって、親事業者は、2つの下請事業者に関する上記2の各事項の記載を、同一の伝票や帳簿の同じページ等、同じ書面に記載してはいけません。
イ　上記2の記載・記録事項は、一冊の書類・一つのファイルとして記載・記録することに加え、別々の書類・ファイルに記載・記録することも可能ですが、その場合、各書面・ファイルの相互の関係を明らかにする必要があります（5条規則1条4項）。
　　例えば、日常作成している注文書の控え、納品受領書、その他の書類・伝票・帳簿等のいずれかに上記2の各記載・記録事項をそれぞれ記載する方法も、伝票番号や帳簿の頁を他の書類等に記載しておいたり、写しを添付しておいたりするといった方法で相互の関係が明らかになっていれば認められます。
ウ　上記イのように別々の書類等に分けて記載する場合、保管場所は必ずしも1箇所である必要はなく、必要に応じて複数の部署に分けて保管することでも差し支えないとされています。

5　記載・記録すべき時期及び保存期間

　記載・記録は、記載・記録すべき事項が生じ、又は明らかになったときに速やかに行わなければなりません（5条規則2条1項）。

　そして、書類又は電磁的記録の保存期間は、上記2の事項の記載・記録を全て終わった日から2年間とされています（5条規則3条）。

6　罰則

　以上の書類又は電磁的記録の作成・保存を怠ったり、虚偽の書類又は電磁的記録を作成したりすると、違反した親事業者の代表者、代理人、使用人その他の従業者は、50万円以下の罰金の対象となり得ます（下請法10条2号）。

ウ 遅延利息の支払義務

> **Question** 下請事業者に対する支払が、支払期日より遅れた場合、利息を付けて支払わなければならないでしょうか。

● **Answer**

下請代金の支払遅延があった場合、親事業者は、下請事業者からの給付の受領日又は役務の提供日から60日を経過した日（つまり61日目）から、年率14.6％の遅延利息を付して支払わなければなりません。

1 遅延利息の支払義務、その計算方法等

(1) 親事業者に、下請法2条の2で課せられている支払期日を定める義務（第3章2(3)ア参照）の遵守を促すために、支払代金の支払いが遅延した場合には遅延利息を支払う義務が課されています。

(2) 具体的には、親事業者は、下請代金の支払期日までに下請代金を支払わなかったときは、下請事業者に対し、下請事業者の給付を受領した日（役務提供委託の場合は、下請事業者がその委託を受けた役務の提供をした日）から起算して60日を経過した日から、支払日までの期間について、その日数に応じ、未払金額に「公正取引委員会規則」で定める率を乗じて得た金額を遅延利息として支払わなければならないとされています（下請法4条の2）。

(3) そして、上記(2)の「公正取引委員会規則」に該当する「下請代金支払遅延等防止法第四条の二の規定による遅延利息の率を定める規則」において、上記遅延利息の利率は、現在のところ年14.6％と定められています。

(4) 以上により、遅延利息の額は、以下のとおり計算されます。

$$*遅延利息 = 下請代金の未払金額 \times 14.6\% \times \frac{給付受領日から起算して61日目から支払日までの日数}{365}$$

2 遅延利息の留意点

なお、下請法上の遅延利息は、支払期日後ではなく、60日を経過した日から課されることに注意が必要です。

つまり、例えば当事者間で取決めた下請代金の支払期日が、下請事業

者の給付を受領した日から30日目になっている場合でも、年14.6％の遅延利息は、61日目から課されることになり、それ以降にその遅延利息を支払わなかった場合に下請法違反になります。

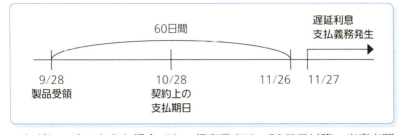

ただし、そのような場合でも、親事業者は、31日目以降、当事者間の契約で定めた下請代金の支払債務の履行を遅滞していることになり、民法に基づく年5％の法定利率（民法415条、419条、404条。ただし改正後は3％）、商法に基づく年6％（商法514条の商行為に基づく債務の場合。ただし、改正後は削除され、改正民法の利率と統一される）の法定利率による利息又は契約上の遅延損害金等を支払わなければならない場合はあるでしょう。

3　遅延利息と公正取引委員会の勧告との関係

親事業者が、支払期日（下請法2条の2によって定まる。第3章2(2)イ参照）までに下請代金を支払わないときは、公正取引委員会は、その親事業者に対し、その下請代金に加え、前述の年率14.6％の遅延利息を支払うよう勧告するとされています（下請法7条1項）。

3 建設業法
(1) 見積条件の提示

> **Question** 元請負人が、下請負人である私に対して、予定価格が800万円の工事について、「急いでいるから3日以内に見積りを提出してくれ」と言ってきました。でも、とてもそんな日数では正確な見積りを出せません。何とか期限を延ばしてもらうことはできないでしょうか。
> また、私（下請負人）が、正確な見積りを出そうと思い、工事内容について元請負人に問い合わせたのですが、「今までのような感じで」などと曖昧な回答しかもらえません。こんな曖昧な条件でも見積りを出さなければいけないのでしょうか。

Answer

いいえ、見積提出期限を延ばしてもらうこともできますし、具体的な工事内容が示されなければ見積りを出す必要はありません。

元請負人は、下請負人に見積りを依頼する際、工事の具体的な内容を示し、かつ、見積りに必要な一定の期間を設けなければいけません。

たとえば、予定価格が800万円の工事であれば、原則として10日以上を見積期間として設けなければいけません（建設業法施行令6条）。また、元請負人は、下請負人の工事内容に関する問い合わせに対し、明確に答える義務があります。

1 明確な見積条件の提示

建設工事の元請負人は、下請負人に見積りを依頼する際、工事内容や契約条件等をできるだけ具体的に示さなければなりません（建設業法20条3項）。これは、適正な下請負契約を締結するためには、下請負人に適正な見積りの機会を与える必要があるからです。

たとえば、元請負人が不明確な工事内容を提示して下請負人に見積りを行わせた場合や、元請負人が下請負人から工事内容等の見積条件に関する質問を受けた際、曖昧な回答しかしなかった場合には、建設業法違反に問われる可能性があります。

見積りにあたって提示しなければならないと定められている事項は、

建設業法19条1項により請負契約書に記載することが義務づけられている事項（工事内容、工事着手及び完成の時期、前金払い、出来形部分に対する支払の時期及び方法等）のうち、請負代金の額を除く全ての事項です。たとえば、「工事内容」に関して、元請負人が最低限明示すべき事項としては、以下のような事項があります。

> ①工事名称
> ②施工場所
> ③設計図書
> ④下請工事の責任施工範囲
> ⑤下請工事の工程及び下請工事を含む工事の全体工程
> ⑥見積条件及び他工種との関係部位、特殊部分に関する事項
> ⑦施工環境、施工制約に関する事項
> ⑧材料費、産業廃棄物処理等に係る元請下請間の費用負担区分に関する事項

なお、以上の提示にあたっては、法の趣旨からすると、口頭ではなく書面で提示するのが望ましいといえます。

2 必要な見積期間の設定

建設工事の元請負人は、下請負人に見積りを依頼する際、適正な見積りをするために必要な一定の見積期間を設けなければいけません（建設業法19条3項）。具体的には、工事予定金額に応じて、一定の日数が定められています。

	工事予定金額（工事一件につき）	見積期間
①	500万円未満	1日以上
②	500万円以上5000万円未満	10日以上
③	5000万円以上	15日以上

なお、やむを得ない事情がある場合には、②③については5日以内に限り短縮することが可能です。

(2) 一括下請負

> **Question** このたび当社（元請負人）は、分譲マンションの新築工事を請け負いましたが、すべての工事を一括で下請業者（下請負人）に任せようと思っています。施主（発注者）の承諾をとれば、こうした一括下請負も許されますか。

● **Answer**

いいえ、許されません。分譲マンション等の共同住宅の新築工事の請負に関しては、発注者である施主の承諾があっても一括下請負は禁じられています。

1 一括下請負の原則禁止

一括下請負は、従前から、公共工事においては全面的に禁止されていました。この点、現在も変わっていません。

他方、民間工事においては、原則として禁止されていましたが例外的に施主の承諾があれば許されていました。これは、一括下請負禁止の趣旨が、施工責任が不明確になることにより発生する手抜き工事の防止や発注者の信頼保護にあるところ、保護されるべき発注者自身が一括下請負につき承諾するのであれば、禁止する理由はないと考えられていたからです。

2 共同住宅の新築工事についての新規定

しかし、平成20年の改正により、民間工事においても、共同住宅を新築する建設工事については、一括下請負が全面的に禁止されました（建設業法22条3項・同法施行令6条の3）。

これは、分譲マンションについては、必ずしも発注者の信頼だけの保護では足りないと考えられるからです。すなわち、分譲マンションにおいては、発注者は第三者に売ることを目的にマンションの建築を発注することが多く、一般消費者である買い手の信頼を保護する必要があるからです。また、分譲マンションの買い手の中には、施工を請け負う建設業者（元請負人）が大手の業者で信頼できるからという理由で購入を決める人もいます。それにもかかわらず、実際には一括下請負によって別

の業者に丸投げされていたとなると、一般消費者である買い手の信頼が裏切られることになります。

そこで、分譲マンション等の共同住宅を新築する場合には、発注者の同意があっても、一括下請負は許されないとする規定が設けられました。

なお、上記の規制は、分譲マンションではなく、賃貸用のマンション建設の場合にも適用されます。賃貸用のマンションであっても、居住者の信頼を保護する必要があるからです。

それに対し、分譲戸建て住宅の場合には、上記の規制が適用されません。その理由は、建設業者が、当該戸建て住宅が自己居住用か、あるいは分譲用かを客観的に判断するのは困難で、戸建ての場合に上記の規制を及ぼすことは建設業者に酷だからです。

3　一括下請負かどうかの判断基準

では、一括下請負かどうかは、どのように判断されるのでしょうか。建設業法は、元請負人が工事に「実質的に関与」していれば一括下請負にあたらないとしています。ここで、「実質的に関与」したというには、少なくとも①元請負人が現場に監理技術者または主任技術者を置き、②元請負人が、自ら総合的に施工の企画、調整及び指導を行う必要があります。②について、具体的には、発注者との協議、住民への説明、近隣工事との調整、施工計画の作成、工程管理、完成検査、安全管理などの各工程において主体的な役割を果たすことが必要です。

また、たとえ請け負った建設工事の一部であっても、他の部分から独立して機能する部分の工事を一括で下請に出すことは一括下請負にあたります。たとえば、10戸の戸建て住宅を請け負った場合、そのうちの1戸を一括下請負に出すことなどがその例です。

(3) 不当に低い請負代金

> **Question** 元請負人が、「最近不況でうちも厳しいから」との理由で、従来の取引価格を大幅に下回る金額で工事を受けるよう迫ってきました。今後もこの元請負人とは取引を続けていきたいのですが、こんな一方的な要求でも当社（下請負人）は受け入れなければいけないのでしょうか。
>
> また、当社（下請負人）が元請負人に対して見積りを提示したのですが、元請負人が、その見積りを無視して、元請負人の都合で一方的に下請代金額を決め、当社（下請負人）も断りきれずに契約を結んでしまいました。当社は元請負人の決めた下請代金で工事しなければならないのでしょうか。

● **Answer**

いいえ、いずれも下請代金が原価を下回るような場合には、不当に低い請負代金の強制にあたり、元請負人の要求を拒絶することが可能です。

1 「不当に低い請負代金の禁止」（建設業法19条の3）の趣旨

建設工事の元請負人（下請負人に対する注文者）は、下請負人に継続的に仕事を与える立場であるため、その立場上、下請負人に対して、優越的な立場にあることが一般的です。そうした優越的な立場を背景に下請負人に無理な価格で請け負わせることが少なくありません。

しかし、このような行為が放置されれば、下請負人の経営の安定がおびやかされ、その結果、手抜き工事や不良工事を誘発し、ひいては建設業そのものに対する不信感が生じることにつながります。

そこで、下請負人がこのような低価格受注を強いられることのないように、下請負人を保護するとともに、建設工事の適正な施工を確保するために法は、「注文者は自己の取引上の地位を不当に利用して、その注文した建設工事を施行するために通常必要と認められる原価に満たない金額を請負代金の額とする請負契約を締結してはならない」と定められているわけです。

2 「不当に低い」といえるための判断基準

「不当に低い請負代金」に該当するのは、請負契約を締結する際、元請負人が、①自己の取引上の地位を「不当に利用」し（自己の取引上の地位の不当利用）、かつ、②注文を受けた建設工事を施工するために「通常必要と認められる原価」に満たない金額を請負代金とする場合です。

それでは、「自己の取引上の地位の不当利用」（要件①）とは何を意味するのでしょうか。これは、取引上「優越的な地位」にある元請負人が、下請負人を経済的に不当に圧迫するような契約を強いることを意味します。

ここで、取引上の「優越的な地位」にある場合とは、元請負人が下請業者にとって、大口の取引先である場合等その元請負人との取引がなくなれば、事業経営に甚大な打撃を及ぼしうるような取引関係の場合をいいます。

また、「地位を不当に利用」したか否かは、下請代金の金額決定にあたり、下請負人と十分な協議を行ったかどうか、などの諸事情から判断されます。

地位の不当利用にあたる典型的な態様としては、元請負人が自らの予算額のみを基準として、下請負人との協議を行うことなく、下請負人の見積額を大幅に下回る額で契約を締結した場合、元請負人が、今回の契約を締結しなければ今後の取引においても不利な取扱いをする可能性を示唆した上で、下請負人との従来の取引価格を大幅に下回る金額で契約締結を強制した場合などが挙げられます。

では、「通常必要と認められる原価」に満たない（要件②）とは、いかなる基準で判断されるのでしょうか。

「通常必要と認められる原価」とは、当該工事の施工地域において当該工事を施工するために一般的に必要と認められる価格（標準的な歩掛り、単価、材料費及び直接経費を基礎とした直接工事費、共通仮設費及び現場管理費を合わせた間接工事費、並びに一般管理費（利潤相当額は含まない）の合計額）のことです。具体的には、下請負人の実行予算や下請負人による再下請先及び資材業者等との取引状況、さらには当該地域の施工区域における同種工事の請負代金等の実例を基準に判断されます。

3　指値発注

いわゆる指値発注（元請負人が下請負人に対し、十分な協議をせず、元請負人が一方的に決めた請負代金を提示し（指値）、その金額で下請負人に契約締結を強いること）も、元請人が自己の地位を「不当に利用」したとして違法になる可能性が高い行為です。

　このような指値発注は、優越的な「地位の不当利用」にあたると考えられ、下請代金の額が「通常必要と認められた原価」に満たない金額となり、かつ、元請負人との取引関係が下請負人にとって大きな比重を占めるものであれば、建設業法19条の３に違反するおそれがあります。

　また、請負代金の金額については、工期の長短によっても影響を受けます。たとえば、元請負人が、下請負人に対し、通常の工期に比べて相当短い工期を設けるなど、厳しい工期である場合には、下請工事を施工するために「通常必要と認められた原価」は、より短期間の工期で仕上げるために特別にかかる費用も考慮して判断されるべきです。

　さらに、指値発注する際、一定の期間を設けずに契約するか否かの判断を迫るのは、見積条件の提示に関する規定（建設業法19条１項）に違反するおそれがあります（第３章３⑴参照）。

4　建設業法19条の３の適用範囲

　本条は、文言上は、当初の契約締結の際の請負金額を問題にしています。しかし、その趣旨からすると、工事内容の追加・変更の際にそれに見合った下請代金の増額を元請負人が認めない場合や、契約締結後に一方的に下請代金が減額された結果、下請工事の原価を下回った場合も、本条により禁じられていると考えられます。

　ただし、後者の場合は正当な理由があれば許されます。たとえば、元請負人が下請負人から引渡しを受けた際に、下請負人の過失による施工ミスが発見されたため、下請代金を減額した、というような場合は、減額の正当な理由があるため許されます。

5　適正な下請代金決定の方法

　元請負人として、不当に低い請負代金の規制に触れないようにするためには、下請代金の決定の際、下請負人が契約を断っても今後の取引において不利益な扱いを行わないことを書面により明確にするとよいでし

ょう。これによって元請負人が下請負人に対し取引上の地位を不当に利用した、とは認められにくくなります。

6　独禁法との関係

独禁法にも同趣旨の規定があります。独禁法では、「自己の取引上の地位を不当に利用して相手方と取引すること」が禁じられており、その中でも建設業法19条3違反の行為は、「自己の取引上の地位が相手方に優越していることを利用して、正常な商慣習に照らして相手方に不利益な条件で取引すること」（独禁法2条9項5号、6号ホ、一般指定14）にあたり、独禁法上も規制されています。

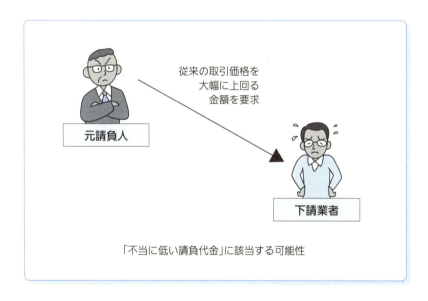

(4) 不当な使用資材等の購入強制

> **Question** 当社（下請負人）は、従来から継続的に建築資材を購入している取引先があるのですが、今回、下請契約を締結した後に、元請負人の方から資材を購入する業者を指定されたため、従来の取引先に対し、資材を返却しなければならなくなってしまいました。当社は、このような元請負人の業者指定に従わなければならないのでしょうか。

● Answer

いいえ、従う必要はありません。

1　建設業法19条の4の趣旨

　建設工事において、下請契約の締結後に、元請負人から当該建設工事に使用する資材、機械器具等を指定することがあります。

　このような要求に対し、下請負人が自由な意思で応じるのは問題ありません。ただ、実際は、下請負人が元請負人からのこのような要求を断るのは難しく、今後の元請負人との継続的取引に悪影響が及ぶのをおそれて、無理に応じてしまうのが実情でしょう。このように下請負人がその必要な資材等の購入先を限定されることによって、従前から継続的に取引してきた資材等の納入業者との関係が悪化したり、安い価格で資材等を仕入れることを見越して安い金額で受注したにもかかわらず、想定外の高い金額で仕入れなければならなくなるなど下請負人の利益が不当に害されることになります。こうした行為を禁止し、下請負人の保護を図るために、法は「注文者は、請負契約の締結後、自己の取引上の地位を不当に利用して、その注文した建設工事に使用する資材若しくは機械器具又はこれらの購入先を指定し、これらを請負人に購入させて、その利益を害してはならない」と規定しています。

2　禁じられる行為の時期及び行為態様

　本条により禁止される行為は、請負契約の締結後になされたものに限られます。その理由は、そもそも注文者の希望するものを作るのが建設工事の請負契約ですから、契約の締結の際にあらかじめ注文者が希望す

る資材等やその購入先を指定すること自体は禁じられることではなく、下請負人もそれを前提に見積りを出すことができるので、下請負人に不測の損害を与えることにもならないからです。

また、本条で禁じられる行為態様は、①当該建設工事に使用する資材等を指定して購入させること、②資材等の購入先を指定して購入させることです。①は、使用資材等の製造会社名、商品名を指定する場合です。②は、購入先となる販売会社を指定する行為で、資材等を指定していなくても本条に該当します。

3　本条の要件とその判断基準

「自己の取引上の地位を不当に利用」とは、取引上優越的な地位にある元請負人が、下請負人を経済的に不当に圧迫するような取引等を強いることを意味します。また、地位を「不当に利用」したというのは、たとえば、元請負人がその後の取引において不利な取扱いをすることを示唆して承諾させたような場合が考えられます。逆に、下請負人が反対したとしても、元請負人が指定した購入先から購入した方が安く資材等を仕入れることができて、それによって下請業者も利益が生じるような場合には、「不当に利用」には当たらないと考えられます。

「請負人の利益を害する」とは、下請負人が予定よりも高い価格で仕入れざるを得なくなった場合や、既に購入していた資材等を返還せざるを得なくなり、金銭面や信用面で損害を受けた場合を意味します。

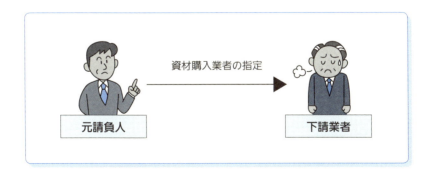

(5) やりなおし工事

> **Question** 元請負人との契約で決められた施工内容に基づき下請工事を行ったのですが、元請負人から「発注者の注文内容と違う」と言われ、私（下請負人）の負担でやり直しをするよう求められました。応じなければならないのでしょうか。

● **Answer**

いいえ。あなた（下請負人）の責めに帰すべき理由がなければ応じる必要はありません。元請負人がやり直し工事を下請負人に依頼する場合は、やり直し工事が下請負人の責めに帰すべき場合を除き、その費用は元請負人が負担することが必要です。

1　下請負人の責めに帰すべき理由のないやり直し工事の依頼

　元請負人が、下請負人に対し、下請負人の責めに帰すべき理由のないやり直し工事を依頼するためには、そのやり直し工事の内容や必要となる費用について、元請負人と下請負人との間で十分に話し合ったうえで、書面による契約変更を行わなければなりません。

　民法上は、口約束でもやり直し工事に関する請負契約は成立しますが、建設業法では契約変更は書面によってしなければなりません（建設業法19条2項違反）。

　なぜならば、やり直し工事は、当初の下請契約の追加契約ないし変更契約であるところ、口約束でやり直し工事の内容を定められるとすると、せっかく当初の下請契約締結の際に内容を書面で定めて将来の紛争を防止しようとした（建設業法19条）意味がなくなってしまうからです。

　なお、元請負人からやり直し工事を一方的に命じられた場合、口約束すらない以上、やり直し工事に関してはそもそも民法上も請負契約が成立しておらず、下請負人はやり直し工事に応じる必要はありません。

2　やり直し工事の費用負担

　下請負人の責めに帰すべき理由がない場合に、やり直し工事の費用を下請負人に負担させることはできません。また、やり直し工事の費用を下請負人に負担させることによって、下請代金の額が工事（最初の工事

とやり直し工事を併せて）を施工するために一般的に必要と認められる価格を下回る場合、下請負人の元請負人への取引依存度によっては建設業法19条の３に違反するおそれがあります。

3 下請負人の責めに帰すべき理由のあるやり直し工事

他方、工事のやり直しにつき下請負人の責めに帰すべき理由のある場合、下請負人は債務不履行責任を負うので、下請負人が費用を負担してやり直し工事を行わなければなりません。

> **【コラム】下請負人の責めに帰すべき理由ってなに？**
>
> 下請負人の責めに帰すべき理由とは、以下の場合が挙げられます。
> ・下請負人の施工が契約書面に明示された内容と異なる場合
> ・下請負人の施工に瑕疵等がある場合
>
> では、次のような場合、Ａさんは費用を全額負担して工事をやり直さなければならないのでしょうか。
>
> Ａさんは建設工事の下請工事を請け負いました。実際に工事をしてみると最初に契約書で定めた施工方法ではうまく施工できないことが判明したため、Ａさんは元請負人に提案し、話し合って施工方法を変更することにしました。元請負人の担当者からは変更契約書の案文をもらっていたのですが、忙しくて放置していたところ、施工後に元請負人の担当者が変わり、契約書面で定められた施工方法と違うので施工をやり直すよう言われています。
>
> 確かにＡさんが契約書面に明記された内容とは違う施工をしたのは事実ですし、きちんと書面で変更契約を締結しなかったのは、Ａさんが放置していたことが原因なので、元請負人の言うとおりＡさんが費用を全額負担してやり直さなければいけないようにも思えます。
>
> しかし、この場合、口頭とはいえ、変更することは元請負人も承諾していたのですから、元請負人が費用の全額を負担することになり、Ａさんの施工が契約書面と異なることを理由にやり直しを要請することは認められませんので、Ａさんは費用を負担する必要はありません。

(6) 赤伝処理

> *Question* 元請人から下請代金が支払われる際に、安全協力会費という費用が差し引かれていました。契約書を再確認したところ、確かに安全協力会費を差し引くという条項がありましたが、具体的な金額や算定根拠は書かれていませんでした。とはいえ、契約書に安全協力会費を支払うと謳われている以上、差し引かれた分を請求することはできないのでしょうか。

● Answer

いいえ。請求することができます。差し引かれる費用の内容や差引額の算定根拠は見積条件や契約書面に明示しなければならず明示しなかった場合には、建設業法に違反します。

1 赤伝処理とは

赤伝処理とは、元請負人が以下の費用を下請代金の支払時に差し引くことです。

・下請代金の支払に関して発生する諸費用（振込手数料等）
・下請工事の施工に伴い副次的に発生する建設廃棄物の処理費用
・上記以外の諸費用（安全協力会費、駐車場代、弁当ゴミの処理代）

2 赤伝処理は建設業法違反か

赤伝処理はそれ自体が建設業法に違反するものではありませんが、元請負人と下請負人間で合意がない場合や、差し引かれる費用の内容や差引額の算定根拠を見積条件や契約書面に明示しなかった場合には建設業法19条、20条3項に違反します。

(1) 元請負人と下請負人双方の協議・合意

赤伝処理は下請代金を減額する行為です。ですので、元請負人と下請負人との間でなんらの合意がないにもかかわらず、一方的に赤伝処理をすることや合意はあっても差し引く根拠が不明なもの、実費以上の金額を差し引く赤伝処理は、請負代金を一方的に又はなんら根拠なく減額する行為ですので、元請負人の債務不履行となるとともに、情状によっては、建設業法28条1項2号の請負契約に関する不誠実な行為に該当す

る可能性があります。

(2) 赤伝処理の内容を見積条件・契約書面に明示

　赤伝処理をする場合には、その内容や差引額の根拠を見積条件・契約書面に明示する必要があり、これらを怠った場合には、建設業法違反となります。

- 見積条件→建設業法20条3項
- 契約書面→建設業法19条

(3) 赤伝処理の額

　赤伝処理をすることによって、下請代金の額が工事を施工するために一般的に必要と認められる価格を下回る場合、下請負人の元請負人への取引依存度によっては、建設業法19条の3（不当に低い請負代金の禁止）に違反するおそれがあります。

(7) 工期

> *Question* 元請負人が施工管理をしっかりしていなかったため、下請工事の工期を短縮せざるを得なくなってしまいました。急遽アルバイトを募集し、集中的に工事を行い、なんとか間に合わせましたが、当初の予定よりも人件費がかさんだので、元請負人に請求したいと思っています。請求することはできるでしょうか。

● *Answer*

　はい。請求することができます。下請負人の責めに帰すべき理由がないにもかかわらず、工期が短縮したために下請負人の費用が増加した場合には、その増加分は元請負人が負担する必要があります。

1　工期が変更になった場合

　工期に変更が生じた場合、他の変更契約と同じく、変更する工期や必要となる費用について、元請負人は下請負人との間で十分に話し合ったうえで、書面による契約変更を行わなければならず、これを怠ると、建設業法19条2項違反になります。

　なぜならば、他の変更契約と同様、口約束で工期の変更が決められるとすると、せっかく当初の下請契約締結の際に契約を書面で定めて将来の紛争を防止した意味がなくなってしまうからです。

2　工事に着手した後に工期が変更になった場合

　工事に着手した後に工期を変更せざるを得なくなった場合、工期が変わることは決まっていても、工期がいつになるかをすぐには確定できないことがあります。この場合、変更後の契約内容が決まらないため、この時点では書面による契約変更をすることができません。

　そこで、このような場合には、工期を変更する必要があると認識した時点で、工期の変更が契約変更等の対象となること及び契約変更等を行う時期を記載した書面を取り交わしておいて、その後、工期が確定した時点で書面による契約変更を行わなければなりません。

3　工期変更の費用負担

　下請負人の責めに帰すべき理由がない場合に、工期変更により発生する費用を下請負人に負担させることはできません。また、工期変更により発生する費用を下請負人に負担させることによって、下請代金の額が工事（最初の工事と工期変更により発生する費用を併せて）を施工するために一般的に必要と認められる価格を下回る場合、下請負人の元請負人への取引依存度によっては、建設業法19条の３に違反するおそれがあります。

　また、同法19条の３に違反するとまではいえない場合であっても、元請負人が下請負人の利益を不当に害したときには、「不誠実な行為」として同法28条１項２号に該当し、指示処分がなされるおそれがあります。

(8) 下請代金の支払

Question 以前私（下請負人）が行った下請工事に瑕疵があり、元請負人が発注者に損害賠償をしたことがありました。今回の下請契約では、それを理由に、瑕疵担保のための保証金と称して、工事が完成し発注者に引き渡した後6か月間下請代金の一部を留保する条項を入れられました。元請負人は目的物の引き渡し時に発注者から全ての支払いを受けたとのことなのですが、下請契約で支払期日を定めた以上、やはり6か月間待つしかないですよね。

● **Answer**

いいえ。待つ必要はありません。下請契約において定めた支払期日が、元請負人が発注者から請負代金を受領した後1か月を過ぎる場合には、当該支払期日は無効となります。

1　下請代金の支払い

　元請負人が、その発注者から出来高払い又は竣工払いを受けたときは、その支払の対象となった工事を施工した下請負人に対して、受け取った代金に相応する下請代金を1か月以内で、かつ、できる限り短い期間で払わなければなりません（建設業法24条の3）。

　これは、元請負人が発注者から工事代金を支払われたにもかかわらず、下請代金を支払わずに留保することを防ぐためのもので、強行規定となっています。

　したがって、下請契約において定めた支払期日が、元請負人が発注者から支払を受けたときから1か月を超える日である場合には、当該支払期日は無効となり、1か月を超えた日から、下請負人は元請負人に代金支払を請求できます。

　なお、支払の対象となった工事を施工した下請負人が複数いた場合は、当該工事を施工した下請負人に支払われる下請代金の総額の内、当該下請負人が施工した出来形部分に相応する下請代金を支払う必要があります（次頁の図②を参照）。

① 発注者より出来高払い又は竣工払いを受けたとき

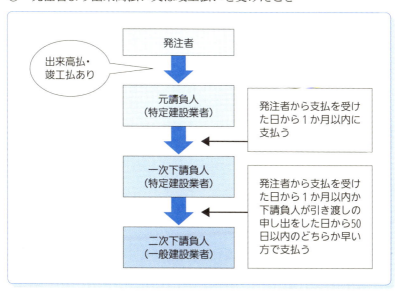

② 発注者からの支払が一部であり、下請負人が複数いた場合

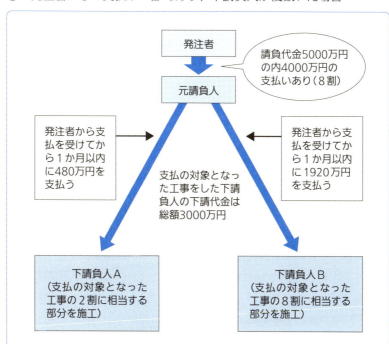

2　元請負人が特定建設業者の場合

(1)　特定建設業者とは

　建設業法は、建設業の許可について、一般建設業と特定建設業に分け、発注者から直接請け負った建設工事1件につき、その工事の全部または一部について下請代金総額4000万円以上（建設工事業は6000万円以上）の下請契約を締結しようとするものは、要件の厳しい特定建設業の許可を受けなければならないものとしたうえで（建設業法3条第1項第1号、第2号、同施行令2条）、下請負人保護のために一般建設業者よりも重い義務（下請代金の支払期日の明確化、下請負人に対する指導、施工体制台帳の作成等）を課しています。特定建設業の許可を受けた業者を特定建設業者と言います。

(2)　特定建設業者が下請代金を支払う場合

　特定建設業者は、発注者から支払を受けたか否かにかかわらず、下請負人（特定建設業者又は資本金額が4000万円以上の法人を除く。）が目的物の引渡しの申し出を行った日から起算して50日以内で、かつ出来る限り短い期間内に下請代金を支払わなければなりません。万が一期日までに下請代金の全額を支払わなかったときは、下請負人から目的物の引渡しの申し出があった日から起算して50日を経過した日以降、年14.6％の遅延損害金を支払わなければなりません（建設業法24条の5第1項、第2項、第4項）。

　なお、特定建設業者も一般建設業者と同様、発注者から出来高払や竣工払を受けた日から1か月以内のできる限り短い期間内に下請代金を支払う義務を負いますので、特定建設業者の下請代金支払期日は、両者のいずれか早い期日となります。

(3)　特定建設業者が手形で下請代金を支払う場合

　特定建設業者は、下請代金の支払を一般の金融機関による割引を受けることが困難と認められる手形で行ってはいけません（建設業法24条の5第3項）。「割引を受けることが困難と認められる手形」に該当するか否かはその時の金融情勢や元請負人の信用度等を総合的に考慮して判断されます。

③ 特定建設業者による支払チャート

```
下請工事完成
    ↓
下請負人からの工事完成通知 ← 通知を受けてから20日以内のできる限り短い期間内に行う
    ↓
下請工事の完成検査
    ↓         ↘
検査結果に基づく補修等   （支払期日の定めがない場合、引渡し申出日が支払期日となる）
    ↓         ↙
工事目的物の引渡しの申し出 ← 引渡しの申し出を受けてから直ちに
    ↓
工事目的物の引渡し
    ↓
下請負人からの代金請求
    ↓
下請代金の支払 ← 引渡しの申し出から50日以内or注文書から代金を受け取ってから1か月以内のどちらか早い方
```

(9) 帳簿の備付け及び保存

> **Question** 下請負人である私でも、帳簿及び添付書類を備え付けたり保存する必要がありますか。元請負人が行えば十分だと思うのですが。

● Answer

下請負人も営業所ごとに営業に関する事項を記載した帳簿及び添付書類を備え付け、5年間保存しなければなりません。

1 帳簿の備付けおよび保存義務

建設業者が適正な経営を行っていくためには、自ら締結した請負契約の内容を適切に整理・保存して、その進行管理を行うことが重要であることから、建設業法40条の3では、建設業者(下請負人を含む)に、営業所ごとに営業に関する事項を記録した帳簿を備え、請負契約の目的物の引渡しから5年間の保存を義務づけました(平成21年10月1日以降は、発注者と締結した住宅を新築する建設工事に係るものは10年間)(規則28条第1項)。

2 帳簿に記載する事項、保存義務のある書類

営業所の代表者に関する事項、発注者と締結した請負契約に関する事項、下請負契約に関する事項を記載し(規則26条第1項)、契約書等を保存する必要があります。詳しくは、次の頁のチェック表でご確認ください。

3 帳簿の記載方法

請け負った建設工事ごとに、帳簿記載事項に関する事実が発生し、又は明らかになったとき(変更したときも含みます。)に遅滞なく帳簿に記載し、書類を添付しなければなりません(規則27条)。

4 帳簿の備付け等を行う営業所

帳簿の備付け等の義務が課される営業所は、請負契約の締結に係る実体的な行為を行う事務所になります(建設業法40条の3)。

●帳簿の記載事項

1	営業者の代表者の氏名及び代表者となった年月日	チェック
2	注文者と締結した請負契約に関する事項	
(1)	建設工事の名称・工事現場の所在地	
(2)	請負契約締結年月日、注文者の情報（名称・住所・許可番号）	
(3)	完成確認検査完了年月日、目的物の引渡年月日	
3	下請負人と締結した下請契約に関する事項	
(1)	建設工事の名称・工事現場の所在地	
(2)	下請負契約締結年月日、下請負人の情報（名称・住所・許可番号）	
(3)	完成確認検査完了年月日、目的物の引渡年月日	
(4)	特定建設業者が注文者となって資本金4,000万円未満の法人又は個人である一般建設業者と下請契約を締結したとき ①支払った下請代金の額、支払った年月日及び支払手段 ②下請代金を手形で支払ったとき→手形の金額、交付年月日、満期 ③下請代金の一部を支払ったとき→下請代金の残額 ④遅延利息を支払ったとき→遅延利息の額及び支払年月日	
4	住宅新築の請負契約に関する事項(発注者が宅建業者の場合を除く)	
(1)	住宅の床面積	
(2)	特定住宅瑕疵担保責任履行の確保等に関する法律施行令3条1項の建設新築住宅のとき→当該建設業者の建設瑕疵負担割合	
(3)	住宅瑕疵担保責任保険法人と契約を締結し、保険証券等を発注者に交付したとき→住宅瑕疵担保責任保険法人の名称	

●帳簿に添付する書類

1	契約書もしくはその写し又はその契約に関する電磁的記録	
2	特定建設業者が注文者となって資本金4,000万円未満の法人又は個人である一般建設業者と下請契約を締結したとき→下請負人に支払った下請代金の額、支払年月日及び支払手段を証明する書類又は写し	
3	特定建設業者が元請工事について、4,000万円（建築一式工事の場合6,000万円）以上の下請契約を締結したとき→施工体制台帳のうち、次に掲げる事項が記載された部分 ①管理技術者の氏名及び資格、専門技術者の氏名・管理する工事の内容及び主任技術者資格 ②下請負人の商号又は名称及び許可番号 ③下請負人が請け負った建設工事の内容及び工期 ④下請負人が置いた主任技術者の氏名及び資格、専門技術者の氏名・管理する工事の内容及び主任技術者資格	

4　下請規制違反の契約の有効性

> **Question**　独禁法・下請法・建設業法に違反する契約は、法律違反なのだから当然に無効になると考えてよいのでしょうか。

● Answer

　独禁法・下請法・建設業法に違反する契約が当然に無効になるわけではなく、公序良俗（民法90条）に違反する場合にはじめて無効になるというのが判例の立場です。

1　独禁法違反の契約の効力

　独禁法違反の行為の契約が有効か無効かについては、独禁法に明文の規定がありませんので法律の解釈によって結論を出すことになります。

　この点、学説上は様々な見解がありますが、判例は、独禁法違反であるというだけで契約は直ちに無効になるのではなく、公序良俗違反という事情が加わってはじめて無効になるという立場をとっています（岐阜商工信用組合事件判決・最判昭和52年6月20日民集31・4・449）。

　独禁法違反の行為が公序良俗違反になるのはどのような場合かについては、違反行為の目的、その態様、違法性の強弱、その明確性の程度等に照らし、当該行為を有効として独禁法の規定する措置に委ねたのでは、その目的が充分に達せられない場合には、公序良俗違反になるとの考え方が有力です（花王化粧品販売事件東京高裁判決（東京高判平成9年7月31日判時1624号55頁等））。

　独禁法違反のうち下請取引と関係の深い優越的地位の濫用にあたる契約が公序良俗に違反し無効とされた裁判例に次のものがあります。

> 　書籍の卸売業者が、事業規模等が劣位に立つ零細中間卸売業者との間で締結した、契約期間20年という異例の長期に渡る契約中の販売地域の限定条項・他社からの仕入禁止条項・再販売価格維持条項が無効とされた事例（あさひ書籍販売事件判決（東京地判昭和56年9月30日判時1045号105頁））

> 金融機関が資金繰りに困窮していた事業者に貸付をする際に行わせた回収困難な他人の債務の重畳的債務引受契約が無効とされた事例(品川信用組合事件判決(東京地判昭和59年10月25日判時1165号119頁))

> メーカーが自社への取引依存度の高い部品メーカーとの間で締結した下請契約中の競合製品取扱禁止条項及び契約に違反した場合製品の販売単価に販売数を乗じた額の10倍を賠償額とする内容の損害賠償額予定条項が無効とされた事例(日本機電事件判決(大阪地判平成元年6月5日判タ734号241頁))

2　下請法違反の契約の効力

　下請法違反の契約が有効か無効かについても、下請法に明文の規定がないので、独禁法の場合と同様に法律の解釈によります。

　この点、下請法違反の合意の有効性が問題になった東洋電装事件東京地裁判決では、問題となった下請法違反の合意について下請法の趣旨に照らして公序良俗に反すると認められるだけの不当性の強い事情が窺えないから無効とすることはできないと判示しました(東京地判昭和63年7月6日判時1309号109頁。なお東京高判平成2年3月28日は原審を維持、最判平成3年7月9日は上告棄却)。

　この判決は独禁法違反の場合の判例と同様の考え方を採っています。下請法が独禁法の特別法であることからすれば、同様の事案でも本判決と同様に独禁法違反の場合に準じた判断がされると考えられます。

3　建設業違反の契約の効力

　建設業法違反の契約が有効か無効かについても、建設業法に明文の規定はないので法律の解釈によって結論を出すことになります。

　この点、建設業法違反の契約の有効性が問題になった裁判例は見あたりませんが、建設業法の請負契約規制に関する部分(建設業法18条乃至24条の7)は下請法と同様に独禁法の特別規定の性質があることからすれば、独禁法や下請法違反の場合と同様に独禁法違法や下請法違反を理由に直ちに契約は無効とならず、公序良俗に違反する場合にはじめて無効になると考えるべきでしょう。

5 偽装請負
(1) 偽装請負とは何か

> **Question** 最近、新聞報道等で偽装請負という言葉をよく目にしますが、偽装請負というのはどのようなものをいうのでしょうか。

● **Answer**

発注者側の企業が請負人である労働者を直接指揮監督するなど、実質的には労働者派遣法が規制する労働者派遣に該当するものでありながら、契約上は請負又は業務委託契約を締結している場合をいいます。

1 偽装請負とは

Aで述べたとおり、偽装請負とは、実態は労働者派遣法が規制する労働者派遣に該当するものでありながら、契約上は請負契約又は業務委託契約を締結している場合をいいます。

発注者側企業が請負人を直接指揮監督する場合には、正規の請負契約とは認められないため、労働者派遣法等の規制に従う必要があります。しかし、派遣労働者を受け入れることができない業種や労働

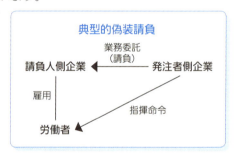

者派遣法上の派遣可能期間の制限等の規制を免れるため、発注者側企業が労働者派遣という形式を取らず、敢えて請負や業務委託契約という形式を選択して労働者を受け入れる場合があります。

このような労働者派遣法に実質的に違反する偽装請負が、労働者の不安定な雇用問題や労働災害発生時の責任を誰が負うのか等様々な問題を生じさせていることから、近時、新聞等のマスメディアで大きく報じられるようになりました。

2 偽装請負が生じた背景

(1) 発注者側企業の事情

このような偽装請負が生じた背景には様々な理由が考えられますが、基本的には、請負人側企業や労働者側の事情で偽装請負が拡大したというよりは、労働者を受け入れる発注者側企業の都合によって偽装請負が

拡大したと言われています。

(2) 派遣対象業種の限定

代表的な理由をいくつか挙げると、昭和60年に制定された労働者派遣法（昭和61年7月1日施行）によって解禁された派遣可能業種はわずか13種であり、その後、派遣可能業種は順次拡大され、平成11年の労働者派遣法の改正の時点では、派遣可能業種は専門26業種にまで拡大されていました。しかし、製造コスト削減などの目的で労働者派遣の需要の多い製造業については、当時派遣労働者を受け入れることができないものとされており、製造業等の派遣禁止業務について発注者側企業は、外形上は請負契約として労働者を受け入れ、内実は（請負契約では許されない）労働者を直接指揮命令することが多かったと言われています。

(3) 派遣可能期間の限定

また、その後、平成15年の労働者派遣法改正で製造業についても労働者派遣が解禁されましたが、その派遣可能期間は最長3年とされており、発注者側企業が派遣可能期間を超えて引き続き派遣労働者を受け入れたい場合には、直接雇用するのでなければ請負等の契約形式を取らざるを得ませんでした。

(4) 労働者派遣法上の各種規制

その他、発注者側企業が正規の派遣労働者を受け入れる場合には、派遣先責任者を選任し（労働者派遣法41条）、派遣先管理台帳を作成する（労働者派遣法42条）等、労働者派遣法上の諸義務を果たさなければなりませんが、発注者側企業がこれらの負担を回避するため、敢えて請負という契約形式を選択するという事情もあったと考えられます。

3　様々な偽装請負の類型

このように、偽装請負は、典型的には請負人側企業が発注者側企業から一定の業務を請負い、請負人側企業が自ら雇用する労働者を発注者側企業に派遣して、労働者は発注者側企業の指揮監督の下で労

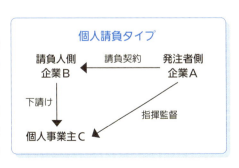

務に服する場合を言います。

　しかし、実際の偽装請負は
さらに複雑な形式を取るもの
もあり、例えば、請負人側企
業Bが自ら雇用する労働者を
発注者側企業Aに派遣するの
ではなく、請負人側企業Bが
さらに一定の業務を個人事業
主であるCに下請けさせた上
で、Cを発注者側企業Aに派
遣してCが発注者側企業Aの

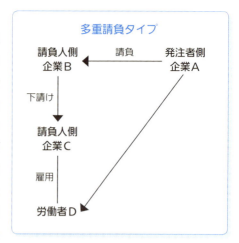

指揮監督の下労務に服する個人請負型偽装請負、あるいは、請負人側企業Bが一定の業務を別の請負人側企業Cに下請けさせ、請負人側企業Cが自ら雇用するDを発注者側企業Aに派遣するような、中間に請負業者を複数挟んで労働者を発注者側企業に派遣する多重請負型偽装請負も多数見受けられます。

　しかし、上記のような個人請負型偽装請負や多重請負型偽装請負も、その実態は労働者派遣を行っている場合と同視することができるため、やはり偽装請負ないしは職安法で禁止されている労働者供給に該当すると考えられます。

　ただし、本書では、イメージを掴みやすくするため、特に断りのない限り、請負人側企業Bが発注者側企業Aに対して、自らが雇用する労働者Cを派遣し、発注者側企業Aが労働者Cを直接指揮監督する典型的な偽装請負の場合を念頭に解説することとします。

【コラム】偽装請負は違法な労働者供給に該当するのか

　職業安定法4条6項は、労働者供給を「供給契約に基づいて労働者を他人の指揮命令を受けて労働に従事させることをいい」、「労働者派遣に該当するものを含まないもの」と定義して、このような労働者供給を原則として禁止しています（職業安定法44条）。労働者供給（労働者供給を受け入れることも含まれます）が原則として禁止されるのは、戦前の人足寄場のように強制労働の温床になるおそれがあることや、労働者供給事業者が中間で労働者の報酬を搾取（ピンハネ）するおそれがあることなどが考慮されたためです。

　そうすると、本文で述べた典型的な偽装請負は、労働者派遣契約を締結するのではなく、形式的には請負あるいは業務委託契約によっていることから、職業安定法4条6項の「労働者派遣」に該当せず、したがって、職業安定法44条違反として、請負人側企業、発注者側企業それぞれが同法64条9号により1年以下の懲役または100万円以下の罰金等の刑事罰に処せられるおそれがあるのではないかとも考えられます。

　しかし、この点については、平成21年12月18日最高裁判決（松下プラズマディスプレイ事件判決）が、典型的偽装請負の場合において「注文者と労働者との間に雇用契約が締結されていないのであれば、（発注者側企業と請負人側企業、労働者）3者の関係は、労働者派遣法2条1号にいう労働者派遣に該当すると解すべきである。そして、このような労働者派遣も、それが労働者派遣である以上は、職業安定法4条6項にいう労働者供給に該当する余地はないと判断したことからすると、典型的偽装請負の場合は職業安定法違反による処罰までは考慮しなくても良いと考えられます。

　もっとも、本文で述べた個人請負型偽装請負や多重請負型偽装請負については、労働者派遣法2条13項の「労働者派遣」の概念に該当しないため、違法な労働供給として処罰される余地があると考えられています。

(2) 偽装請負によって生じる不利益

> Question　偽装請負に該当する場合、請負人側、発注者側の企業には、それぞれどのような不利益が生じるのでしょうか。

● Answer

　偽装請負により労働者を派遣している事業主は、「派遣禁止業務に労働者を派遣したり」派遣事業の許可又は届出をしていない場合には、1年以下の懲役又は100万円以下の罰金に処せられるおそれがあります（労働者派遣法59条）。また、労働者派遣事業の許可又は届出を行っている業者であっても、違法な偽装請負と認められる場合には行政監督の対象になります。

　一方、偽装請負により労働者を受け入れている事業主は、労働者派遣事業主としての許可・届出のない業者から労働者を受け入れている場合には、行政指導や勧告の対象となり（労働者派遣法48条）、勧告に従わない場合には企業名が公表されるおそれがあります（労働者派遣法49条の2）。また、労働者派遣事業の許可又は届出を行っている業者から労働者を受け入れている場合であっても、違法な偽装請負と認められる場合には行政監督の対象となります。

1　請負人側企業の責任

(1)　刑事責任

　従来、労働者派遣事業には、請負人企業が常時雇用している労働者だけを発注者側企業に派遣する特定労働者派遣事業と、主に派遣を希望する労働者を登録し、登録された労働者を発注者側企業に派遣する度に請負人側企業と労働者の間で労働者契約を締結する一般労働者派遣事業の二つの類型があり、特定労働者派遣事業については届出制が、一般労働者派遣事業については許可制が採られていましたが、平成27年9月の法改正により、特定労働者派遣事業と一般労働者派遣事業の区別は廃止され、労働者派遣事業として一本化され、許可制に一本化されました（労働者派遣法5条、旧16条の廃止）。したがって、労働者派遣事業を営もうとする者は、区別なく、厚生労働大臣の許可を受けなければなりません。ただし、平成30年9月29日までは、許可を得ることなく、引き続き特定労働者派遣事業を営むことが可能とされています。

偽装請負により労働者を派遣している請負人側企業は、そもそも、このような厚生労働大臣の許可を得ないまま実質的には労働者派遣事業を行っている場合が多いと考えられますが、その場合、請負人側企業の事業主は、１年以下の懲役又は100万円以下の罰金に処せられることになります（労働者派遣法59条）。

(2)　行政監督

　仮に、請負人側企業が労働者派遣事業の許可を受けていたとしても、労働者派遣契約の締結（労働者派遣法26条）や、派遣就業条件の明示（労働者派遣法34条）、派遣元責任者の選任（労働者派遣法36条）等労働者派遣法が定める各種の規制に違反している場合には、違反を是正するため厚生労働大臣の改善措置命令や行政指導、必要な措置の勧告等の行政処分がなされるおそれがあります。なお、派遣禁止業務に対して労働者を派遣している場合には、業務停止命令がなされるおそれもあります（労働者派遣法49条）。

2　発注者側企業の責任

　次に、発注者側企業が労働者派遣事業主としての許可を欠く事業者から労働者派遣を受け入れた場合には、請負人側企業と同様、行政指導や勧告がなされるおそれがあります（労働者派遣法48条）。

　さらに、発注者側企業がこの勧告に従わなかった場合には、企業名の公表がなされるおそれもあります（労働者派遣法49条の２）。

　また、発注者側企業が労働者派遣事業主としての許可を受けた事業者から派遣労働者を受け入れた場合であっても、派遣先責任者の選任や派遣先管理台帳の作成等、派遣先事業主としての諸義務に違反している場合には、やはり行政指導や勧告、企業名の公表等がなされるおそれがあります。

　近時、企業の社会的責任について一般国民の関心が高まり、企業内でもコンプライアンス意識が高まりつつある今日の情勢下では、行政指導や勧告、企業名の公表といった行政監督であっても、企業が重大なダメージを受けることは大いに考えられるところです。

　したがって、発注者側企業担当者としては、偽装請負状態を発見した場合には、自主的かつ速やかな改善策の構築が求められます（後述する偽装請負状態の解消方法参照）。

(3) 適法な請負と偽装請負の区別

> **Question** 私の会社でも請負契約を締結して働いてもらっている労働者が多数いるのですが、偽装請負に当たるのではないか心配です。違法な偽装請負と適法な請負はどのようにして区別するのでしょうか。

● **Answer**

形式的には「労働者派遣」に該当せず、また、後述する告示37号の要件も充たさない場合には、違法な偽装請負に当たります。

1 昭和61年労働省告示37号

請負と労働者派遣の主な違いは、請負人の場合は発注者側企業の指揮命令に服するのではなく、自らの責任で請け負った仕事を完成させるところにありますが、実際の作業が正規の請負としてなされているのか、実質的には労働者派遣に該当する偽装請負なのか、その区別は必ずしも容易ではありません。

そこで、労働省（現在の厚生労働省）は、正規の請負として認められるための要件として昭和61年労働省告示37号を策定し、請負と労働者派遣の区別の明確化を図っています。

> 【参考】昭和61年労働省告示37号
> 第1条　この基準は、労働者派遣事業の適正な運営の確保及び派遣労働者の就業条件の整備等に関する法律（昭和60年法律第88号。以下「法」という。）の施行に伴い、法の適正な運用を確保するためには労働者派遣事業（法第2条第3号に規定する労働者派遣事業をいう。以下同じ。）に該当するか否かの判断を的確に行う必要があることにかんがみ、労働者派遣事業と請負により行われる事業との区分を明らかにすることを目的とする。
> 第2条　請負の形式による契約により行う業務に自己の雇用する労働者を従事させることを業として行う事業主であっても、当該事業主が当該業務の処理に関し次の各号のいずれにも該当する場合を除き、労働者派遣事業を行う事業主とする。

一．次のイ、ロ及びハのいずれにも該当することにより自己の雇用する労働者の労働力を自ら直接利用するものであること。（労務管理上の独立）
　イ　次のいずれにも該当することにより業務の遂行に関する指示その他の管理を自ら行うものであること。労働者に対する業務の遂行方法に関する指示その他の管理を自ら行うこと。
　　　労働者の業務の遂行に関する評価等に係る指示その他の管理を自ら行うこと。
　ロ　次のいずれにも該当することにより労働時間等に関する指示その他の管理を自ら行うものであること。
　　　労働者の始業及び終業の時刻、休憩時間、休日、休暇等に関する指示その他の管理（これらの単なる把握を除く。）を自ら行うこと。
　　　労働者の労働時間を延長する場合又は労働者を休日に労働させる場合における指示その他の管理（これらの場合における労働時間等の単なる把握を除く。）を自ら行うこと。
　ハ　次のいずれにも該当することにより企業における秩序の維持、確保等のための指示その他の管理を自ら行うものであること。
　　　労働者の服務上の規律に関する事項についての指示その他の管理を自ら行うこと。
　　　労働者の配置等の決定及び変更を自ら行うこと。
二．次のイ、ロ及びハのいずれにも該当することにより請負契約により請け負った業務を自己の業務として当該契約の相手方から独立して処理するものであること。（事業経営上の独立）
　イ　業務の処理に要する資金につき、すべて自らの責任の下に調達し、かつ、支弁すること。
　ロ　業務の処理について、民法、商法その他の法律に規定された事業主としてのすべての責任を負うこと。
　ハ　次のいずれかに該当するものであって、単に肉体的な労働力を提供するものでないこと。
　　　自己の責任と負担で準備し、調達する機械、設備若しくは器材（業務上必要な簡易な工具を除く。）又は材料若しくは資材

により、業務を処理すること。
　　　自ら行う企画又は自己の有する専門的な技術若しくは経験に基づいて、業務を処理すること。
第3条　前条各号のいずれにも該当する事業主であっても、それが法の規定に違反することを免れるため故意に偽装されたものであって、その事業の真の目的が法第2条第1号に規定する労働者派遣を業として行うことにあるときは、労働者派遣事業を行う事業主であることを免れることができない。

2　告示37号のポイント

(1)　労務管理上の独立性

　適法な請負と認められるための要件は告示37号に定められたとおりですが、そのうち、重要なポイントと思われる部分をいくつか指摘すると、まず、適法な請負と認められるためには、労務を遂行する上での労働者に対する指揮命令を発注者の側ではなく請負人側が自ら行う必要があるという点を挙げることができます。また、始業、終業、休憩時間等の指示管理についても発注者側の指揮命令に従うのではなく、請負人が自ら行う必要があります。

(2)　事業経営上の独立

　次に、事業経営の観点から見ると、適法な請負と認められるためには、業務を遂行する上で必要な資金についても、発注者側が用意するのではなく、請負人側で用意する必要がありますし、業務に必要な機械、設備、資材等についても発注者側ではなく、請負人側で用意する必要があることになります。

　告示37号の要件は、実際の労働実態から見るとかなり厳しい内容となっていると感じるかもしれませんが、これらの要件を満たさない場合には、実質的には労働者派遣に該当する違法な偽装請負と見なされ、行政指導や勧告等の労働者派遣法に基づく厳しい行政監督を受けることになります。

【コラム】気がつきにくい多重請負、二重派遣

　本文で述べた適法な請負か違法な偽装請負かの区別については、発注者側企業から見れば自社の問題でもあるわけですから、自主的かつ意識的な改革によって偽装請負状態を解消することは十分可能だと考えられます。

　しかし、発注者側企業としては適法な請負あるいは派遣を受け入れているつもりが、実は請負人側企業が別の請負人側企業に下請けに出し、別の請負人側企業が雇用する労働者が発注者側企業に派遣されていたような多重請負型偽装請負の場合や、派遣会社がさらに別の派遣会社から派遣社員を受け入れ、その派遣社員が発注者側企業に派遣されていた二重派遣の場合などでは、発注者側企業は適法な請負あるいは派遣が行われているものと誤認するおそれがあります。上場企業などでも、子会社の派遣会社Aからスタッフを受け入れているつもりが、実は子会社の派遣会社Aにたまたま適切な人材がなく、子会社がさらに別の派遣会社Bに派遣社員を求めていたことが明らかになり、あわてて別の派遣会社Bと新たに派遣契約を締結したという話を聞くこともまれではありません。

　このような多重請負型偽装請負はもちろん、二重派遣も労働者派遣法に違反することは明らかですから、後日、労働局から行政指導等の行政監督を受けることがないよう、発注者側企業の労務担当者としては、どの会社に雇用されている労働者の派遣を受け入れているのか、事前に十分なチェックを行うことが求められます。

(4) 偽装請負状態の解消方法

> Question 厚生労働省の基準からすると、現在、私の会社で働いてもらっている労働者は違法な偽装請負に該当するようですが、このような偽装請負状態をどのようにして解消すればよいのでしょうか。

● Answer

　告示37号に沿う適法な請負に切り替える、あるいは適法な労働者派遣に切り替える、いずれも困難な場合には偽装請負状態となっている者を直接雇用する、という3つの方法が考えられます。

　なお、平成24年3月に成立した改正労働者派遣法には、労働者派遣法の義務を免れることを目的として、請負その他労働者派遣以外の名目で契約を締結し、労働者派遣の役務の提供を受けた場合（すなわち偽装請負の場合）には、当該偽装請負が開始した時点で、労働者派遣の役務の提供を受ける事業主（発注者側企業）が派遣労働者に対して、派遣元（請負人側企業）における労働条件で直接雇用の申込をしたものとみなすとの規定（同法40条の6）が新設されました。

　したがって、この規定が施行される平成27年10月1日以降は、偽装請負の発注者側企業は、原則として、偽装請負状態となっている者を直接雇用することによって偽装請負状態を解消していくことになると考えられます。

1．偽装請負状態解消の手段

　前述のとおり、偽装請負状態のままでは、刑事罰や行政指導・勧告の対象となり、場合によっては企業名の公表がなされるおそれがあります。また、偽装請負状態の労働者から偽装請負状態の解消を求められることや、大企業では新聞報道等により各種苦情や批判に対応する必要が生じるなど様々な不利益が生じることが考えられます。

　そこで、発注者側企業としては、偽装請負状態を解消する方法を検討しなければなりません。

2．告示37号に沿う適法な請負に切り替える

　そのための手段として、まず、前述した**告示37号に沿う適法な請負に切り替える**ことが考えられます。

　もっとも、発注者側企業が受け入れた労働者に対して直接指揮監督す

る必要があるなど、適法な請負として労働者を受け入れることがもともと困難であったケースについては、請負契約に切り替える方法は現実的な対策とは言えません。

3．適法な労働者派遣に切り替える

そこで、現実の労働実態に合わせて**正規の労働者派遣として労働者を受け入れる**という手段も検討する必要があります。

もっとも、発注者側企業の業務が派遣可能業種に該当しない、あるいは派遣可能期間を超えて労働者を受け入れたいという事情がある場合には、労働者派遣に切り替えるという手段を取ることはできません。そのため、次の直接雇用という手段を考えざるを得ないこととなります。

4．直接雇用

このように、適法な請負や労働者派遣に切り替えるという手段を取ることができない場合には、**最終的には直接雇用に切り替える**しかないこととなります。

上述のとおり、平成27年10月1日以降は、偽装請負の場合には、当該偽装請負が開始した時点で、発注者側企業が派遣労働者に対して、請負人側企業における労働条件で直接雇用の申込をしたものとみなす旨の規定（労働者派遣法40条の6）が新設されました。

そのため、平成27年10月1日以降は、偽装請負の解消方法は原則として直接雇用の方法によることになると考えられます。

一方、平成27年10月1日までの間、発注者側労働者が偽装請負状態になっている労働者を直接雇用する場合、どのような契約形態を選択すべきかについては特に法律の規定はありません。

しかし、労働者との無用な紛争を防止し、改正労働者派遣法40条の6が施行された後に問題を引き継がないようにするためには、請負人側企業における労働条件を下回る契約形態を選択すべきではないと言うことができるでしょう。

第4章 契約上のトラブル

第4章　契約上のトラブル

1　債務不履行責任
(1)　債務不履行総論

> *Question* 製品を期日に納入しましたが、
> ①発注元の会社は、期日を過ぎても代金を支払ってくれません。
> ②代金を減額するといって、一部しか支払ってくれません。
> 「債務不履行」とはどのようなことですか。どのように対応すればよいでしょうか。

● **Answer**

債務不履行とは、債務の本旨に従った履行がされないことを言います（民法415条【改正後の415条1項】）。債務不履行の種類には、履行期に履行がないという「履行遅滞」、履行するのが不可能である【改正後の債務の履行が契約その他の債務の発生原因及び取引上の社会通念に照らして不能であるとき（改正後の民法412条の2第1項）】という「履行不能」、外形上は履行らしいことがされたが履行としては不完全であるという「不完全履行」があります。

1　債務不履行の態様
(1)　**履行遅滞**

履行遅滞の要件は、債務が履行期に履行可能なこと、履行期を徒過したこと、履行期に履行しないことが違法なこと、債務者に帰責性があることです。

(2)　**履行不能**

履行不能の要件は、履行が不能なこと、債務者に帰責性があること、履行不能が違法なものであることです。

(3)　**不完全履行**

不完全履行の要件は、不完全な履行のあること、債務者に帰責性があること、不完全な履行が違法であることです。

2　債務不履行があった場合の対応策

(1) **履行請求**
① 債務者が任意に債務の履行をしない場合、債権者は、裁判所に申し立て、強制的に債権の内容を実現することができます（民法414条1項本文）。強制的な履行の実現の方法は、直接強制・代替執行・間接強制その他の方法があります（民法414条【改正後の414条本文】）。
② これらの強制的な履行方法（強制執行）を行うには、「債務名義」が必要です。「債務名義」とは、債務の存在を証明し、法律によって執行力を付与された公正の文書を指します。裁判所の確定判決（給付判決）（民事執行法22条1項6号）が代表的なものですが、他に仮執行宣言付判決、和解調書、公証人作成の公正証書などがあります。
③ 強制的な履行方法を求めた場合でも、なお損害がある場合には、損害賠償請求をすることができます（民法414条4項【改正後の414条2項】）。

(2) **損害賠償請求**
債務者が債務の本旨に従った履行をしないとき、債権者はそのことにより発生した損害の賠償を請求することができます（民法415条）。債務不履行による損害賠償請求権が発生する要件は、①債務不履行の事実、②債務者の帰責事由、③損害の発生・因果関係です（本章2、次頁参照）。

(3) **契約の解除**
契約の解除条項に該当する場合や、債務者に対して相当の期間を定めて債務を履行するよう催告し期間内に履行がない場合は、契約を解除することができます（民法541条）。

定期行為の場合は、履行遅滞があれば債権者は催告なしに契約を直ちに解除することができます（民法542条【改正後の542条1項4号】）。商事上の定期売買については、相手方が直ちにその履行を請求しなければ解除したものとみなされます（商法525条）。

3　下請法による手当て

下請法では、下請代金の支払遅延及び下請代金の減額を親事業者の禁止行為と定めています。親事業者が下請法に違反した場合には、公正取引委員会から違反行為を取りやめるよう勧告がなされますので、抑止効果が期待されます（第3章2参照）。

2　損害賠償
(1)　損害賠償請求の要件

> **Question**　支払期日に代金が支払われないので、損害賠償を請求しようと考えています。損害賠償請求をする場合の要件について教えてください。

● **Answer**

債務者が債務の本旨に従った履行をしないとき、債権者はそのことにより発生した損害の賠償を請求することができます（民法415条）。

債務不履行による損害賠償請求権が発生する要件は、債務不履行の事実、債務者の帰責事由、損害の発生・因果関係です。

1　要件1　債務不履行の事実
(1)　履行遅滞

履行遅滞というためには、債務が履行期に履行可能なこと、履行期を徒過したこと、履行期に履行しないことが違法であることが必要です。

履行期に履行が不可能な場合は、履行不能となります。

履行期をいつから徒過したとされるかは、履行期の種類により異なり、ア　確定期限つきの債務の場合は、その確定期限が到来した時（民法412条1項）、イ　不確定期限つきの債務の場合は、期限が到来しかつ債務者がこれを知った時【改正後の期限が到来した後に履行の請求を受けた時又は期限の到来したことを知った時】（民法412条2項）、ウ　期限の定めのない債務の場合は、履行の請求を受けた時（民法412条3項）から遅滞したことになります。

債務者に留置権（民法295条）、同時履行の抗弁権（民法533条）などがあると、履行期に履行しなくとも違法性はないとされます。

(2)　履行不能

履行不能というためには、履行が不能なこと、履行不能が違法なものであることが必要です。履行が不能であるとは、債権が成立した後に履行ができなくなることをいいます。

(3)　不完全履行

不完全履行というためには、不完全な履行のあること、不完全な履行のなされたことが違法であることが必要です。

不完全履行の態様は種々のものがあり、給付された目的物や給付された行為の内容に欠陥のある場合（例：一部欠陥商品を供給したとき、業者に修理を依頼したが一部直っていなかった場合）、目的物の欠陥が原因で損害が拡大した場合も不完全履行であるとされます。

　目的物等に欠陥があっても、完全な物との交換がなされると、後は履行遅滞の問題となり、完全な物との交換が不可能な場合は、一部履行不能という状態になります。

2　要件2　債務者の帰責事由

　債務不履行による損害賠償請求をするには、債務者の責めに帰すべき事由（帰責事由）により債務不履行が発生したことが必要です。

　債務者の帰責事由とは、債務者の故意・過失または信義則上これと同視すべき事由を指します。

　損害賠償を請求する場合、債権者の方で、債務者の帰責事由を立証する必要はなく、債務者の方が自己に帰責事由のないことを立証しなければなりません。

3　要件3　損害の発生・因果関係

　損害とは、債務不履行がなかったとしたらあるべき利益状態と、債務不履行がなされた現在の利益状態との差を金額で表したものと考えられています。これは財産的損害だけでなく精神的損害も含まれ、積極的損害（既存財産の減少）だけでなく消極的損害（得るはずであった利益）についても賠償を求めることができます。

　また、損害が債務不履行によって生じたものでなければならないという関係（因果関係）が必要です。その限界については、損害賠償の範囲として問題になります（次頁参照）。

損害賠償請求権の要件
① 債務不履行の事実
② 債務者に責めに帰すべき事由があること
③ 債務不履行と因果関係のある損害の発生

(2) 損害賠償の範囲

> **Question** 損害賠償は、どの範囲の損害まで請求することができますか。

● **Answer**

損害賠償は、原則として債務不履行と相当因果関係に立つ範囲の損害についてすることができます。

1 損害賠償の具体例

(1) 履行遅滞

債務の履行が遅延した場合は、遅延による損害（遅延損害）について賠償請求することができます。

例えば、支払期日に代金が支払われなかった場合は、金銭債務の履行遅滞となるため、代金債務の履行請求の他に、給付の受領日から起算して60日までの期間は、年5％の民事法定利率【改正後は原則年3％の民事法定利率】による利息（民法404条）あるいは年6％の商事法定利率による利息を請求でき（商法514条）、さらに61日目以降になっても支払われない場合は、下請法4条の2に基づき、「当該未払額」に年14.6％を乗じた遅延利息を請求することができます。

履行遅滞中に履行不能となった場合は、物に代わる価額の賠償（填補賠償）を請求することができます（最終的には代金債務との相殺により清算されます）。また、債権者は、現実的履行の強制を求め、併せてその執行ができない場合に備え予備的に填補賠償を請求することもできます。

履行不能でなくとも、相当な期間を定めて催告し、それでも履行しない場合に、解除することなく填補賠償を請求することもできます。

(2) 履行不能

履行不能による損害賠償は、目的物に代わる損害の賠償（填補賠償）に限られます。

履行遅滞を理由に填補賠償を請求できる場合と同様に、解除せずに填補賠償を求めることもできますし、解除して損害賠償を請求することもできます。

(3) 不完全履行

不完全な履行と後述する相当因果関係のある全損害について賠償を請求することができます。

2 損害賠償の範囲

(1) 通常損害

損害賠償請求は、債務不履行と相当因果関係に立つ範囲の損害についてすることができます。

相当因果関係に立つ損害とは、債務不履行によって現実に生じた損害のうち、当該の場合に特有の損害を除き、そのような債務不履行があれば一般に生ずるであろうと認められる損害を指します。これは、民法416条1項でいう「通常生ずべき損害」と同じ意味であると考えられています。

(2) 特別損害

また、特別の事情によって生じた損害であっても、債務者がその事情を予見し、又は予見することができた【改正後の「予見すべきであった」】ときは、その損害についても賠償を請求することができます（民法416条2項）。特別の事情を債務者が「予見しまたは予見しうべきであった」かどうかは、債務不履行の時を基準として判断されます。また、特別の事情を債務者が「予見しまたは予見しうべきであった」かどうかは、債権者の方で立証する必要があります。

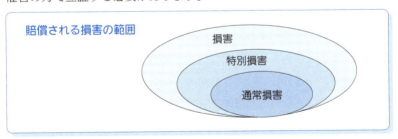

3 損害賠償額の算定

損害は、原則として金銭により賠償されます（民法417条）。

履行に代わる損害賠償額をどの時点を基準にして算定するかという点については、判例もア　履行不能時、イ　契約解除時、ウ　履行期、エ　事実審口頭弁論終結時と1つに基準時を限定しておらず、取引の性質、目的物の種類、価格変動、当事者、経済状態など具体的事案に応じて算定されるべきものと考えられます。

(3) 過失相殺

> **Question** 請負契約を締結しましたが、注文主の債務不履行により工事ができず契約を解除することになりました。報酬相当額について損害賠償を請求しましたが、相手から①こちらにも責任がある、②工事をしなかったことにより必要のなくなった材料代等については賠償額から引くべきだ、と主張されました。これらの主張はどのようなものですか。

● **Answer**

損害賠償の減額事由として、過失相殺と損益相殺があります。

1 過失相殺

(1) 債務不履行に関し、債権者にも過失があった場合は、損害賠償の責任及び範囲は、その事情を斟酌して定められることになります（民法418条）。これを「過失相殺」といいます。

(2) 過失相殺される債権者側の過失とは、信義則上減額を適当とするような債権者側の事情があることをいい、債務不履行で必要とされる債務者の帰責事由とは異なります。

債務不履行自体について債権者に過失がある場合だけでなく、損害の発生・拡大に債権者の過失が加わった場合にも適用されます【改正後の418条において明示】。

(3) 裁判所は、諸般の事情を考慮し、公平の原則に照らして判断し、債権者の過失が認められるときには必ず過失相殺しなければならず、賠償額を軽減するだけでなく、賠償責任を否定することもできます。

過失相殺は、裁判所の職権で判断されますが、債権者の過失となるべき事実については、債務者の方で主張・立証しなければなりません。

2 損益相殺

明文の規定はありませんが、債務不履行によって、債権者が損害を被ると同時に、債務不履行と同一の原因によって利益を受けた場合あるいは出費を免れさせることがあった場合は、損害と利益との間に同質性がある限り、その利益については賠償額から控除するとされています。これを損益相殺と言います。

⑷ 損害賠償額の予定

> *Question* 契約を締結する時点で、損害賠償の額をあらかじめ定めておくことができますか。

● *Answer*

当事者間で損害賠償の額を予め定めておくことができます。

1 損害賠償額の予定・違約金

⑴ 債務不履行の場合に債務者が賠償すべき額を当事者の間であらかじめ定めておくことも認められます（民法420条1項前段【改正後の420条1項】）。

　定めておくことにより、損害の発生及びその額を債権者が立証する必要がなくなり、その点に関する紛争を避けることができます。

⑵ 債権者は、債務不履行の事実さえ証明すれば、予定された賠償額を請求することができ、これに対し、債務者は損害が発生していないと主張することや賠償額について争うことはできなくなります。

　裁判所は、損害賠償予定額を増減することができません（民法420条1項後段【改正後は削除】）。但し、余りに高額又は低額な予定額を定めると、公序良俗違反として、民法90条により全部又は一部が無効とされることがあります。

⑶ 違約金

　契約のなかには「違約金」という定めがある場合もあります。これは、上述した損害賠償額の予定として定められる場合と、損害については別途請求するという趣旨のいわゆる違約罰として定められる場合がありますが、民法上、違約金は賠償額の予定と推定されます（民法420条3項）。

2 金銭債務の特則

金銭債務の債務不履行については、民法419条に特則が定められており、常に履行遅滞となり、損害の証明をしなくとも法定利息相当額（約定利率がこれを超える場合はそれによる）の損害が認められます。他方、それ以上の損害が生じたことを立証しても、法律に特別の定めがある場合や損害賠償額の予定等の特約を当事者間でしていた場合を除いて、法定利息以上の賠償を請求できません。

(5) 受領遅滞

> **Question** 納期に商品を持参しましたが、親事業者から、取引先の発注がキャンセルされたため商品を受け取れないと言われました。どうすればよいでしょうか。

● **Answer**

債務の履行について、債権者の協力を必要とする場合に、債務者が履行の提供をしたにもかかわらず、債権者が協力しないため履行が完了しない状態にあることを受領遅滞といいます（民法413条）。

1 受領遅滞の要件

受領遅滞というためには、ア 債務者が債務の本旨に従った履行の提供をしたこと、イ 債権者が受領を拒絶したこと、または債権者が受領できなかったことが必要です。

2 受領遅滞の効果

(1) 受領遅滞の場合には、以下のような効果が認められます。
① 目的物の保管における注意義務の軽減【改正後の413条1項に明記】
② 増加費用の負担（民法485条但書）【改正後の413条2項】
③ 危険の移転【改正後の413条の2第2項に明記】

また、弁済の提供がなされているため、債務不履行責任が発生しない（民法492条）、債務者の利息支払義務を免れるなどの弁済の提供による効果も当然認められます。

(2) そのほかに、受領遅滞によって生じた損害の賠償を請求することができるか、あるいは契約を解除することができるかという点については争いがあり、一般的にはそのような効果は認められていません。もっとも、契約の解釈や信義則の点から債権者に受領義務を認め、受領義務の違反として、損害賠償請求や契約の解除が認められる場合もあります。

3 下請法による手当て

下請法では、親事業者が下請事業者の責めに帰すべき事由がないのに下請事業者の給付の受領を拒む行為を禁止しています（下請法4条1項1号）。（第3章2(2)ア参照）

3　個別契約の契約解除

> *Question*
> 1　契約を解除する場合の要件・効果を教えてください。
> 2　取引先からの代金の支払いが遅延した場合には、解除ができるのでしょうか。また、解除する場合に注意する点を教えてください。
> 3　契約書の解除条項はどのように定めればよいのでしょうか。

● Answer

1　定義

契約の解除とは、すでに締結した契約について、当事者の一方が、相手方に対して一方的に破棄する意思表示をいいます。すなわち、契約締結後に、当事者の一方が、その契約を解消することであって、その結果、まだ履行されていない債務は、履行する必要がないから消滅し、反対に、すでに履行された債務は、原状に戻されることになります。

2　解除権の発生原因

解除は、以下の二つの場合に認められます。この二つの他にも当事者の合意で契約を解除すること（合意解除）は当然にできます。

(1)　契約による解除権の留保（約定解除権）

契約によって解除権が留保される場合、例えば、「この契約は、将来廃止にすることができる」などの条項を入れる場合には、その行使によって契約を解除することができます（民法540条1項）。

手付の交付や買戻しの特約は、法律的に解除権を留保したとされるもので、約定解除権の一種です。

(2)　法定の解除権の取得（法定解除）

債務者の不履行の場合に発生する解除権です（民法540条1項、541条－543条）。

3　解除権発生の要件

ここでは、債務不履行の3類型それぞれの法定解除の要件を説明します。

(1)　履行遅滞解除

①　履行遅滞解除の要件は、債務者が履行期に履行しないこと、

債権者が相当の期間を定めて履行を催告したこと、債務者がその催告期間内に履行をしないこと（民法541条）、債務者の帰責性です。なお、民法改正により、債務不履行に基づく解除一般に債務者の帰責性が不要とされ、代わりに、債務不履行が契約及び社会通念に照らして軽微とはいえないことが要件となります【改正後の民法541条】。以下では、要件のうち最初の二つについて説明します。

② 債務者が履行期に履行しないこと

「履行期」は債務の内容によって異なります。すなわち、債務が確定期限付の場合は期限の到来した時（民法412条1項）、不確定期限付の場合は期限の到来を知った時（【改正後の「期限が到来した後に履行の請求を受けた時又は期限の到来したことを知った時」】民法412条2項）、期限の定めがない場合は履行請求を受けた時（民法412条3項）です。

③ 債権者が相当の期間を定めて履行を催告したこと

催告は、債務者が遅滞に陥った後に改めて行うことになります。しかし、同時履行の抗弁権が付着している債務については、債権者の履行の提供と催告とは同時でもよく、また、債権者の提供は履行期に提供しなくても催告で示された期日までになされれば、催告の後でもよいとされています。

相当の期間とは、当該給付義務を履行しうるに相当の期間ということであって、催告で示された期間をいうわけではありません。しかし、催告で示された期間が相当でない場合でも、催告自体は無効ではないと解されています。

期限の定めがない債務は、履行の請求を受けた時から遅滞となるから（民法412条3項）、この場合は、理論的には、一旦請求をして遅滞に陥らせ、その後改めて相当期間を定めた催告が必要なようにも思われます。しかし、そのような二度手間は必要ではなく、一度の催告でよいとされています。

(2) 履行不能解除

履行不能による解除の要件は、履行期に履行が不能なこと、「責に帰すべき事由」による不能であることです。

履行不能は、後発的不能であることは当然ですが、物理的不能のみな

らず、法律的不能も含まれます。

また、履行不能による解除は、不能に至ったことにつき、条文上債務者の「責に帰すべき事由」が必要です（民法543条）。なお、上記のとおり、民法改正後は債務者の帰責性が不要になり、債務の全部または一部の不履行があるときは、債権者は債務者に催告することなく契約の解除をすることができます。

(3) 不完全履行による解除

不完全履行とは、履行はされたが不完全であるという意味での債務不履行形態です。このような不完全履行の場合には、追完が可能な場合には、前述の履行遅滞に準じて、追完が不可能な場合には、履行不能に準じて考えることができます。したがって、それぞれの解除要件を満たせば解除が認められます。

4 解除の効果

(1) 効果

解除の効果は、原状回復義務の発生です。これに加えて、解除は損害賠償請求を妨げないとされています。

(2) 原状回復

① 当事者の一方が解除権を行使したときは、各当事者は、その相手方を原状に戻さないといけません（民法545条1項本文）。

この原状回復義務の法的性質には争いがありますが、解除によって契約は当初から存在しなかったことになり、契約から生じた効果は遡及的に消滅するとする直接効果説が判例・通説です。そして、直接効果説によれば、解除権が行使された場合には、未履行債務は消滅します。既履行債務は、契約から生じた効果が遡及的に消滅するので法律上の原因を失い、不当利得（民法703条）となります。したがって、その原状回復義務は不当利得に基づく返還義務となります。

そして、原状回復は契約締結前の状態を回復することですので、原状回復の範囲は、契約によって得た物・価値は全て返還することが原則となります。したがって、返還されるものが金銭である場合には、その金銭には、それを受領した時から利息を付して返還しなければなりません（民法545条2項）し、金銭以外の物である場合には受領の時以後に生じた果実（民法88条2項）を返還しなければなりません（改

正後の545条3項に明記)。

② 解除権が行使された場合、それまでの契約関係は遡及的に消滅することになりますが、それでは契約を有効のものとして関与してきた「第三者」はどのように扱われるのでしょうか。

「第三者」とは、解除された契約から生じた権利を新たに取得した者をいいます。この第三者の保護は、解除前の第三者については民法545条1項但書で保護され、解除後の第三者は対抗問題（民法177条）で処理されると解されています。もっとも解除前の第三者も対抗問題で処理すると考えるのが判例の立場です。

(3) 損害賠償請求

直接効果説の立場からすれば、解除によって履行義務は消滅するから、本来、債務不履行責任としての損害賠償請求権は発生しないが、債権者を保護するためには存続すると解されています。

そして、民法545条3項【改正後の545条4項】は「解除権の行使は、損害賠償の請求を妨げない。」と規定していることから、損害を受けた場合には、解除と並列的に損害賠償の請求もできると解されています。

また、ここでの損害賠償の範囲は、解除の賠償は、本来の給付の請求をあきらめて、契約が履行されたと同様の償いを得ることであるから、履行利益の賠償が基本となります。

(4) 具体例

民法の解除の規定が適用されるのは、下請法の適用がない取引の場合です。具体的には、下請法の適用がない場合で取引先から製品が期日までに納入されなかったことを理由とする不当な代金減額の要求があった場合が考えられます。

上記の事例の場合で下請事業者に責めに帰すべき事由がある場合（上記3⑴のとおり、改正後は債務者の帰責事由は不要）は履行遅滞にあたります。履行遅滞ですから、下請事業者に損害賠償義務が発生します。しかし、損害賠償義務が発生するとはいっても、製品が期日に間に合わなかったことと損害との因果関係がどの程度あるのかは詳細に検討しなければなりません。

もし、納入の遅延と相当因果関係のないような大幅な代金減額を要求されているとするとそれは法律的には不当なことです。

したがって、下請法では、下請法が適用される取引については、不当な代金減額の請求がなされないような手立てがなされています（下請法第4条第1項3号。第3章2(2)ウ参照）。

●代金の支払が遅延した場合

取引先からの代金の支払が遅延した場合には、下請事業者側の対応としては契約を解除して別の取引先と契約を新たに締結するといったことが考えられます。

この場合、解除ができるかどうかについては、まず取引基本契約書の条項に解除に関する定めがあればそれによります。例えば、取引先が代金の支払を遅延し、相当の期間を定めて履行を催告しても応じないときは、下請事業者は契約を解除することができると定められている場合です。

基本契約書に解除条項が定められていない場合には、民法の解除の規定が適用されることになります。民法上の解除権を行使する場合は、前述のように解除権行使のための要件を充足していなくてはなりません。

すなわち、代金の支払が遅延している場合は履行遅滞にあたりますから、解除の要件は、債務者が履行期に履行しないこと、債権者が相当の期間を定めて履行を催告したこと、債務者がその催告期間内に履行をしないこと（民法541条）、債務者の帰責性（上記3(1)のとおり、改正後は債務者の帰責性は不要）の4つになります。

ここでの注意点は、まず取引先に対して代金を支払うように内容証明郵便で催告書を送付することです。その内容としては、代金支払の履行期限を明示するとともに、その期間内に代金の支払がない場合は解除する旨の内容にします。そして、その内容証明郵便の期限内に代金の支払がない場合は、内容証明郵便で契約解除通知書を取引先に送付します。

契約を解除した場合には、前述のとおり原状回復義務が双方に生じますので、取引先に納入していた製品などがある場合はその返還義務が取引先に生じます。もし、下請事業者側が代金の前払い等を受けていた場合はその代金の返還義務が生じます。もっとも、下記で契約書のサンプルを記載しますが、違約金の定めをおき、乙は前払金と違約金の差額がある場合のみ支払義務が生じると規定することも可能です。

●解除条項

典型的解除の条項としては、以下のような条項が考えられます。

第○条

甲または乙のいずれかが本契約にもとづく義務の履行をしないとき、その相手方は不履行した者に対して相当の期間を定めて催告のうえ本契約を解除し、違約金として代金の○％相当額を請求することができる。

2　前項の場合、違約金の清算を次のとおり行う。

  (i)　乙が違約したときは、乙は、甲より受領済みの金員に違約金相当額を付加して支払わなければならない。

  (ii)　甲が違約したときは、甲は、違約金相当額と支払い済み金員との差額を乙に支払う。ただし、違約金相当額が支払い済み金員を下回るときは、乙は受領済み金員から違約金相当額を控除して、残額を無利息にて甲へ返還する。

3　甲または乙は、本条による解除に伴い違約金を超える損害が発生したときでも、違約金を超える金額については請求することができない。また、その損害が違約金より少ないときでも、違約金の減額を求めることができない。

4　特定物と不特定物

> *Question*　特定物と不特定物とはどのような概念ですか。そして、特定物、不特定物の引渡義務を負う債務者にはどのような責任が発生しますか。また、不特定物の特定とはどのような概念ですか。特定の効果はどのようなものですか。

● *Answer*

1　定義

　特定物とは、当事者の意思によって、特に具体的に指定した物です。これに対して、例えば、ビール1ケース、薄型鋼板10トンの注文などのような、給付すべき目的物を種類・品質・数量をもって抽象的に定めた物を不特定物といいます。

2　特定物の引渡義務を負う債務者の責任

　特定物の引渡義務を負う債務者は、その引渡をなすまでは、「善良な管理者の注意」をもってその物を管理しなければなりません（民法400条）。これを一般的には善管注意義務といいます。この善管注意義務とは、各個人の注意能力ではなく、取引社会上、一般的・客観的に要求される注意です。

　債務者は、この善管注意義務を尽くす限り、引渡時の現状で物を引き渡せばよいことになります（民法483条）。したがって、物の滅失・毀損については、債務者はその責任を負う必要はなく、後述する危険負担や瑕疵担保責任の問題となります。

　なお、善管注意義務違反の効果は損害賠償義務です（民法415条）。

　もっとも、債務者が履行遅滞に陥った場合には、債務者は不可抗力による滅失・毀損についても責任を負います。債権者が受領遅滞（債務者が履行期に弁済提供をしたが債権者が受け取らなかった場合）に陥った場合には、債務者の責任は軽減されます。

3　不特定物の引渡義務を負う債務者の責任

　不特定物は、給付物が具体的に特定されているわけではないから、不特定物が滅失・毀損した場合には、債務者は、それが自己の責任でなかったとしても、同種の物が市場に存在する限り、再び同種の物を調達して給付すべき義務を負います。

債務者の注意義務は、さきほどの善管注意義務よりは軽減された「自己の財産におけると同一の注意義務」を負います。

4　不特定物の特定

不特定物は、給付物が抽象的に定められているにすぎないので、その給付に当たっては、給付物を具体的に決定しなければなりません。このことを、不特定物の特定といいます。

特定が生じる場合として、民法の条文では、「債務者が給付をなすに必要な行為を完了したとき」（民法401条2項前段）と「債権者の同意を得て給付すべき物を指定したとき」（民法401条2項後段）を規定しています。

「債務者が給付をなすに必要な行為を完了したとき」とは、持参債務の場合は、現実の提供、すなわち債権者がいつでも受領できる状態に置くことが必要となります。したがって、給付物を運送機関で発送しただけでは特定されず、債権者の住所に着かなければなりません。

取立債務の場合には、債権者が来ればいつでも受領できる状態におき（目的物の分別）、かつ、その旨を債権者に通知して目的物の受領を催告すること（口頭の提供）が必要です。

5　特定の効果

債務者は、その特定した物を給付すべき義務を負います。したがって、特定後に、その物が滅失した場合には給付不能が確定し、毀損した場合には毀損物を給付すべきことになります。そして、そのことにつき、債務者に責任があれば債務不履行となり、なければ危険負担の問題となります。特定すれば、特定以降は、債務者に善管注意義務が課せられます（民法400条）。後述するように、特定によって危険は債権者に移転します（民法534条2項【改正後は、民法534条2項は削除され、債務者が目的物を債権者に引き渡した後または履行の提供をした後でなければ危険は債権者に移転しません。】）。不特定物の売買においては、その所有権は、目的物が特定した時に移転します（最判昭和35年6月24日民集14巻8号1528頁）。

5　原始的不能と後発的不能

> **Question**　原始的不能と後発的不能の違いはなんですか。それぞれの効果に違いはありますか。

● **Answer**

1　定義

例えば、ある別荘の売買において、契約を締結した時点で既にその別荘が焼失してしまっていたという場合のように、契約成立時に履行が既に不可能である場合のことを原始的不能といいます。

これに対して、契約成立時は履行が可能であったが、その後に履行不能となることを後発的不能といいます。

2　原始的不能の効果

原始的不能の場合は、契約は成立していないので契約は無効のはずです。したがって、上記の例でいえば、別荘の売主に何らの賠償責任も生じないのが原則です。

しかし、このような原則を貫くだけでは、当事者間の利益・不利益の調整の点で不公平が生じる場合があります。例えば、前述の例でいえば、売主が調査をすれば、別荘が焼失してしまっていることを知ることができたであろうにもかかわらず、調査をせずに広告を出したというような場合がこれに当たります。

それゆえ、原始的不能の場合でも、契約準備交渉段階において、一方の交渉当事者に注意義務の違反があった場合には、その違反（過失）を根拠として、相手方からの損害賠償請求を認めるべきと考えられています。もっとも、ここでの賠償されるべき損害は、信頼利益、つまり、契約が有効に成立すると信頼したために被った損害の賠償にとどまるのであって、履行利益、つまり履行があれば得たであろう利益の賠償を認めるべきではないとされています。もし、履行利益の賠償まで認めてしまうと、契約が有効であることを認めたのと同様の経済的効果を相手方に与えてしまうからというのがその理由です。

なお、ここで具体的に信頼利益に数え上げられているのは、上記の例に即して言えば、たとえば、目的物検分のための費用、別荘に飾るために購入した絵画の代金、別荘に家具を搬入するために委託した運送業者

に支払った費用、代金支払のために金融機関から融資を受けたことによる借入利息、第三者からの有利な申込みを拒絶したことによる不利益などです。

3　後発的不能の要件・効果

(1) 要件

後発的不能の場合は、契約成立後であるから、以下の要件を充足すれば損害賠償責任が生じます。要件は次の三つです。

① 履行が不能であること。ここでの不能は、物理的不能に限らず、社会通念から決定されます。法律的・社会的不能でも不能になります。

② 債務者の帰責性（民法415条後段）。これに対して、債務者の責に帰すべからざる事由によって不能となったときは、後述する危険負担の問題となります。

③ 不能が違法なこと。

(2) 効果

① 損害賠償

履行不能によって、本来的給付は不可能となっていますが、本来的給付は填補賠償債務へと転化します。填補賠償の内容は、具体的には、履行がなされたならば得たであろう利益です。前述の原始的不能の場合には、信頼利益の賠償までしか認められていませんが、後発的不能の場合は、契約成立後の不能なので履行利益の賠償まで認めています。

② 契約の解除

履行の全部または一部が不能である場合には、その不能と同時に、債務者に契約の解除権が発生します（民法543条【改正後の542条1項1号、同項3号】）。

この場合には、解除とともに損害賠償も請求できます（545条3項【改正後の545条4項】）。

6 危険負担

> *Question* 危険負担とはどういう概念ですか。
> 危険負担の債務者主義と債権者主義はどのように違うのですか。

● *Answer*

1 総論

双務契約においては、双方の債務は、存続の上でも牽連関係にあります。したがって、一方Aの債務が債務者Aの責に帰すべからざる事由で消滅したときは、他方Bの債務は消滅するのか否かの問題が生じます。これが危険負担の問題です。

ここで、「危険」とは、双務契約から生じた一方の債務が、後発的に消滅することをいいます。すなわち、債務者Aの「責めに帰することができない事由」によって、その債務が履行不能(後発的履行不能)になった場合には、その債務は債務者Aに帰責事由がないのだから、損害賠償債務に転化することなく消滅します。

つぎに危険負担では、この「危険」を誰が負担するかの問題があります。債務者Aが負担すべきか、それとも債権者Bが負担すべきかという問題です。債務者が負担すべき場合を債務者主義、債権者が負担すべき場合を債権者主義といいます。

2 民法の構成

(1) 原則

民法は以下のように規定しています。「双方の責めに帰することができない事由」によって履行不能となった場合には、以下の例外の場合を除き、債務者は反対給付を受けることができない(民法536条)。すなわち、債務者主義が原則であることを規定しています。

(2) 例外

① 特定物に関する物権の設定または移転の場合

債務の内容が、「特定物に関する物権の設定または移転」を目的としている場合には、その危険は債権者が負担します(債権者主義、民法534条1項【改正後は削除】)。

不特定物の場合は、前述の「特定」したときから、債権者主義になります(民法534条2項【改正後は削除】)。したがって、「特定」以

前の危険負担は債務者主義（民法536条）となります。
② 　停止条件付双務契約の場合
条件成就未定の間に、目的物が、(i)滅失したときは、債務者主義（民法535条１項【改正後は削除】）、(ii)毀損したときは、債権者主義（同条２項【改正後は削除】）となります。

3　危険負担の効果

(1)　債務者主義の効果

債権者主義の場合を除き、当事者の責めに帰することができない事由によって履行不能となったときは、債務者（売主）は反対給付を受ける権利を有しません（民法536条１項【改正後は「債権者（買主）は、反対給付の履行を拒むことができる」という規定に変わります（改正後の民法536条１項）】）。逆からみれば、債権者（買主）の債務も消滅することになります。なお、民法改正後は、債権者（買主）が解除をしないかぎり債務は消滅しないことになります。

(2)　債権者主義の効果

「特定物に関する物権の設定・移転」を目的とする債務が消滅した場合、その危険は買主（債権者）が負担することから（債権者主義）、売主（債務者）は代金を請求できることになります。なお、改正後は、売主（債務者）は目的物を買主（債権者）に引き渡した後または履行の提供をした後でなければ代金を請求することができません（改正後の民法567条１項・２項）。

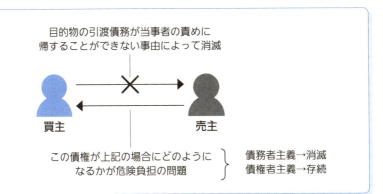

7　下請事業と瑕疵担保

> **Question 1** 当社は、工作機械の周辺機器を製造していますが、その部品の製造を下請事業者に委託しています。この部品を使用して製造した当社の製品に不具合が発生し、この度、下請事業者から納品した部品の欠陥が原因であることが判明しました。納品を受けてから約9か月が経過しています。当社としては、下請事業者に対し、どのような請求が出来るのでしょうか。

●Answer 1

売買契約に該当する場合には、不具合が通常の注意を払っても発見できないものであれば、損害賠償請求が可能であり、さらに、瑕疵により契約の目的が達成できない場合には、契約の解除も可能ですが、下請事業者が瑕疵を知っていた場合でない限り、受領後6か月で担保責任の追及が出来なくなります。

1　下請取引の契約類型

商品が通常その物が備えていなければならない性質を欠く場合、法律上はこれを「瑕疵」といいます。

瑕疵ある物【改正後の契約の内容に適合しない物】を給付した債務者に対する責任追及の方法としては、現行民法上、売買に関する規定（民法570条）と請負に関する規定（民法634条以下）が存在し、商法上、売買に関する特則が存在しますが（商法526条）、後述するように、その規定が適用されるかによって、瑕疵ある物を受取った事業者が相手に請求できる内容が異なってきます。

したがって、下請取引において、下請事業者からの給付物に瑕疵がある場合に、いかなる請求が出来るのか、逆に、親事業者から瑕疵に関する苦情があった場合、いかなる対応をしなければならないのかは、下請取引の契約の種類によって異なることになります。これら現行民法上の瑕疵担保に関する規定は任意規定であり、別段の特約を行うことは可能ですから、基本契約等で取引内容に応じた瑕疵担保条項を定めていればよいのですが、かかる特約の締結が無い場合には、法律上の瑕疵担保規定の適用が問題となります。

「下請」とは「ある人が会社などの引受けた仕事を、別のものがやるこ

と。」（大辞林）一般を言います。ですから、「下請」とは言っても、親事業者から下請事業者に委託される契約類型は、民法上の請負契約のみならず、売買、寄託、運送等、様々な契約があり得ることになります。

　もっとも、継続的に供給される供給物の瑕疵が問題になる取引類型の大半は、請負型か売買型又はその混合類型となります。

2　売買か請負かの区別の問題

　では、問題となっている取引が請負型か売買型か（又はその混合型か）はどのように区別するのでしょうか。

「売買」は、代金と引き換えに商品等を引き渡すことを本質とするのに対し、「請負」は、労務によって仕事を完成させることを主眼とします。

　下請事業者からの納品物が一般の市場からも入手可能な代替物であれば、単なる継続的な「売買」の繰り返しといえますが、下請取引の場合単に代替物を発注するケースは少なく、目的となる製品は、親事業者が特定の規格を指定して、下請事業者がその規格に従って製造した物を親事業者に納品するのが一般です。したがって、代金と引換えに物を引き渡すので売買の側面もありますが、下請業者が一定の仕事の完成を目的とするともいえ、請負としての側面も否定できません。

　ある取引が、具体的にどちらの規定に服するかは、製造品の種類、材料の負担、規格の内容等、親事業者から下請事業者に対する委託内容によりケースバイケースとなります。

　したがって、質問の事例においても、売買と請負のいずれの規定が適用されるかはこれらの諸要素を具体的に検討したうえでケースバイケースとなるということになります。

　本項では、売買に関する規定の説明を行い、請負に関する規定については、次項で解説します。

　このように、裁判になった場合、ある契約に民法上のどの規定が適用されるかの事前判断は困難ですから、基本契約等において当該契約に相応しい取決めを行っておくのが適当です。

3　売買に関する法律上の瑕疵担保責任

⑴　現行民法上の規定

　納品した下請事業者に民法上の瑕疵担保責任が発生するのは、納品した製品に「隠れたる瑕疵」があった場合に限られます。「隠れたる」とは、

取引上要求される通常の注意を払っても発見できない瑕疵のことを言います。

この場合には、瑕疵を知った時から1年以内であれば、親事業者は下請事業者に対し、損害賠償請求を行うことができますし、その瑕疵により契約の目的が達成できない場合には、契約を解除することができます。代金の減額請求は規定されていませんが、損害賠償請求を行うことで、実質的には代金の減額を行ったのと同じ結果を得ることが可能です。

代品請求や補修請求については現行民法上は認められていません。現実的な解決としては、代替物なら代品の納品、不代替物なら補修で対応できる余地を認めるのが妥当ですが、法律解釈としてこれを認めるかは、瑕疵担保責任の法的性質と関連して議論があり、定説はありません。

したがって、代品の納品や補修による解決の余地を残したい場合には、取引基本契約等において、具体的に定めておくことが望ましいですし、仮にかかる特約を定めていなくとも、当事者間の解決方法として代品請求や補修等によることが妨げられるわけではありません。

なお、民法改正後は、目的物が特定物か不特定物か否かに関わらず、契約の内容に適合しない物が納品された場合、一定の要件の下、代品の納品、補修、代金の減額、損害賠償の請求及び契約の解除（一般的な債務不履行責任の追及）を行うことができます（改正後の民法562条、563条、566条）。

(2) 商法上の規定

親事業者と下請事業者は、両者とも商法上の「商人」であることが通常です。この場合、瑕疵の調査義務につき、商法上の定めが存在します。

つまり、買主（親事業者）が目的物を受け取ったときは、遅滞なくこれを検査し、瑕疵があることや数量に不足があることを発見したときは、直ちに売主（下請事業者）に対してその旨の通知をしなければならない、とされています（商法526条1項）。これは、商人であれば専門知識もあり、瑕疵を容易に発見できるということと、瑕疵につき善意の売主に善後策を講じる機会を付与するためです。

そこで、売買の目的物に直ちに発見することができない瑕疵があった場合でも、目的物を受取った後6か月以内に上記と同様の通知をしなければならず、この期間を徒過すると責任追及が出来ない反面、下請事業

者が瑕疵を知っていた場合には、その場合でも責任追及が可能となります（商法526条2項）。

　したがって、通常は受領後6か月の制約がありますから、これを避けたい場合には、担保責任を追及できる期間についての特段の定めを基本契約書等で定めておくことが必要です。

8　下請事業と損害賠償請求

> *Question 2*　当社は、ソフトウェアの開発を下請事業者に委託していますが、納品されたソフトウェアが当社が考えていた仕様と異なります。下請事業者に修正して貰いたいのですが、費用はどちらが負担するのでしょうか。また、修正までの間システムプログラムが使用できないことで損害が生じるのですが、損害賠償請求が出来るのでしょうか。

● Answer 2

　原則として、下請事業者の費用で修補を求め、損害賠償請求を行うことも可能ですが、損害賠償の範囲については、公平の観点から合理的な範囲に制限される可能性があります。

　なお、改正後は、請負の担保責任の特則規定が大幅に削除され、一定の要件の下、下請事業者（請負人）に対し、修補請求、報酬の減額、損害賠償の請求及び契約の解除（一般的な債務不履行責任の追及）を行うことができます（改正後の民法636条及び637条参照）。

1　瑕疵修補請求

(1) 民法上の規定

　ソフトウェアの作成を委託するような場合には、プログラムの記録媒体の移転ではなく、ソフトウェア自体の完成が主目的ですから、一般に請負契約に当たります。

　請負の瑕疵担保責任は、売買のような「隠れたる瑕疵」に限らず、明らかな瑕疵でも問題となります。なお、担保責任を負わない旨の特約も有効ですが、その場合でも知っていて告げなかった事実については責任を負います（民法640条【改正後は削除】）。

　仕事の目的物に瑕疵があるときは、注文者は、請負人に対し、相当の期間を定めてその瑕疵の修補を請求することができます。瑕疵が重要でなく、且つ、修補に過分の費用を要するとき（民法634条1項但書【改正後は現行民法634条1項但書に相当する規定なし】）や注文者の指示によって瑕疵が生じた場合には、修補請求は出来ませんが、請負人である下請事業者が指示の不適切なことを知っていて告げなかった場合には、このような場合でも修補請求を妨げません。

下請法の適用がある場合には、「不当なやり直し」（下請法4条2項4号）との関係で、瑕疵の有無や瑕疵の原因がいずれの当事者にあるのかについて紛争になりやすいので注意が必要です（詳細は、第3章2⑵サ(イ)参照）。

⑵　情報成果物に関する注意点

　ソフトウェア作成等の情報成果物作成委託においては、給付物が要求を満たすものかどうかは微妙な評価を伴う場合が多く、事前に基準を明確にすることは困難です。さらに、瑕疵がどちらの責任なのかも一義的に判断できないのが通常です。後日の紛争予防のため、作成過程においても仕様に関する不明点が生じた場合には当事者間で十分な協議を行いながら委託内容を明確化していくことが必要ですし、給付後に瑕疵が問題となった場合にも、修正費用の負担等については協議の上、柔軟な対応をすることが必要です。下請法の適用がある場合には特にこの点が「不当なやり直し」に当たるかどうかの判断に影響を与えることになります。

2　損害賠償請求

　次に、注文者は、瑕疵の修補に代えて、又はその修補とともに、損害賠償の請求をすることができ（民法634条2項【改正後は現行民法634条2項に相当する規定なし】）、瑕疵の修補が可能な場合でも、瑕疵の修補を請求せず、直ちに修補に代わる損害賠償請求が出来るとされています。

　なお、損害賠償の範囲については、通商産業省のガイドラインにおいて、「損害発生の直接の原因となった当該ソフトウェアに対する支払い済みの代金相当額」とされており、特約に損害賠償に関する定めを置く場合でもこのガイドラインに従うか、これに準じた制限を加える例が多いと言えます。

3　契約解除

　瑕疵が重大なため、契約の目的が達成できない場合には、注文者である親事業者は、契約を解除できます（民法635条【改正後は削除】）。

4　担保責任の存続期間

　これらの請求は、仕事の目的物を引き渡した時から、引き渡しを要しない場合には仕事の終了時から、1年以内【改正後は「仕事の目的物が契約内容に適合しないことを知った時から1年以内」】にしなければな

りません（民法637条【改正後の民法637条1項】）が、特約によって10年の範囲で伸張することができます（民法639条【改正後は削除】）。

「現行民法上の瑕疵担保責任の規定」

	売主の瑕疵担保責任	請負人の担保責任
瑕疵の種類	隠れたる瑕疵	隠れたる瑕疵に限らない
内容	・損害賠償請求 ・契約解除（契約の目的が達成できない場合）	・瑕疵修補請求（但し、例外有り） ・損害賠償請求 ・解除（契約の目的が達成できない場合）
除斥期間	買主が瑕疵を知った時から1年間（但し、商人間の場合の特則あり）。	仕事終了時又は引渡時から1年間。（但し、特約により10年まで伸張可能。）

9　所有権移転時期

> **Question**　当社は、工作機械の周辺機器を製造していますが、その部品の製造を下請事業者に委託しています。完成品の所有権は当社にあるのでしょうか、それとも、下請事業者にあるのでしょうか。

● **Answer**

1　所有権移転時期を確定する意義

給付物の所有権がいつ移転するかは、目的物が滅失した場合の危険の移転（本章6参照）や費用負担の帰属、親事業者又は下請事業者が倒産した場合における目的物の取り戻し等に関して確定する必要があります。

2　売買の場合

民法上は、「意思表示のときに移転する」（民法176条）とされていますが、「意思表示のとき」がいつを指すのかは曖昧です。原則的には、売買契約があればその時点で所有権は買主に移転しますが、例外的に、別段の合意があればそれにより、また、契約時に目的物が特定していない場合には、目的物が特定した時点で所有権が移転するとされています。

売買契約と評価できる場合でも、契約時や引渡対象物の特定時に所有権が移転することが取引慣行に乖離することは少なくありませんから、やはり別途契約において当該契約に相応しい所有権移転時期を合意しておくべきでしょう。

3　請負の場合

(1)　請負の場合にも、仕事の完成による引渡対象が「物」である場合については、所有権の移転時期を確定する必要があります。但し、契約時には目的物は存在していませんから、売買の場合と同様に考えることはできません。

そこで、判例は、材料をどちらが供給したのかを基準として下記のような判断を行っています。これらは「建物」の場合の判例ですが、動産の場合でも基本的には同様に考えられています。

①注文者が材料の全部又は重要部分を提供した場合は、完成時から注文者に帰属し、②注文者と請負人の両者が一部ずつ材料を提供した場合は、民法の加工の規定（民法246条2項）にしたがって、材料の主要部分を供給した者が所有権を取得し、③請負人が材料の全部又は

重要部分を提供した場合は、完成物の所有権は請負人にあり、意思表示や引渡により所有権が移転するとされています。

(2) 情報成果物の著作権

　プログラム作成委託等の情報成果物の移転が問題となる場合には、プログラムの記録媒体等の所有権よりも、むしろ情報成果物の著作権等、知的財産権の移転が重要です。著作権の世界では、原則として開発者に著作権が帰属するので（著作権法14条、15条２項等）、何らこれに関する取決めがないと、著作権等を必要とする発注元の親事業者との間でトラブルになりがちです。したがって、情報成果物の検収時に知的財産権が移転する等、特約で著作権等の移転時を明示しておくことが必要です。

4　まとめ

　いずれにしても、本章７（下請事業と瑕疵担保 Question1）で述べたとおり、売買か請負かの区別は一義的に確定できない場合が多く、また、上記の法解釈上の基準では当事者にとって不都合な場合も少なくありません。したがって、基本契約書において、検品完了時を所有権移転時期とする等、所有権移転時期を明確にしておく必要があります。

10　契約締結上の過失

> *Question 1* 契約が成立しなくても、責任が生じるのはどのような場合でしょうか。

Answer

1　契約締結上の過失の意義

契約準備交渉段階に入った当事者間の関係は、なんら特別の関係にない者の間の関係よりも緊密であるといえます。そこで、そのような関係にある当事者は、相手方に損害を被らせないようにする信義則上の義務を負い、自らの責めに帰すべき事由によりその義務に違反して相手方に損害を生じさせた場合には、不法行為責任以上の義務を負うとするのが、いわゆる「契約締結上の過失」の法理です。

2　契約締結上の過失の類型

(1)　契約の原始的不能の場合

例えば、家屋の売買契約を締結したところ、目的の家屋が契約締結前に焼失していた場合のように、締結された契約の内容が客観的に不能（原始的不能）であるために、契約が不成立ないし無効となる場合に、各契約当事者は契約を締結するにあたって、特に注意して、無効な契約を締結することによって相手方に不測の損害を被らしめないようにする信義則上の義務を負っていることから、過失によって無効な契約を締結した者は、相手方がその契約を有効なものと誤信したことによって被る損害を賠償する責任があるとされています。

(2)　契約締結の準備段階に過失があり、不利な内容の契約を締結させられた場合

例えば、素人が銀行に対して相談や問い合わせをした上で一定の契約を締結した場合に、その相談や問い合わせに対する銀行の指示に誤りがあって、顧客が損害を被った場合や、電気器具販売業者が顧客に使用方法の指示を誤って、後でその品物を買った買主が損害を被った場合のように、契約締結の準備段階において過失があり、その誤った指示が債務内容とならないために不履行の責任を課しえない場合にも、誤った指示を動機として契約関係に入った以上は、契約における信義則はその時期まで遡って支配すると考えられることを理由に、賠償責任を認めるべき

であるとされています。

(3) **契約締結の準備段階において過失があったが、契約締結に至らなかった場合**

例えば、マンション販売業者が相手方の希望を入れて設計の変更、工事の手直しまでしたにもかかわらず、契約締結まで至らなかった場合のように、契約締結の準備段階において過失があり、結局契約を締結するに至らなかったときも、契約における信義則を理由として賠償責任を認めるべきとされています。

3　契約締結上の過失の法的性質

契約締結上の過失による責任の法的性質については、当初は不法行為上の責任とする見解が有力でしたが、現在では契約法上の問題として債務不履行によって処理すべきだという学説が有力です。

4　契約締結上の過失の要件

契約締結上の過失に基づく責任を認める要件は以下のとおりです。

(1) **契約の締結に当たり過失があったこと**

過失によって原始的不能な契約を成立させたこと、または契約の成否にかかわらず契約の準備段階または交渉過程に過失があったことを要します。

(2) **相手方の善意・無過失**

相手方が善意・無過失であることを要します。

(3) **相手方の信頼利益が害されること**

相手方の信頼が害され、それによる損害があったことを要します。

> *Question 2* 契約締結上の過失に基づいてなされる損害賠償の範囲は。

● *Answer*

　契約締結上の過失に基づいてなされるべき損害賠償の範囲は、原則として、相手方がその契約を有効と信じたことによって生じた損害、いわゆる信頼利益と呼ばれるものに限られます。例えば、土地の売買契約を有効と信じて土地を調べに行った調査費用、代金支払のために融資を受けた利息、第三者からの有利な申込みを拒絶したことによる損害です。

　従って、契約が有効であり、それが完全に履行されていたら債権者が受けた利益である履行利益は請求できないことになります。例えば、目的物の利用や転売による利益などは請求できないことになります。

　また、賠償されるべき信頼利益の額は、履行利益の額を超えることはできません。これを認めたのでは契約を有効と認めた場合以上の利益を相手方に与えることになるからです。

> 【コラム】「契約締結上の過失」に関する他の見解
> 　ただし、上記のような伝統的な立場に対しては疑問も出されています。例えば、原始的不能と後発的不能（この場合は履行利益の賠償が認められます。）とで法律効果が大きく異なるのは不当であると批判して、原始的不能の場合にも履行利益の賠償を認める見解や、原始的不能のすべての場合を一律に無効とすべき必然性はないとして、当事者双方が給付の客観的・原始的に不能なることを認識していた場合には虚偽表示に準じて無効とし、当事者の双方が給付の客観的・原始的に不能なることを知らず、主観的には不能・可能の不明瞭な状態で不能な場合のリスクを甘受する意図で契約を締結する場合（一種の投機行為）には、契約を有効として反対給付債務の成立を認めるべきであるとの見解も提示されています。

第5章 下請代金の回収・保全

第5章 下請代金の回収・保全

1 回収・保全の総論

> **Question** 下請代金の回収方法について、教えてください。

● **Answer**
- 債権回収の方法としては、親事業者との合意による方法と、親事業者との合意によらない方法とがあります。
- どの方法がもっとも効果的か選択するためには、日頃からの情報収集が重要になってきます。

1 債権回収の方法

(1) 親事業者との合意による方法

直接親事業者に対して請求し、支払ってもらうのがもっとも単純な方法です。その結果、当初の契約内容通りではなくとも、支払期限を延期したり、あるいは、分割払いで支払ってもらうなどで合意することができる可能性もあります。

(2) 親事業者との合意によらない方法

上記は、あくまで親事業者が支払いについて合意した場合になし得る回収方法です。合意ができない場合には、相殺や、商事留置権の主張などによって回収をする方法が考えられます。また、根抵当権などの物的担保や、保証人等の人的担保を取っている場合には、担保権の実行や保証人への請求といった方法をとることもできます。こうした様々な方法については、次頁以降の2項及び3項で詳しく説明します。

2 債権回収の心構え

しかしながら、債権回収を検討しなければならないような状況のときに、親事業者が快く支払いについて合意してくれるとは限りませんし、下請事業者が親事業者に対して予め担保を取っておくことは、実際には困難です。

そこで、いざというときに、どの方法が債権回収に一番効果的か判断するためには、日頃から親事業者の各種情報を収集し、実態把握に努め

ることが重要でしょう。親事業者が所有している財産の価格・換金性の高低、取引金融機関と支店、親事業者の有する債権や取引先、そして、親事業者だけでなく、代表者や取締役など関係者の弁済能力まで、できる限り正確に幅広い情報を集めておくと、判断材料にすることができます。

2　回収方法

> Question　下請代金を支払期日になっても支払ってもらえません。何をすればよいでしょうか？　今後の取引も心配です……。

●Answer
- 裁判所での手続きを経ずに回収する方法と裁判所での手続きを経て回収する方法とがあります。
- また、継続的取引契約であっても、親事業者の支払能力が著しく低下して、今後の代金回収に不安がある場合には、物品の提供を停止することができます。

●裁判所での手続きを経ずに回収する方法

1　直接交渉

　下請代金を支払ってもらえない場合は、まず、親事業者に直接支払を求めることになるでしょう。その際、口頭での請求や請求書の送付だけでなく、内容証明郵便で請求すると、○年○月○日に誰から誰宛に、どのような内容の文書が差し出されたか、日本郵便株式会社が証明してくれますので、後日、裁判等になった場合の証拠として有用です。

　親事業者に対する請求の結果、仮に分割払いや支払期日を延期しての一括払いをしてもらうことで合意ができた場合、合意の内容を公正証書にしておいたり、合意した支払期日を決済日とする約束手形を振り出してもらう等すると、万が一、不払いがあった場合、代金の回収がしやすくなります。

2　債権譲渡

　また、親事業者が第三者に対して有する債権を譲渡してもらい、第三者から代金分を回収するという方法もあります。この場合は、親事業者からその債務者である第三者に対し、債権譲渡をした旨の通知を出して

もらうか、債務者である第三者に、債権譲渡について承諾した旨の通知を出してもらうかする必要があります。

3　相殺

あるいは、下請事業者が親事業者に対して金銭債権を有している場合は、その債権と下請代金債権とを同額分について相殺することで、代金を回収することもできます。この場合、下請事業者は、親事業者に対して相殺すると通知を出すことで、支払うべき金銭債務の支払いをせずに、下請代金に充てることができるのです。

●裁判所での手続きを経て回収する方法

1　支払督促

支払督促とは、債権者の申立てに基づき、裁判所から金銭の支払いをするよう督促してもらう手続きです。この督促に対しては、債務者が2週間以内に異議の申立てをしなければ、支払督促に仮施行宣言をつけることもできますので、債権者はこれにより強制執行の申立てをすることも可能です。

手続きが簡単で迅速、費用も低額で、債務名義（判決や和解調書などの、執行することができる債権であることが公に認められたもの。）が取得できますので、代金回収方法として有用です。

ただし、債権者から異議がでると、通常の訴訟手続きに移行してしまいますので、債権の内容や金額について争いがあるような場合には向きません。

2　少額訴訟

少額訴訟とは、60万円以下の金銭の支払いを求める訴えについて、原則として1回の審理で紛争を解決する特別の手続きです。通常の民事裁判のように、訴えた者の言い分を認めるかどうかを判断するだけではなく、一定の条件のもとに、裁判所が、分割払い、支払猶予、訴え提起後の遅延損害金の免除等を命ずることができますし、話し合いで和解する解決もできます。

少額訴訟で出た判決も、確定すれば債務名義となります。この手続きも費用が低額で済みますし、迅速に判決が出ますので、代金回収方法として有用ですが、手続きの利用回数は1年に10回と定められています。

他方で、紛争の内容が複雑だったり、証人が複数人いて一回の審理で終わらないことが予想される場合は、裁判所の判断で通常の訴訟手続きにより審理されることもあります。

3　通常訴訟

前記1、2の手続きの利用になじまない複雑な事案や、請求額が高額な場合は、相手方に対する請求金額に応じて（140万円以下の場合は簡易裁判所、140万円を超える場合は地方裁判所）、裁判所に対して訴えを提起し、双方が主張・立証を尽くし、勝訴判決を得て代金回収を図るということになります。

通常訴訟の場合は、前記1、2の手続き以上に専門的な知識が必要になってきますので、弁護士にご相談されることをお勧めします。

4　強制執行

前記1から3のいずれの方法でも、判決などで権利が認められたからといって、自動的に相手が支払ってくれるとは限りません。判決が出ても、支払をしようとしない相手に対しては、強制執行を行うことが必要になってきます。

強制執行は、債務名義を得た債権者の申立てに基づいて、債務者に対する請求を、裁判所が強制的に実現する手続きです。不動産に対する執行手続き（強制競売手続き、担保不動産競売手続き）、債権その他の財産権に対する執行手続き等があります。不動産に対する執行手続きは費用と時間がかかりますので、執行による代金回収の可能性については慎重に見極める必要があります。

不動産に対する執行手続きに比して、金銭債権に対する強制執行は費用が低額であり、手続きも簡易、迅速です。具体的には、債務者の預貯金債権や取引先に対する売掛金債権に対して執行手続きをしていくことになります。

5　本問の場合

下請代金に関しては、親事業者との契約書などがあり、支払金額や支払時期などが明確になっている場合には、支払督促や少額訴訟で債務名義を得るとよいでしょう。

また、訴訟は判決を得ることが最終目標ではありますが、判決を得るまでに話合いで和解ができる場合もありますので、交渉の端緒となり得

るという利点もあります。

そして、債務名義を取得し、執行の段階まで来たら、日頃収集しておいた情報を活かして、適切な執行方法を検討しましょう。

●今後の取引をどうすべきか
1　物品提供の停止

下請代金を支払ってくれないような親事業者との間で、契約を継続していくことは、下請事業者にとって不安でしかありません。とはいえ、親事業者とは継続的取引契約を締結している場合も多く、そうした場合に、当面の取引についてどのような対応を取るべきかが問題となります。そのような場合には、物品の提供を停止することが考えられます。

(1)　同時履行の抗弁

同時履行の抗弁とは、売買契約における代金支払債務と商品引渡債務のように、契約当事者が相互に対価的意味を持つ債務を負担する場合に、相手の債務が履行されるまでは、自分の債務も履行しないという主張ができるものです。

そこで、支払がなされないときに、まだ物品の提供をしていないのであれば、支払を得るまでは物品の提供を停止するとすることで、対抗することが考えられます。

(2)　不安の抗弁

もっとも、下請代金が支払われない時点では、下請事業者は既に物品を納入済みであることが考えられます。

そこで、下請代金が支払われないことを理由に、今後の物品の提供を停止することができるかが問題となります。

しかし、継続的商品取引契約の場合は、取引商品の供給が止まることで、買主の命運が左右されることもあるため、軽度の債務不履行があっただけでは物品の提供を停止することができないとするのが裁判所の考え方です（東京地判昭和47年5月30日）。

逆に、継続的売買契約の締結後、買主の支払能力が著しく低下し、契約に従って物品を供給していたら代金回収ができない事由があり、かつ、支払を確保するため、担保の提供を求めるなどの不安を払しょくするための処置を求めたにもかかわらず、それが拒否されるなど代金回収の不

安が解消されないような場合には、商品の納入を停止できるとされています。こうした理由で債務の履行を拒絶することを、不安の抗弁といいます。

本問でも、親事業主の支払能力に不安が出てきて代金回収ができないような状況であれば、担保の提供を求めて回収を図ることが考えられますが、そうした要求を拒否されるような場合には、下請事業者も納入を停止することができることになります。

3　保全

> Question　下請代金を支払ってもらえない場合を考えて、予め備えておく方法はありますか。

● Answer
- 支払いがなかった場合に備えて、予め担保を取っておくことが考えられます。担保には人に対するもの（人的担保）と物に対するもの（物的担保）とがあります。
- 支払督促や訴訟をする場合に備えて仮差押えや仮処分といった保全処分を行うことも考えられます。

1　人的担保の取得

(1) 人的担保とは

親事業者から下請代金を支払ってもらえない場合に備えて、下請代金が確実に回収できるようにする手段としては、担保をとっておくことが考えられます。

債務者以外にも債務を履行する人を確保することで債権の回収の担保とすることを人的担保といいます。

(2) 保証人

人的担保の代表的なものは、保証人です。

下請代金の支払債務を確保するために、親事業者に対して、保証人を求めることが考えられます。

保証人とは、主たる債務者が債務を履行しない場合に、その履行を行う債務を負う人のことをいい（民法446条）、債権者と保証人との間で債務の保証契約を締結することによって債務の保証が行われます。

保証人には、通常の保証人と、連帯保証人という種類があります。

　通常の保証人は、債権者から保証人に債務の履行を請求したときに、まず先に主たる債務者に催告をするように求めることができ（催告の抗弁権、民法452条）、また、主たる債務者に、資力があり、執行が容易にできる場合には、財産に対して執行を行うまで自分の保証債務を履行することを拒むことができる（検索の抗弁権、民法453条）とされています。そのため、保証人に債務の支払いを請求する前に、まず主たる債務者に対して、債務を支払うように請求をしたり、主たる債務者の財産に執行を行ったりすることが必要となります。

　これに対して、連帯保証人には、催告の抗弁権も検索の抗弁権もないため、債権者は最初から連帯保証人に対して支払いを求めることができるため、連帯保証人は主たる債務者と同じ債務を負うことになります。このようなことから通常は保証人を求める場合は、連帯保証人を求めることが多く行われています。

2　物的担保の取得

(1)　物的担保とは

　下請代金の回収を確実にする手段として、親事業者から、特定の物を担保としてとることが考えられます。

　このように物の価値を担保とすることを物的担保といいます。

　物的担保には、民法に定められているものとして、質権、抵当権、留置権、先取特権の4つの種類があります。このうち、質権と抵当権は当事者が合意することによって生じるものですが（約定担保物権）、留置権と先取特権は、法律の要件を満たせば、当事者が合意しなくても生じる権利です（法定担保物権）。

　この他に、法律に定められていませんが、取引のなかで慣習として行われている物的担保として、譲渡担保、所有権留保、仮登記担保などがあります。

(2)　質権（民法342条以下）

　質権は、質権者が債権の担保として受け取った物を占有し、債務者が債務の履行をしない場合には、その物を換価して、他の債権者に優先して、債権の弁済を受けることができるというものです。

質権は、動産や不動産、債権などの権利にも設定することができます。ただ、動産質は、実際に回収を図ることがむずかしく、また、不動産質は実際にはほとんど利用されていません。

(3) **抵当権**（民法369条以下）

抵当権は、債権者が抵当権設定者（債務者または物上保証人）の占有を移さないで債務の担保に供した物件について、債務者が債務の履行をしない場合には、その物を換価して、他の債権者に優先して、債権の弁済を受けることができるというものです。

抵当権は、土地や建物といった不動産に設定されることがほとんどですが、地上権や永小作権という権利に設定することもできます。

(4) **留置権**（民法295条以下、商法521条）

留置権は、他人の物を占有している者が、その物に関して生じた債権の弁済を受けるまで、その物を自分のもとに置いておくことができるというものです。

これに対して、商事留置権は、商行為となる行為によって生じた債権が弁済期にあるときに、債権者が、その債権の弁済を受けるまで、その債務者との間における商行為によって自己の占有に属した債務者の所有する物又は有価証券を留置することができるもので、その物に関して生じた債権である必要がないので、継続的な取引で生じた債権の回収に役立ちます。

また、民事上の留置権は、債務者が破産をした場合には優先的な効力は認められませんが、商事留置権は、債務者の破産の場合には特別な先取特権とみなされて、優先的に弁済を受けられるという点で有利です。

(5) **先取特権**（民法303条以下）

先取特権は、一定の種類の債権を有している債権者は、他の債権者に先立って、債務者の財産から、債権の弁済を受けることができるものです。

先取特権には、債務者の総財産に対して行使することができる一般先取特権（民法306条以下）、債務者の特定の財産に対して行使することができる動産先取特権（民法311条以下）、不動産に対して行使することができる不動産先取特権（民法325条以下）があります。

また、民法上規定されている先取特権のほか、特別法において規定さ

れている先取特権もあります。

(6) **譲渡担保**

譲渡担保は、債権者が債権の担保にする目的で、所有権などの財産権を債務者などから譲り受けて、債権の履行が行われればその財産権を返す、しかし、債務の履行が行われなかった場合には債権者がその財産権を取得したり処分することで債権の弁済にあてるというものです。

3 その他の保全処分等

訴訟など、裁判所の手続きを経て回収する方法をとる場合に、予め債務者の財産を確保しておくための手続を保全処分といいます。保全処分には、仮差押えと仮処分とがあります。

(1) **仮差押え**

仮差押えは、債権者の金銭債権の将来の回収を図るために、債務者の財産の現状を維持するものです。金銭債権を回収するためには、原則的には判決等の債務名義を得て、強制執行を行うことになりますが、債務名義を得るまでに時間がかかることが多く、その間に債務者が執行の対象となっている財産を処分するなどすると、その後の強制執行が不可能となってしまいます。そこで、金銭債権について執行を保全するため、債務名義をとる前の段階で、仮に、債務者の財産の一部を処分できないようにするのです。例えば、預金債権であれば、仮差押えがされると下ろすことができなくなります。

ただし、仮差押えは債務名義をとるまでの間、仮に押さえておくものですので、仮差押えがなされても、実際に強制執行ができるのは債務名義が取れてからとなります。

(2) **仮処分**

仮処分には、係争物に関する仮処分と仮の地位を定める仮処分とがあります。係争物に関する仮処分は、仮差押えと同様に将来の強制執行を保全するものですが、金銭債権ではなく、特定物に対する引渡請求権等を目的とする点が異なります。例えば、不動産について、その売却をされたくないという場合には、処分禁止の仮処分の申立てを行い、その登記をしてもらうことによって、売却に対抗できるようにすることができます。

仮の地位を定める仮処分は、債権者の将来の執行を保全するものではなく、争いのある法律関係について、現在債権者に生じる著しい損害または急迫の危険を避けるため、暫定的な措置をするものです。

(3) その他の自衛手段

正確には保全処分には当たりませんが、下請事業者が親事業者に対し、下請代金の支払いを確保するためには、可能な限り準備をしておくことが大切です。

たとえば、契約時に契約書を作っておくことや、請書や請求書を書面で作って送っておくことなどは、いざ未払いが起きたときに証拠が残っているので、交渉をするときの根拠になりますし、訴訟でも有利です。

また、「裁判所での手続きを経ずに回収する方法」でも触れましたが、支払いを請求する際に内容証明郵便で請求することや、支払期限の延期や分割払いについて合意したときに公正証書にすることも有用です。

4　本問の場合

以上のように、下請代金の支払いが滞ったときのためには、担保を取っておくのが確実です。

保証人としては、親事業者の代表者や関連企業など、資力のあると思われる人・法人が良いでしょうし、担保物件は、回収可能性があるものを選ぶようにしなければいけません。

下請事業者としては、親事業者に対してなかなか担保を付けてほしいとか、保証人を付けてほしいとは言い出し難いものです。ですが、親事業者の方から、支払いを延期してほしいとか、分割払いにしてほしいなどの要求があった際には、こうした提案をしてみるのも一つの手です。

剛柔合わせて、最大限債権を回収できるよう取り組みましょう。

4　親事業者（注文主）の倒産（破産や民事再生の場合）

> *Question 1*　親事業者（注文主）が倒産した場合（破産や民事再生の申立をした場合）、親事業者（注文主）と下請事業者の契約関係や下請代金はどのような法律が適用されて処理されるのでしょうか。

● Answer

　親事業者（注文主）が倒産した場合の法律関係は、下請法のみが適用されるのではなく、民法及び破産法や民事再生法等が適用されて法律関係の処理がされます。

　会社や人がいわゆる「倒産」した場合に適用される法律には、破産法や民事再生法などがあります。破産法は清算型（債務者の一切の財産を解体換価して清算することを目的とし、従って、債務者の事業も廃止される結果となるもの）の典型であり、民事再生法は再建型（破産を防止し、とくに債務者が事業を営む場合にそれを維持することを目的とするもの）の典型です。

　以下では、親事業者（注文主）が、破産の申立をした場合や民事再生の申立をした場合などケースを分けて解説します。

> **Question 2** 当社は、婦人服の製造メーカーですが、親事業者であるスーパーから、同スーパーのブランドを付して販売するいわゆる「プライベートブランド（PB）商品」である婦人服について、下請事業者として、親事業者から生地などの材料の提供を受けて製造・納品しています。親事業者が破産申立てや民事再生の申立てをした場合、当社がすでに製造した婦人服とその代金はどのようになるでしょうか。

● Answer

- 親事業者が破産した場合は、下請事業者も親事業者（の破産管財人）も契約の解除をすることができますが、それまでに発生した報酬は破産債権となるので回収は困難です。他方、親事業者の破産管財人が契約の履行を求めた場合は、それ以降の仕事の報酬は財団債権となるので、支払ってもらえるのが通常です。
- 親事業者が民事再生手続を開始した場合は、再生債務者である親事業者が契約の解除か履行かを選択することができますが、履行が選択された場合、報酬は共益債権となり、支払ってもらえるのが通常です。

●親事業者が破産した場合

1　契約の性質

下請事業者が、親事業者であるスーパーから、婦人服の製造の注文を受けて婦人服を製造し、納品する契約は、民法上の請負契約（民法632条以下）と考えられます。請負契約の途中で注文主である親事業者が破産した場合は、契約の相手方である請負人（下請事業者）と、注文主とは、双方が契約を解除することができます。

もっとも、改正法では、請負人からの解除は、仕事完成前に限るとされています（改正後の民法642条2項）。

なお、注文主である親事業者は、破産後は破産管財人に財産の換価処分権限が移りますので、破産管財人が意思表示を行います。

2　下請事業者からの契約解除

請負人である下請事業者から請負契約を解除した場合、注文主の破産管財人から請負契約を解除した場合のいずれの場合でも、解除までに請

負人が行った仕事の結果は、破産財団に属すると解されていますので（最判昭和53年6月23日）、貴社が既に製造している婦人服は、注文主の破産管財人に引き渡さなければなりません。他方、請負人が解除までに行った仕事の報酬については、出来高に応じた報酬とこの報酬に含まれない費用については破産債権となってしまうので（民法642条1項後段）、破産債権としてわずかな配当しか受けられないことが多く、また、請負人から解除した場合には、損害賠償請求権も認められないこととなっていますので、請負人にとってはきわめて不利な状況になります。そこで、貴社としては、既に製造している婦人服を占有しているのですから、未払の請負代金が支払われるまでは製造した婦人服を貴社のもとに留置して、未払の請負代金が支払われるまで製造した婦人服を引き渡さないと主張したり、または、製造した婦人服を競売してその競売した金額から優先的に貴社の未払の請負代金の弁済を受けることができます。この権利のことを商事留置権といいます（商法557条・562条・589条・753条2項・会社法20条）。

3　親事業者の契約解除または履行の選択

(1)　契約解除の場合

　注文主である親事業者の破産管財人も、同様に契約解除を選択することができます。

　破産管財人からの契約解除の場合は、請負人からの契約解除の場合と異なり、請負人が解除によって被った損害について賠償を請求することが認められていますが、この損害賠償請求権も破産債権となりますので、わずかな配当しか受けられないことが大半です。

(2)　履行が選択された場合

　この点、請負契約の履行が選択された場合、破産手続開始後の請負人の仕事の対価としての報酬は、財団債権となり、ほぼ全額支払われることになります（破産法148条1項7号）。

　一方、履行が選択された場合、破産手続開始前の請負人の仕事の割合に応じた報酬については、争いがあり、請負の義務が不可分であることや当事者間の公平を理由として、破産手続開始の前後を問わず財団債権となり、ほぼ全額支払われるという考え方と、建築の請負契約などで、ゼネコンと下請事業者との契約については、建築請負契約の出来高に応

じて報酬が支払われる場合があり、契約が可分であると考えて、破産手続開始前の出来高部分に対する報酬は破産債権となり、配当によりわずかな金額しか支払われないという考え方があります。

4 まとめ

以上の点から、請負人である下請事業者としては、破産管財人の選択を待ち、解除が選択された場合には、商事留置権の主張を行って未払いの請負代金の回収を図り、履行が選択された場合には、契約に従って製品の製造・納入をするとともに、破産開始前の未払い報酬についても支払うよう、破産管財人と交渉することが考えられます。

なお、破産管財人と請負人の双方が、契約の解除も履行の選択も行わない場合には、いずれの当事者も相手方に対して相当の期間を定め、その期間内に契約を解除するか、履行の選択をするか催告することができ、相当期間内に回答がないときは、契約は解除されたとみなされますので、破産管財人がなかなか選択を行わない場合には、催告を行って選択を促すこともできます。

●親事業者が民事再生手続きに入った場合

1 破産の場合との違い

民事再生手続きが開始されると、親事業者である注文主は再生債務者と呼ばれ、再生計画を策定し、それに則った返済を行っていくことになります。

請負契約の途中で注文主に民事再生手続が開始された場合は、破産の場合と異なり、請負契約の相手方である請負人には、請負契約を解除できるという規定はありません（民法642条1項参照）ので、請負契約の途中で、注文主に民事再生手続が開始された場合は、注文主だけが請負契約を解除するか履行の選択をするかの選択権を持ち（民事再生法49条）、その相手方である請負人には、契約の解除権も履行の選択権もありません。

2 親事業者の契約解除または履行の選択

(1) 契約解除の場合

注文主が請負契約を解除した場合は、解除までになされた仕事の結果は、注文主に帰属し、他方、その対価である報酬と報酬に含まれない費

用は再生債権となり、わずかな配当しか受けられないという見解が有力であり、注文主の破産の場合とほぼ同じ扱いになります。

(2) 履行が選択された場合

注文主が請負契約の履行を選択した場合は、請負人の再生手続後の仕事の対価としての報酬は共益債権となり、ほぼ全額支払ってもらえます（民事再生法49条4項）。

他方、請負契約の履行が選択された場合の請負人の再生手続開始前の仕事の割合に応じた報酬については、破産の場合と同じく、再生手続開始の前後を問わず共益債権となり、ほぼ全額支払われるという考え方と、建築請負契約などのように出来高に応じて報酬が支払われる請負契約の場合は、契約が可分であるから、再生手続開始前の出来高部分に対する報酬は再生債権となり、わずかな金額しか支払われないとする考え方があります。

3 まとめ

民事再生の場合は、破産の場合と異なり、請負人からの解除はできませんが、注文主が解除または履行を選択した場合は、破産とほぼ同様に考えることができます。

もっとも、注文主が解除・履行の選択を行わないため、請負人が契約解除か履行を選択するかの催告をし、注文主から相当期間に回答がなかった場合は、破産の場合と反対に、注文主が解除権を放棄したとみなされ、契約が維持されますので注意が必要です。

> *Question 3* 当社は、建築工事の孫請会社です。現在も建築工事の最中ですが、下請会社に破産手続きが開始されました。仕掛途中の工事はどのようになるでしょうか。また、当社が下請会社に未払いの報酬債権を有している場合、元請会社から支払ってもらうことはできるでしょうか。
> また、下請会社の社員Aさんは、当社に大変よくしてくれたのですが、給与が未払いのままだそうです。下請会社と請負契約で働いていたBさんも、報酬をもらっていないというのですが、どうにかならないでしょうか。

● **Answer**

・元請会社と下請会社との間の請負契約において、請負代金債務を立替払いできる旨の条項(立替払条項)や、立替払いの結果生ずる立替払請求権をもって請負代金債務と相殺できる旨の条項(相殺条項)があった場合には、元請会社は、孫請業者からの請求に対して請負代金の立替払いをしてくれることが考えられます。

・Aさんが下請会社を退職後も給与が未払いのままであるときは、独立行政法人労働者健康安全機構から未払い賃金の立替払いを受けることができます。

・Bさんのような請負契約で働いていた個人の場合は、賃金の支払いの確保等に関する法律が直接適用はされませんが、請負契約の実態を見て、労働基準法9条にいう労働者に当たると認定された場合には、Aさんと同じく未払賃金立替払制度を利用できます。

●孫請会社の報酬債権について

1 契約の性質

　大規模な建築の請負契約については、注文主(施主)、元請会社(ゼネコン)、下請会社(第一次下請け)、その下請会社(第二次下請け)さらにその下請け(第三次下請け)というように重層下請けの形態が常態化しています。

　本件のように、元請会社、その下請会社、その孫請会社という形態で、中間である下請会社が破産した場合に、貴社の中途の工事や、その請負

代金債権はどのような影響を受けるのでしょうか。

　まず、貴社と請負契約の関係にあるのは、下請会社ですので、本件では、下請会社が貴社に対する注文主であり、貴社は、下請負会社に対する請負人の立場になります。

2　注文主破産の場合の原則

　請負契約の工事途中で、注文主（本件では、下請負人）に破産手続が開始されたのですから、前問の婦人服の製造メーカーの事案と同じく、注文者の破産管財人と請負人との双方が請負契約を解除することができます（民法642条１項前段）。そして、請負契約の解除の結果、請負人が請負契約解除までに行った仕事の割合（出来高）に応じた報酬とこの報酬に含まれない費用については破産債権となりますので、普通破産債権の配当としてわずかな支払いしか受けられないことになりますし（民法642条１項後段）、他方、解除までになされた請負の仕事の結果は、破産財団に帰属してしまう結果（最判昭和53年６月23日）、注文主の破産管財人から請負契約の工事の成果物の引き渡しを請求された場合は、引き渡しに応じざるを得ず、貴社としては、工事の成果物（建物）について、商事留置権を主張することになります。問題は、成果物（建物）のみならず、その建物の敷地についても商事留置権を行使できるかですが、下級審の判例は見解が分かれています。実務としては、請負人は建物のみならず敷地に対しても商事留置権が成立することを主張して、注文主の破産管財人と交渉をして話し合いにより解決することが通常です。

3　元請会社への請求の可否

　それでは、貴社としては、直接の請負契約の当事者である下請負人が破産した以上、貴社の請負工事代金は普通破産債権となり、わずかな配当しか受けられないことになりますが、貴社が元請会社に対して直接に請負代金を支払ってもらうように請求することはできないのでしょうか。

　元請会社としては、直接の下請会社が破産をして工事がストップしてしまい、早く工事を再開したいところですが、貴社が上記のように商事留置権を主張したり、工事現場において請負代金を支払ってくれるまで工事現場でストライキを行うようなことになると非常に困ります。

　そこで、元請会社としては、本来、下請会社に支払うべき請負代金を、直接に孫請会社である貴社に支払い、工事を早期に再開してもらい、孫

請会社である貴社に直接に支払った請負代金債権の立替払の債権と（下請会社が孫請会社に支払うべき代金を、元請会社が下請会社に代わって、立替払いをしたという意味）、元請会社が下請会社に支払わなければならない請負代金債務とを相殺しようと考えます。

　さらに、建設業法41条2項によれば、建設工事に従事している作業員（孫請負人）が、その所属する下請負人の破産などにより、給料などを支払ってもらえないとき、注文主から直接に建築工事を請け負った特定建設業者（元請負人）は、許可を受けた国土交通大臣または都道府県知事（許可官庁）から不払賃金の立替払いの勧告を受けることがあり、このような勧告を受けた特定建設業者（元請負人）は、勧告に従って孫請負人に、下請負人の未払いの賃金を立替払いして、その立替払いした債権と、特定建設業者（元請負人）が下請負人に支払わなければならない請負代金債務と相殺しようと考えます。

　しかし、破産法には、相殺制限の規定やその例外規定があるので（破産法71条1項1号、72条2項4号）、元請負人が、孫請負人に対して、請負代金の立替払いをした場合に下請負人に支払わなければならない債務との相殺が認められるのは、元請負人と下請負人との間の請負契約書等に、請負代金債務を立替払いできる旨の条項（立替払条項）、および立替払いの結果生ずる立替払請求権をもって、相殺できる旨の条項（相殺条項）があった場合などに限られます（東京地裁平成10年11月9日民事第28部和解・判タ988号・300頁）。

　また、建設業法41条2項の国土交通大臣または都道府県知事（許可官庁）の特定建設業者（元請会社）に対する不払い賃金の立替払いの勧告の私法上の効力については、「元請会社が、勧告に従って、再下請負人に対して不払いの作業工賃の立替払いをしても、これをもって下請負人に対する下請負工事代金の弁済があったとはいえない。したがって、元請負人は、下請負人に対して、下請負工事代金を支払わなければならない」（東京高裁昭和57年9月16日、判時1058号63頁、東京地裁昭和54年9月19日、判時953号74頁）という判例があります。この考え方に従い、元請負人が、勧告に従って、孫請負人に対して立替払いをしたとしても、下請負人に対する関係では何らの私法上の効力がないとすれば（下請負に払ったことにはならないという意味）、元請負人としては、

下請負人に対して相殺の主張をするしかありませんが、この相殺の主張は上記のとおり、破産法の相殺制限の規定により、下請負人との請負契約において予め「立替払条項」や「相殺条項」を規定していないと相殺の主張ができないことになります。元請負人としては、孫請負人に支払った後に、下請負人の破産管財人から請負代金を請求されて、二重に請負代金を支払わなければならない危険がありますので、孫請会社への立替払いについては、慎重に対応するでしょう。孫請会社としては、元請会社が、孫請会社に対して直接に未払いの請負代金や賃金を払ってくれるという場面は限られていることを理解しておいてください。

●未払賃金の立替払制度
1　賃金の支払の確保等に関する法律

　破産した下請会社が労働者災害補償保険の適用会社であり、そこで請負契約により働いていた場合の請負代金債権については、賃金の支払の確保等に関する法律（賃確法）7条に定めがあります。同条では、倒産した事業主を退職した労働者に未払い賃金があるときは、労働者の請求に基づき、政府が一定の範囲で倒産事業主に代わって未払い賃金の立替払いを行うことが定められており、この規定をうけて、独立行政法人労働者健康安全機構（以下「機構」といいます。）が事業主に代わって未払い賃金の立替払いを行い、立替払いをしたときは、機構が立替払金に相当する額について、立替払を受けた労働者の賃金請求権を代位取得し、事業主等に求償します（民法499条1項）。

　したがって、Aさんも退職後、未払い賃金がまだ支払われていなければ、機構から立替払いを受けることができます。

　これを未払賃金の立替払制度といい、概要は次の通りとなっています。

2　未払賃金の立替払制度の概要
(1)　立替払の対象となる者
① 　労災保険の適用事業で1年以上にわたって事業活動を行ってきた企業に労働者（労働基準法9条の労働者に限る。）として雇用されてきて、企業の倒産に伴い退職し、未払賃金が残っている者であること（ただし、未払賃金の総額が2万円未満の場合は除く。）
② 　破産等の倒産の場合は、裁判所に対する破産等の申立があった日、

事実上の倒産状態になったことについて労働基準監督署長の認定があった日の6か月前の日から2年間の間に、当該企業を退職した労働者であること。

(2) **立替払の対象となる賃金**

立替払の対象となる未払賃金とは、退職日の6か月前から機構に対する立替払請求の日の前日までの間に支払期日が到来している定期賃金及び退職手当であって未払いとなっているものです。

(3) **立替払される賃金の額**

立替払される賃金の額は、未払賃金総額の100分の80の額(その額に1円未満の端数がある場合は切り捨て)です。ただし、未払賃金総額には、年齢による限度額があり、未払賃金総額が限度額を超えるときは、限度額の80%となります。

(4) **立替払の請求ができる期間**

立替払の請求ができる期間は、破産法等法律上の倒産の場合は、裁判所の破産手続の開始等の決定日又は命令日の翌日から起算して2年以内に、事実上の倒産の場合は、労働基準監督署長が倒産の認定をした日の翌日から起算して2年以内に未払賃金の立替払請求書を機構に提出しなければなりません。

3 請負契約で稼働していた場合

では、下請会社と雇用契約ではなく、請負契約で働いていたBさんの場合はどうでしょうか。

問題は、本件のように、下請会社の下で請負契約の形で働いていた場合に、立替払の対象になるかです。上記の未払賃金の立替払制度の概要のとおり、立替払の対象となるのは、労働基準法9条の労働者に限られます。しかし、近年は、ご承知のとおり、雇用契約以外に請負または委任といった契約が増加し、使用者の指揮監督の程度、労働の態様の多様性、報酬の性格の不明確さ等から労働基準法上の労働者か否か容易に判断できない場合が多くなっています。

このような場合の労働者性の判断に当たっては、請負契約とか委任契約といった形式的な契約の形式の如何にかかわらず、実質的に使用者との間の使用従属関係を労務提供の形態や報酬の労務対償性及びこれらに関連する諸要素をも勘案して総合的に判断することになります。本件で

は、下請会社の下で請負契約で働いていた者が、例えば、下請会社から、通常の注文主が行う程度の指示を超えて、具体的な指揮命令を受けていたり、勤務場所や勤務時間を指定されて管理されていたり、報酬が時間給を基礎として計算される等、労働の結果による較差が少なく、欠勤した場合には応分の報酬が控除されるなどしている場合は、労働基準法9条の労働者と認定されることが多いでしょうから、未払賃金立替払制度を利用することもできます。

　したがって、Ｂさんの稼働の実態によっては、未払賃金の立替払制度を利用できることになります。

第6章 継続的契約の解除・終了

第6章　継続的契約の解除・終了

1　継続的供給義務が認められる場合

> *Question*　当社は、製造業を営む町工場ですが、このたび、親事業者から長年続いた取引を中止するとの通告を受けています。
> この場合、親事業者の求めにしたがって契約の終了を受け入れざるを得ないのでしょうか。
> 親事業者との契約は10年以上に亘っており、契約を切られることはわが社にとって死活問題です。何らかの保護を受けることはできないのでしょうか。

● *Answer*

- 問題となる契約が「継続的契約」と認められる場合には、取引継続の期待が合理的なものとして、一定の保護を受け得ることがあります。
- 継続的契約と認められるためには、
  ① 当事者間において、長期間に亘る契約期間の自動更新の事実があり、
  ② 当事者において、今後も当該契約が継続すると期待することに合理性があり、「保護に値するもの」といえることが必要です。

1　継続的契約とは何か

(1)　設問のように、下請事業者が親事業者から長年続いてきた契約の終了を告げられることは、経営上たいへんな影響があり、場合によっては、会社の存続さえ危ぶまれる事態となることがあります。そのため、下請業者の側からすれば、長年続いてきた契約関係を維持したいところです。

ここで、問題となる契約が裁判実務にいう「継続的契約」にあたると認められれば、本章3で述べるように、一定の保護が与えられることがあります。

では、継続的契約とされるための条件にはどのようなものがあるのでしょうか。

(2)　継続的契約という以上、当事者間において当該契約が長期間に亘っ

て継続していることが必要です。どれくらいの期間をもって「継続的」と評価されるかは、取引開始の経緯や契約更新の状況、取引の行われた業種等により異なりますが、最低でも、10年以上の期間の経過は必要と思われます。そのような取引継続の事実がなければ、一回性の取引と比較して、取引継続を期待することが合理的として、特段の保護を講じなければならないとは評価し得ないためです。

(3) もっとも、裁判例においては、約15年間取引を継続した下請契約(事案では委託加工取引基本契約が存在しました)についても、継続的契約には該当しないとされたものもあります(東京地判昭和62年12月16日。クイーン電子事件)。

この事案では、契約内容自体は、数回にわたる契約書の書換にもかかわらず、常に契約期間を1年と短期に限定とされていたことから、当事者はいずれも不更新の通知により契約関係は終了することができるものと定められていたとし、1年ごとに取引を終了する余地が残されていたのであるから、継続的契約にあたらないと判断しました。

もっとも、裁判所は、その上で、当事者間の実際の取引状況、解約前後の経緯、契約の終了を求めた側の動機・理由等を考慮し、これを信義則違反又は権利濫用と評し得るような「特段の事情」が認められるか否かという観点から検討しています。

このあたりは、一度、専門的知識を有する弁護士にご相談いただくことをお勧めします。

2　継続的契約の終了原因

> **Question**　継続的契約において、契約はどのように終了するのでしょうか。

● **Answer**

- 継続的契約においては、全体の契約（基本契約という形で定められることが多いと思われます）を基礎として、一回ごとの個別契約が成立しています。そして、全体の契約の終了については、遡及効（契約当初に遡って契約の効力を否定する効力）は認められず、終了の効力は将来に向かってのみ生じるため、民法上の「解除」ではなく、「解約」のみが問題となります。
- 継続的契約の終了については、以下の5つの場合があります。
  ① 当事者間の合意解約
  ② 法定原因（債務履行等）に基づく解約＝法定解約
  ③ 約定原因に基づく解約＝約定解約
  ④ 期間の定めがある場合には、期間満了による更新拒絶
  ⑤ 期間の定めのない場合には、解約申し入れ

1　はじめに

　まず、継続的契約において留意しなければならないのは、かかる契約類型においては、全体の契約につき、契約締結時からの効力を遡及的に失わせる「解除」という概念が当てはまらないことです。終了事由の発生により、契約の効力が遡及的に失われるのは、基本契約を基礎とした個々の個別契約に限られます。

　したがって、継続的契約全体の終了については、契約終了事由が発生した以降、法律関係を将来的にのみ失わせるという意味あいから、「解約」という文言を使って説明をしていきます。

2　契約期間を定めた場合

　まず、継続的契約といっても私人間での自由意思に基づく契約ですから、当事者間で契約の終了に合意した場合には、契約は終了します（①当事者間の合意解約）。

　次に、一方当事者に債務不履行等、法律で定められた解除事由が認められる場合にも継続的契約は終了することになります（②法定解約とい

います)。

　さらに、問題となるのは、契約書中の特約条項において、一定の予告期間を定めて通知することにより、解約事由を問わずに解約できるとの定めがある場合です（③約定解約といいます）。

　この場合、契約を突然終了させられる相手方当事者としては、何らの責めに帰すところもないにもかかわらず契約を終了させられるのですから、取引関係に大きな影響が出ることが予想されます。そのため、本章3で詳述するとおり、解約権の制限は、この約定解約において特に問題となることが多いのです。

　最後に、契約期間を定めた場合には、期間満了をもって契約を更新せず、契約が終了する場合が考えられます（④期間満了による更新拒絶）。この場合、契約期間が定められている以上、期間満了によって契約が終了することが原則であり、ただ、相手方保護の要請等に鑑み、契約を終了させることが妥当でない場合には、一定の更新義務が認められる余地があります。この点に関しては、次頁の本章3をご参照ください。

3　契約期間を定めない場合

　次に、契約において契約期間を定めない場合もありますが、この場合、期間を定めた場合と同様、①当事者間の合意解約の他、債務不履行等の解除事由が発生した場合の②法定解約、当事者間の約定による③約定解約が認められることも同様です。

　また、④期間満了による更新拒絶は認められないものの、契約期間中に⑤解約申し入れをなすことにより、相当期間経過後に解約の効果が生じますので、契約期間中の解約の効果が認められます。もっとも、継続的契約として相手方保護の要請が考慮されるべき場合には、相手方に信用不安や不信行為、契約違反等がない場合、解約申し入れにより契約が終了しないとされる場合も出てきます。

3 継続的契約の終了（解約権が制限される理由）

> *Question* 当社は、長年取引のある会社に対して、精密機械の製造下請をおこなってきていますが、このたび、経済状況の悪化から、相手方会社が設立以来初めて3億4,000万円以上の損失を計上することになり、相手方会社から、やむを得ず、当社との契約を打ち切りたいとの打診を受けています。
>
> この場合、わが社は契約終了を承諾せざるを得ないのでしょうか。
>
> なお、相手方会社との間には製造委託基本契約書が存在し、期間内に契約を解除する場合には3か月の予告期間を要する旨の特約があります。
>
> （福岡地裁小倉支判昭和56年12月24日（義経精密工業事件）をベースとした事例）

● *Answer*

- 継続的契約においては、契約の終了を求められる相手方の保護の要請から、解約権の制限を受けることがあります。
- 契約を終了させるにあたっては、契約を継続できない「やむを得ない事由」が認められることが必要とされる場合があります。
- 「やむを得ない事由」の判断は、契約の性質や契約終了の経緯、予告期間の付与の有無、交渉経緯等を考慮し、個別的に判断されます。

1 解約権は制限される

本章2で見たとおり、契約が終了する場面においては、①お互いが合意で解約する合意解約のほか、②債務不履行を理由として取引関係が終了する法定解約、③契約書中の特約により、債務不履行の有無を問わずに解約権を認める約定解約、④期間の定めがある場合の期間満了による更新拒絶、⑤期間の定めがない場合の解約申し入れが考えられます。

ところで、契約関係が自動的に更新され、長期にわたって中断することなく存続してきた場合には、多くの裁判例において継続的契約にあたると判断されています。

そして、これから述べるとおり、契約が「継続的契約」と判断されると、特約で解約権が認められていても、その行使が制限されることもあり得るのです。

2 解約権制限の根拠

(1) 裁判例を検討すると、継続的契約と認められた場合には、多くの場合に解約権の行使が制限される結果になっています。これは何故なのでしょうか。

わが国においては自由取引競争が大前提となっており、契約内容が公序良俗に反しない限り、誰を相手にどのような契約を締結するかは各人の判断に委ねられています。これを**契約自由の原則**といいます。したがって、当事者間において、解約権の特約を合意したならば、このような合意が尊重されることが原則といえます。

しかし、継続的取引関係にある当事者は、契約の継続を期待して人的・物的資本を投下することが通常であり、現実にそのような投資をしている場合には、投下資本の回収への期待等、契約終了を求められる**相手方を保護する必要**があります。

特に、設問のような製造業での下請取引においては、契約の多くが継続的契約の性質を有するとともに、一般的に下請事業者の親事業者に対する依存関係が強く認められるため、契約終了が企業に与える影響が大きいことから、保護の要請は高いといえます。

そのため、継続的契約の終了にあたっては、裁判所が契約自由の原則を修正して、取引関係を終了させる場合に「**やむを得ない事由**」が認められなければ、解約を正当なものと認めず、相手方の損害賠償請求を認めることになるのです。

(2) なお、実際上特に紛争となる可能性が高いのは、③契約書中の特約により、債務不履行の有無を問わずに解約権を認める約定解約であることから、以後、この約定解約を念頭に述べていきますが、継続的契約の終了場面において、「やむを得ない事由」が判断要素となることは、他の契約終了原因でもほぼ同様です。

すなわち、②債務不履行を理由として取引関係が終了する法定解約においても、継続的契約においては、単に一度の債務不履行があれば解約が許される訳ではなく、当事者が将来にわたって契約を継続できないほどの「**信頼関係の破壊**」があったかどうかという形で「やむを得ない事由」の存否が判断されます。

また、④期間満了による更新拒絶についても、当該契約が継続的契

約にあたると解釈されれば、期間満了で契約は終了せず、やむを得ない事由がある場合にのみ契約は終了すると理解されています。

そして、⑤期間の定めを設けない場合の解約申し入れについても、契約を終了するにあたり、相当な予告期間を設けたかどうかという点で「やむを得ない事由」の存否が判断されていると考えられます。

3　「やむを得ない事由」とは？

(1)　では、裁判例にある「やむを得ない事由」とは、どのような事情が考慮されるのでしょうか。

裁判所の判断において、契約関係の終了を制限する根拠は、**信義誠実の原則（信義則といいます）** に照らして、契約関係の一方的な終了を認めることが妥当ではないためです。

そのため、その判断は個々の事案に即して、そのような事情があれば、当事者のみならず一般人もまた契約を終了させることがやむを得ないと評価できるかどうかによります。

具体的には、①契約の種類・内容、②契約当事者の保護の要請（相手方が投じた人的・物的投資の回収機会の保護、予告期間付与の有無、損失補償の有無など）③解除・解約の場合はその理由（契約終了を求める側の必要性や信頼関係破壊の有無など）のほか、④契約締結の目的、⑤契約の継続期間等が総合考慮されることになります。

(2)　それでは、上記の事情について、設問のベースとなった裁判例を例として検討したいと思います。

設問は、下請事業者が親事業者の発注停止が違法であるとして損害賠償を請求した裁判例（福岡地裁小倉支判昭和56年12月24日（義経精密工業事件））をベースにしていますが、実際の事案においては、裁判所は親事業者の損害賠償責任を認めませんでした。

その理由は、①契約の種類・内容及び⑤契約の継続期間等を検討し、下請事業者が設立以来、長年親事業者に納品する研削盤の製造を行ってきたことに鑑み、一般論として発注停止が親事業者の債務不履行であることを認めた上で、やむを得ない事由の存在を認めたものです。

具体的には、③解除・解約の理由（契約終了を求める側の必要性や信頼関係の破壊の有無など）として、親事業者自体も会社設立以来の大幅な売上減・利益減に至り、人員削減や従業員の一時帰休等も行っ

ている状態であったこと、及び、親事業者の発注再開の申出に対し、下請事業者の方が従来の単価の2倍でないと受注しない旨の回答したため、価格交渉が決裂したこと等が考慮されています。

また、②契約当事者の保護の要請（相手方が投じた人的・物的投資の回収機会の保護）の点では、親事業者も一時期は下請事業者のために支援をした事実もあったこと、また、下請事業者の方でも他社との業務提携を決めていたこと等が考慮されています。

そのため、④契約締結の目的が、終了時において十分に達成されていないとしても、本件においては親事業者に対する損害賠償請求は棄却されるに至りました。

(3) なお、少し込み入った話になりますが、期間満了時における継続的契約の終了に関する裁判例を検討すると、①期間満了により原則として契約は終了せず、やむを得ない事由がなければ継続的契約の終了を認めないものと、②期間満了により原則として契約は終了するが、信義則に反する場合には更新拒絶することは許されないとするものとが存在します。

①と②は、原則と例外が逆になっていますが、信義則違反の内容をどのように捉えるかによって、①と②の判断はほぼ同様の思考過程を採るものと考えてよいように思います。

4 まとめ

以上見てきたように、継続的契約においては、基本契約書中に契約権の特約がある場合であっても、相手方保護の要請により解約権行使が制限されることがあります。そして、かかる場合には次項に述べる予告期間や損害賠償の問題が生じるのです。

4　予告期間と損害賠償

> (Question) 当社は、長年取引のある会社に対して、精密機械の製造下請をおこなってきていますが、このたび、経済状況の悪化から、相手方会社が設立以来初めて3億4,000万円以上の損失を計上することになり、やむを得ず、相手方会社から当社との契約を打ち切りたいとの打診を受けています。
>
> 　解約権の合意があっても、その行使が制限される場合があることはわかりましたが、では、どうしても相手方会社が契約関係を終了させると言って来た場合には、当社としてはどのような対応がとり得るのでしょうか。
>
> （福岡地裁小倉支判昭和56年12月24日（義経精密工業事件）をベースとした事例）

● Answer

- 契約の終了により下請事業者が損害を被ってしまう場合には、相手方に対して損害賠償責任を請求することが可能な場合もあります。
- 損害賠償責任は、信頼関係の破壊等、解約に関し「やむを得ない事由」が認められない場合、①下請事業者が相当の経済的支出をしている場合には、これに見合う額の補償、②それ以外の場合には、契約継続を保護すべき予告期間とその間の相手方が得られたであろう利益（逸失利益）により算定されることが通常です。
- 事後の紛争を回避するためには、相手方と交渉し、1年を目処とした予告期間を付して契約を延長させるか、損失補償を求めて交渉を行うことが考えられます。

1　はじめに

　では、裁判例に現れた「やむを得ない事由」がない場合に、相手方がどうしても継続的契約を終了させると言ってきた場合には、どのような対応が可能でしょうか。

　やむを得ない事由がないのに契約関係を一方的に終了された場合には、下請事業者が契約を継続することを前提に投下した人的・物的投資が無価値となり、下請事業者がこれらの投下資本の回収をする機会を逸してしまうことになります。そのため、裁判において契約関係の終了を争う

場合には、その損害を賠償せよという主張をすることになるのです。

したがって、そのような裁判を回避するためには、契約終了に際して、親事業者との交渉が必要となります。

具体的には、下請事業者が相当額の経済的支出をしている場合には相当価額の損失補償を求めること、及び、予告期間を設定し、それまで契約を延長するか、その代償として損失補償を求めることが検討対象となるでしょう。

反面、下請事業者側の相当な経済的支出が問題とならない場合には、親事業者側としては契約の終了を認めやすくなるとも言えます。

2　損失補償

(1)　まず、継続的契約の終了に際し、「やむを得ない事由」が認められないケースで、下請事業者が相当の経済的支出を行っている場合には、契約の性質上、下請事業者が相当の経済的支出をすることが予想される場合で、且つ、実際に支出したものに照らして相当の補償をすることが必要となります。

　もっとも、実際の経済的支出といっても、取引期間中に下請事業者が一方的な見込みで勝手に投資したようなものは、ここにいう損失補償の範囲には含まれません。ここに含まれる相当の補償とは、あくまで契約の性質上当然に支出が予想されるべき支出や、親事業者の要請に応じて支出した支出（例として特殊な専用機の購入など）となります。

(2)　これに対し、下請事業者の相当の経済的支出が問題とならない場合には、下請事業者が保護を受けるべき予告期間を決定した後、その間、下請事業者が得られたであろう純利益を計算して、これを損失補償として支払ってもらうことになります。

3　予告期間

(1)　では、下請事業者の契約の継続に対する期待は、どの範囲まで保護されると評価されるのでしょうか。これが、予告期間と言われる問題です。

　この点、裁判例においては、概ね1年の範囲で保護すべき期間として予告期間が認定されています。

　例えば、期間の定めのない下請契約において、発注者から取引停止

通告がなされた下請事業者が、親事業者に対して損害賠償を請求したケース（東京地判昭和57年10月19日、福島印刷工業事件）においては、保護に値する予告期間を１年と算定した上で、親事業者もメーカーからの発注停止の通告を受けたのが６か月前であったこと、及び下請業者の方でも家族の看病のために受注を継続できなかったことを考慮し、これを差し引いた６か月分について損害賠償責任を肯定しています。

　　　したがって、予告期間を検討する場合には、１年間を目処として検討し、親事業者の理解を得ることが望ましいといえます。

(2)　もっとも、どの程度の予告期間を相当と考えるかは、業種や市場の状況、供給を受ける側か供給する側か等の要素により、１年を超えた予告期間が必要となる場合もありますし、反対に１年より短い予告期間で足りる場合も想定されます。

　　　例えば、仕事の受注が流動的で新規の受注が得やすい業界であれば、予告期間は比較的短期に設定することが可能といえるでしょうし、反対に、部品の供給を受けて製品を製造する親事業者が下請事業者からの供給をストップされてしまえば、新たに取引先を探してもすぐには供給を受けられないという事態も想定できます。

　　　ただし、自由取引競争社会においては、契約の継続が永久に保証されることはありません。予告期間が長ければ必ず仕事が見つかるものでもありませんから、その意味で、予告期間は一定限度で認めれば足りるものといえ、目処を１年と考えることに合理性はあるものと考えます。

(3)　なお、双方で合意して契約を終了させるという観点からすれば、契約期間途中での解約を行う約定解約よりも、合意が比較的取り付けやすい期間満了による終了を検討することがより適切ですし、即時に契約を終了しなければならない事情がない限り、予告期間を設けて下請事業者側で新たな仕事を見つける猶予期間を認めてもらうことがトラブル回避のために有益です（これは、親事業者が下請事業者に対して契約の終了を求める場合には、より強く当てはまります）。

　　　また、親事業者の利益を考えても、予告期間に相当する損失補償を行うよりは、予告期間を与えてその分下請事業者に仕事をしてもらう

方が有益ではないでしょうか。下請事業者の側としては、このような点も指摘をしつつ、親事業者との交渉を円満にまとめたいものです。

　裁判例に照らして判断する限り、訴訟で争われる場合には結局補償内容をめぐって紛争となるのですし、最後に問題となるのはどの範囲で下請事業者が保護を受けるべきかという予告期間（猶予期間）となりますので、相手方と交渉するにあたっては、納得の行く形で予告期間の合意を得たいものです。

⑷　なお、継続的契約の解約に関し、近時、一定の予告期間を設けるべきとし、その間の補償請求を肯定する裁判例が出されました（東京地方裁判所平成22年7月30日判決）。

　事案は、海外ワインメーカーと販売代理店契約を結び、18年に亘ってワインの輸入販売をしてきた原告が、突然、4か月後に販売代理店契約を解約すると通知がなされたもので、原告は、販売代理店契約の解約には少なくとも1年間の予告期間を置くべきとして、債務不履行等により損害賠償を求めたものです。

　この事案で、裁判所は、原告の請求を認め、1年間の予告期間を設けるか、その期間に相当する損失を補償すべき義務を負うものと判断しています。

　上記裁判例はいわゆる親事業者・下請事業者という下請事例ではないものの、下請事業者がどの範囲で保護を受けるべきかという予告期間の考え方、さらには予告期間の損害の算定方法をめぐり、参考になる判断がなされています。

第7章 救済方法

第7章 救済方法

1 トラブルの解決に至るまでの代表的な流れ

1 トラブルの発生
2 当事者での交渉（面談、手紙、架電等）、親族・友人等まわりの者への相談
3 当事者間の交渉を前提とした弁護士や行政機関等への事前相談、交渉中の相談
4 弁護士への代理人依頼
5 代理人交渉、調停、等の訴訟前の解決手続き
6 民事訴訟～強制執行
7 行政への行政指導、命令の働きかけ

1 トラブルの解決に至るまでの代表的な流れ

1 はじめに～トラブルの発生

　会社経営をしていると、必ず何らかのトラブルに遭遇します。トラブルといっても、原因、程度・規模、経営に与える影響、緊急性の有無等様々です。

　従って、トラブルの原因、程度・規模、経営に与える影響等により対処方法・解決方法は異なって参ります。また、原因も感情的なものから、法的トラブルまで様々です。

　経営者としてトラブルに遭遇すると、解決方法について、検討することになります。これまでの経歴や実績・経験等により対応の仕方は異なってきますが、まずは経営者として自分や社内で解決することを検討するのが通常でしょう。いわば自力による解決です。その方法としては、電話、面談、手紙、電子メールなどが考えられます。いつどのような方法を選択するのかは、トラブルの原因、程度、相手方の出方、業界の慣習、方法等様々な要素を総合的に考慮して決定されます。そして、この段階で解決できれば、大きな問題に発展しないで済み、

時間も労力も費用も低廉にすませることが可能です。手紙のうちでも、内容はともかく相手方に届いたことを証明できる書留以外に、発送した内容まで郵便事業株式会社が証明してくれる内容証明郵便の制度があります。この内容証明郵便は、同じ内容の文書を３通作成し、１通は送付する相手方、１通は、自分の控え、残りの１通は、郵便事業株式会社の控えになり、相手方に発送した事実だけではなく、どのような内容の文書を発送したかも、郵便事業株式会社が証明してくれます。ですから、後に訴訟になった場合に、証拠として提出されたりします。

2　しかし、すべてのトラブルが自力で解決できるとは限りません。

　　その場合には、同じ経営者や親族に相談することもあり得ましょう。よい智恵を貸してくれることも少なくありません。

　　しかし、分野が専門的であったり複雑であったり、場合によっては、簡単に話しづらいこともあり得ましょう。

3　その場合には、外部の専門機関に相談することが次のステップといえます。

　　外部といっても様々ですし、トラブルの原因によって窓口は異なってきます。その中で、行政機関に相談に行くことも有効な手段のひとつといえます。最近は行政機関も行政サービスとして比較的丁寧に相談に乗ってくれる傾向にあり、特に下請に関するトラブル相談では、中小企業庁（相談窓口として駆け込み寺を設けております）や公正取引委員会などへの相談も有効な場合が少なくありません。また、税理士や弁護士などその道の専門家にアドバイスを求めることも有効な手段といえるでしょう。特に税理士の場合には、会社を経営していれば顧問税理士でなくとも、何らかのつてや知り合いがいるでしょうから、日頃から相談し易い専門家といえるでしょう。ただ、税理士は税務の専門家であっても法的トラブルの解決の専門家ではありません。

　　そこで、法的トラブルの場合には、法律専門家である弁護士への相談が考えられます。

　　弁護士への相談内容は、その時期、依頼する内容により、異なってきます。なお、弁護士の費用は、後にご説明致します。

4　弁護士への相談

　　弁護士が相談を受けた事件への関与の仕方としては、大きく二つに

分けることができます。

　まずは、①相談者が、必要な時機に、必要な相談をし、それに応じ法律専門家である弁護士がアドバイスをしていく方法です。この場合には、依頼者がいわばトラブル解決の最前線にたち、法的な助言を受けながら解決にあたる方法です。弁護士は、いわばバックヤードに控えている形です。トラブルの相手方も弁護士に依頼せず自ら交渉の場に出ているケースや時機がくるまで弁護士が前面に出て行かないケースなどが想定できます。

　②これに対し2つ目は、弁護士が相談者の依頼を受け相談者の代理人として、対応するケースです。このケースでは、弁護士がトラブル解決の最前線に立ち、相手方と交渉等を行うことになります。この場合は、相手方に弁護士が代理人としてついている場合のみならず、相手方が暴力団等一般の方では交渉自体困難な場合、依頼者がトラブルの相手方との直接の交渉を望まない場合などが考えられます。

5　こうして依頼を受けた代理人の弁護士が法的な根拠やそれを裏付ける証拠を吟味しながら、相手方と交渉したり書面のやりとりをしたりして解決点を探っていきます。しかし、双方の主張に開きがあり話が平行線を辿ったり、互いに譲歩ができないケースも少なくありません。

6　こういう場合には、第三者を双方の間に入れて解決するプロセスが有用です。

　その代表的な例のひとつが裁判所による調停という制度です。

　調停制度の概要は、後ほど別項目（228頁以下）にてご説明しますが、裁判所が判決という一方的な判断を示す裁判とは異なり、調停委員という第三者を介し、あくまで当事者双方の話し合いによる解決を目指す仕組みです。離婚など紛争の種類によっては裁判の前に調停を実施すべきことが義務づけられている種類の紛争もあります。

7　調停等による第三者を介する話し合いでも紛争が解決しない場合には、紛争の最終的な解決手段である裁判のプロセスにすすむことになります。

　裁判の概要は、後ほど別項目（231頁以下）にてご説明しますが、調停制度と異なり、訴えた者の請求内容に対し、判決になると必ず裁判所の結論が出されます。調停はお互いの互譲が基礎になりますが、

裁判は、証拠に基づいて事実関係を認定していきます。訴訟を提起した当事者の主張が、どの程度認められるかで判決が下されます。もちろん、裁判においても和解はあります。しかし、この和解が成立しなかった場合には、最終的には判決を行うことになります。ここが前述した調停制度と決定的に異なるところです。そして、訴えた者の請求の全部又は一部が認められた場合に、相手方がその内容に従わない場合には、財産の差押えや不動産の強制的な明け渡しのための手続きを裁判所に申し立て、財産を換価してその代金を受領したり、不動産の明渡しを行うことができます。国の力を借りて権利を実現する訳です。これを強制執行といいます。不動産の競売や預金の差押え、給与の差押え、不動産の明け渡し等財産の種類に応じた手続きを行います。

　このように、裁判の内容は、最終的には国家による強制的な手続きにより実現することが可能なのです。

8　なお、本書のテーマである下請に関しては、前述したとおり、下請取引の公正を図り、下請事業者の利益を守るために、公正取引委員会の各地の下請課や取引課、また中小企業庁の各地の経済産業局の産業部中小企業課などが、相談窓口となって、親事業者に対し、下請法に基づき書面調査、立入検査、改善勧告、改善の公表、警告などの措置を行っております。

　このように、下請に関するトラブルに関しては、専門の行政機関による勧告、警告などを通じて解決を図ることも可能で、行政機関による迅速な対応が期待されるところです。ただ、行政機関は弁護士と異なり下請事業者の代理人として対応してくれる訳ではなく、あくまで下請法の遵守のために下請法に基づき各種の措置を遂行するものです。

9　以上のとおり、トラブルが発生した場合には、①当事者同士での解決→②弁護士、行政機関等への相談→③弁護士を代理人としての解決→④調停等の第三者機関による話し合い→⑤裁判所への訴え提起→⑥強制執行という流れが想定できます。また、上述したとおり、下請法に基づき行政機関による改善勧告や警告等により解決できる場合もあります。トラブル、事件により解決の方法は様々ですが、トラブル解決のために代表的な例としてご理解頂きたいと思います。

> **2 調停、裁判外紛争解決手続（ADR）について**
> 1 各制度の概説
> 2 メリット・デメリットの解説（訴訟手続きとの比較を踏まえ）
> 3 手続の具体的な流れ

2 調停、裁判外紛争解決手続（ADR）について
1 調停
(1) 調停は、第三者である裁判所が関与して紛争を解決する手段のひとつで、裁判所から任命された調停委員（通常は２人）が、裁判所内の非公開の場で、当事者双方からそれぞれ話をじっくり聴き、その紛争・事件に最も相応しい解決方法を探っていく方法です。実施方法としては、通常、調停委員に対し、それぞれが順番で交互に話をしていきます。それぞれの言い分を相手方がいない場所でじっくり調停委員に話すことが可能です。そして、当事者双方が合意できる案が提案され、当事者が合意に至れば、合意内容を記載した調停調書という文書を締結します。この調停調書は、判決書と同様の法的効力があり、調停調書の内容に違反した場合には、裁判所に違反を申し立て、違反した者の財産を差し押さえることができます。この調停制度の特徴は、あくまで当事者双方が解決のために歩み寄り、合意を目指していく点です。逆に、話し合いを継続しても、もはや合意に至らない場合には、調停を打ち切り不調として、調停を終了致します。

(2) このように、調停制度は、裁判所の一方的な命令である判決と異なり、当事者間において合意を形成していき、紛争を解決する制度なのです。

　従って、夫婦間や親子、兄弟間の遺産を巡るトラブルなど個人的な心情・気持ちが重視され、お互いの話をじっくり聴きながら少しずつ解決方法を模索していくケースなどが調停に適しております。また、弁護士の代理人をつけず当事者が直接参加して解決していくことも少なくありません。これに対し、複雑な事件や、証拠関係が複雑だったり、証人から話を聴かなればならない事件などは、一般には、調停には向きません。

(3) 調停は、おおよそ毎月1回程度ごとにその期日が入り、調停委員が当事者双方からそれぞれ話を聴くので、一回の期日で2時間程度時間をかけることも少なくありません。この点で、お互いの主張を書面を中心として行い、証人尋問や和解手続きを除き比較的短時間で毎回の手続きが終了する訴訟手続きと異なります。なお、費用は、弁護士に依頼する場合の弁護士費用を除けば、申し立てに要する実費や交通費などで済むことが通常で、低廉な費用で利用することが可能です。

2　裁判外紛争解決手続（ADR）

(1) ADRとは、Alternative Dispute Resolutionの略で、裁判に代替する紛争解決手段と翻訳されたりしております。

　裁判によることなく紛争を解決する手段の総称であり、広い意味では前述した調停もそのひとつといえるでしょう。

　我が国では平成19年4月1日に「裁判外紛争解決手続の利用の促進に関する法律」が施行されました（平成26年6月13日改正）。同法1条の目的によりますと「この法律は、内外の社会経済情勢の変化に伴い、裁判外紛争解決手続（訴訟手続によらずに民事上の紛争の解決をしようとする紛争の当事者のため、公正な第三者が関与して、その解決を図る手続をいう。以下同じ。）が、第三者の専門的な知見を反映して紛争の実情に即した迅速な解決を図る手続きとして重要なものとなっていることにかんがみ、裁判外紛争解決手続についての基本理念及び国等の債務を定めるとともに、民間紛争解決手続の業務に関し、認証の制度を設け、併せて時効の中断等に関する特例を定めてその利便性の向上を図ること等により、紛争の当事者がその解決を図るのにふさわしい手続を選択することを容易にし、もって国民の権利利益の適切な実現に資することを目的とする。」と規定されております。わかりづらいかもしれませんが、要は、紛争の解決を図るのにふさわしい手続の選択を容易にして国民の権利利益の適切な実現に寄与するために、民間事業者による紛争解決手続に関する法務大臣による認証等のルールを定めた法律といえます。

　この法律に基づき、既に一部の弁護士会や事業再生に関するADRなどが認証されております。

(2) この各種ADRは、紛争の内容に応じて各種専門家がその主体となり、

民間事業者が推進する点で、裁判官が主体となって民事訴訟法という国の定めたルールにより遂行する裁判より、柔軟な手続きの進行を可能としております。また、裁判と異なり非公開で行われることも特徴のひとつといえます。もっとも民間事業者による紛争解決の手続きですから、裁判と異なり強制執行などは行えませんが、一定の要件を満たした場合には、時効の中断の特例が認められていることが特徴といえます。

(3)　下請に関するトラブルであれば、弁護士会のADRを活用することが想定されます。前述したとおり、国家機関ではなく、民間事業者による和解の仲介ですから、その手続きや進行等につき、柔軟に定めることができ、紛争の迅速な解決に資することが可能となります。なお、費用は各ADRが定めるところに従うことになります。

> **3　民事裁判・強制執行について**
> 1　制度の概説
> 2　メリット・デメリット（ADR、調停との比較を踏まえ）
> 3　手続の具体的な流れ

3　民事裁判・強制執行について
1　概要
　裁判は、国家により紛争を解決するための最終の手段といえます。

　憲法上、国民には裁判を受ける権利が保障されております。この裁判の結果を、最終的に国家権力により強制的に実現できる点におおきな特徴があります。それだけに、審理も慎重を期しますし、時間もある程度要します。

　裁判を担当する裁判官は、原則として国家公務員であり、憲法上、特にその身分や報酬が保障されており、第三者の立場で冷静に紛争の解決にあたることができます。

　また、我が国では、通常地方裁判所→高等裁判所→最高裁判所という三審制を導入しており、最終的な結論に至るまで、より慎重な判断を行うことができます。

　実際の審理は、民事訴訟でいえば、訴えた者（原告といいます）、訴えられた者（被告といいます）との対立構造の下、双方が互いに主張とその主張に基づく立証を行いながら、その紛争の争点を明らかにし、裁判官が、法に照らしどちらの主張が正しいのかにつき、判断を行っていきます。現在の実務ですと、地方裁判所において毎月1回程度の審理を行っております。

2　具体的な流れ
　地方裁判所での裁判の大きな流れは、次頁図のとおりです。

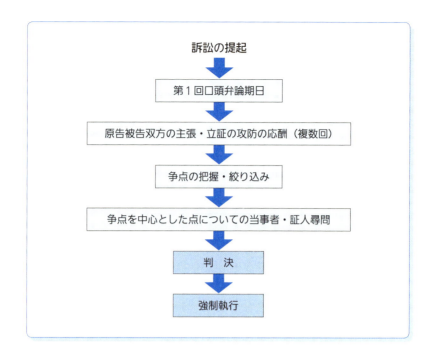

　この手続きの流れの中で、裁判所より適宜、和解（話し合いによる解決）の提案がなされることがあります。判決に近い時期になされる和解の提案は、裁判官の判決を予め反映した和解案であることが多いです。

　また、原告・被告双方の主張・立証の攻撃防御手続きは、その事案の性質や複雑性、争点の数などに応じ、複数回行われます。事案によってはこの主張・立証の手続きだけで1年以上にわたるケースも珍しくありません。

3　強制執行

(1)　裁判で和解により解決がなされ、たとえば相手方が和解条件に従い金銭を支払ってくれるケースですと、強制執行の手続きは不要でしょう。しかし、和解ではなく判決にいたるケースでは、判決内容の実現に向けた手続きが必要となってきます。また、和解により終了した場合であっても分割支払いなどのケースでは、途中から和解条件に沿った支払いを怠るケースがでてきます。その場合も最終的には和解内容を実現させる手続きが必要となってきます。

そのための手続きが強制執行です。
　　　この強制執行は、大きく分けて3つに分類できます。
⑵　まずは、金銭の支払いを目的とする金銭執行です。
　　　手続きは、債権者による申し立て→執行裁判所による財産の差押え→財産の強制的な換価→債権者への配当という手続きが一般的です。
　　　差押えの対象となる財産の種類によって不動産の競売手続き、自動車などの動産を対象とする動産執行、銀行預金や売掛債権などの債権に対する債権執行があります。
　　　次に、貸していた不動産を返してくれないなどとして不動産の引渡・明渡や、動産の引渡を求める非金銭執行があります。
　　　最後に、担保権としての実行のための強制執行があります。たとえば不動産に抵当権を設定していた場合の競売手続などがあります。
　　　このように判決の内容に応じた強制執行を申し立てることになります。強制執行を申し立てるには、判決を行った裁判所ではなく、強制執行を担当している裁判所に申し立てて行います。また、強制執行の方法、対象となる財産によって納める手数料も異なってきます。

> **4 弁護士費用について**
> 1 概要
> 2 種類
> 3 具体的な金額について

4 弁護士費用について

1 はじめに

　弁護士に依頼したらいくらかかるのか、最も気になる点だと思います。

　従来は、各地の弁護士会において一律の基準を定めていたのですが、2004年4月1日から、弁護士会の報酬規定が廃止され、それぞれの弁護士が費用を決めることができるようになりました。ですから、弁護士費用に関しては、個々の弁護士によって異なっていることに注意が必要です。

2 弁護士費用の種類

　弁護士費用は、いくつかに分類できます（詳しくは日本弁護士連合会のホームページや各地の弁護士会のホームページをご参照下さい）。

①着手金

　これは、弁護士に業務や事件を依頼し、弁護士が活動を行うための対価として発生するもので、業務の結果や事件の結果（成功不成功）に関わりなく発生するものです。事件の内容（争いの有無や事件の複雑性・難易度）によって、その金額も異ってきます。

②報酬金

　これは、業務や事件が成功裡に終わった場合に支払う成功報酬のことで、通常は業務や事件が終了した段階で支払います。どの程度支払うかは、成功の程度に応じますし、全くの不成功であれば、発生しないのが通常です。

③時間給

　弁護士によっては、着手金・報酬金という料金体系ではなく、弁護士が業務や事件の処理・遂行に費やした時間に応じて費用を算出する時間給（タイムチャージ性）を導入しているケースもあります。時間給がいくらかは、弁護士によって異なっており、依頼される弁護士に直接お問

い合わせ下さい。

④実費、日当

　実費は、業務や事件を進行・処理のために実際に出費されるもので、典型的な実費は、訴訟を提起するときに裁判所に納める印紙代があります。その他にも、切手代や事件によっては保証金なども必要となるケースもあります。また、地方に出張する場合などは、交通費・宿泊費のほかに日当がかかるケースが多いでしょう。

⑤その他

　その他にも業務や事件に応じて、手数料や相談料などがありますが、前述のとおり弁護士費用は各弁護士において決めることになっておりますので、詳しくは依頼する弁護士にお尋ね下さい。

3　具体的な金額について

　以下では、ご参考として、日本弁護士連合会が2008年に弁護士に対しアンケートを実施した「アンケート結果にもとづく市民のための弁護士報酬の目安」（日本弁護士連合会のホームページにて閲覧・印刷することができますので詳しくは直接ご参照下さい）からのいくつかの例を抜粋したいと思います（なお抜粋なので100％にはなっておりません）。

①法律相談（1時間要し、法律相談だけで完結した場合）

　　法律相談料　5000円　36.1％
　　　　　　　　1万円　55.7％
　　　　　　　　2万円　 2.8％

②契約書の作成（法人との商品の継続的取引のための基本売買契約書の作成、年間取引金額は3000万円程度、手形決済の予定、連帯保証あり、契約書作成に2〜3時間を予想）

　　　　5万円前後　38.8％
　　　10万円前後　39.7％
　　　15万円前後　 8.0％
　　　20万円前後　 6.4％
　　　30万円前後　 1.8％

③売掛金の回収のための訴訟（納入先が商品にクレームをつけ代金2000万円を支払わないので回収のため訴訟を提起し全額回収）

　　ⅰ）着手金

　　　　　50万円前後　　41.5%
　　　　　70万円前後　　22.6%
　　　　　100万円前後　 22.6%
　　　　　120万円前後　　2.1%
　ⅱ）報酬金
　　　　　100万円前後　 18.1%
　　　　　150万円前後　 24.6%
　　　　　200万円前後　 47.3%
　　　　　250万円前後　　4.0%

　上記アンケートには記載がありませんが、弁護士が交渉の依頼を受け交渉する事件では、着手金として20万円〜30万円程度が少なくないのではないかと思われます。

　また、日弁連のホームページ（http://www.nichibenren.or.jp/ja/sme/housyuu.html）にて報酬に関する最新のアンケートも、ご参照下さい。

　前述したとおり、弁護士費用は弁護士が各自で定めることになっておりますので、依頼される弁護士に確認の上、納得した上で依頼されることが肝要です。

5　救済方法：下請法による救済手続

> Question　最近の景気低迷を理由に親事業者から「販促協力費」の負担を要請され、今年に入ってから下請代金の３％が差し引かれています。取引を打ち切られては困るので拒否することも難しく困っています。減額をやめさせるにはどこへ相談すればよいのでしょうか。

● Answer

1　公正取引委員会による「勧告」

　下請事業者の責に帰すべき理由がないのに下請代金を事後に減額する行為は下請法４条１項３号違反の禁止行為です。親事業者により下請法４条の禁止行為がなされたと公正取引委員会が認めるときには、公正取引委員会より、親事業者に対して禁止行為の差し止め・是正、原状回復を求める勧告がなされます（下請法７条）。勧告の内容には、「その他必要な措置」（下請法７条）として再発防止措置等も含まれます。

　原状回復措置としては、受領拒否（下請法４条１項１号）に対する速やかな給付の受領、支払遅延（下請法４条１項２号）に対する速やかな下請代金の支払、購入・利用強制（下請法４条１項６号）に対する購入・利用させた物の速やかな引き取り、など具体的な内容が勧告されます。また、「その他必要な措置」として、今後は同様の下請法違反行為を行わないことを取締役会の決議で確認すること、違反事実等を役員・従業員に周知徹底すること、研修等再発防止のための社内体制を整備・構築することなどについても勧告がなされます。

2　親事業者による自主的な改善・原状回復措置

　実際には、公正取引委員会が禁止行為を認知してから勧告を行うまでに親事業者が減額した代金分の返還等の原状回復措置を自主的に行うこともあり、再発防止措置についてのみ勧告がなされるケースも見受けられます（平成27年度の勧告事例では代金減額事例４件のうち、４件とも全額あるいは一部の減額代金返還を自主的に行なっていました）。それゆえ、**公正取引委員会に親事業者による下請法の禁止行為を認知してもらうこと自体が、当該禁止行為の速やかな停止、原状回復につながる**

と言えます。そこで、下請事業者としては、公正取引委員会の担当窓口に親事業者による禁止行為の申し出をすることが考えられます。インターネットを通じた電子窓口による申告もできます（http://www.jftc.go.jp/shitauke-shinkoku/apply-001.php）。

3　中小企業庁からの措置請求

　下請法7条の勧告は公正取引委員会しかできません。しかし、中小企業庁や主務官庁も下請法違反行為の調査ができ（下請法9条2項、3項）、違反行為を認知した中小企業庁長官は公正取引委員会に適当な措置を請求することができるため（下請法6条）、下請事業者としては、中小企業庁、主務官庁の担当部署に親事業者による禁止行為の申し出をすることも考えられます。

4　指導

　下請法違反の被疑事件数は年間6,000件を超えているのが現状です。それゆえ、公正取引委員会は親事業者による下請法違反の被疑事実を認知したとしてもその全てについて勧告を行うのではなく、下請事業者が受けた不利益が重大と思われる事例や違反行為が繰り返されている事例など、そのごく一部に対して勧告を行っています。以下の表のとおり、被疑事件のうちで勧告が行われたのは約0.06％程度に過ぎません。**勧告がなされないそれ以外の下請法違反行為の多くに対しては、公正取引委員会から指導がなされます**。指導を受けた親事業者は、違反行為の改善、下請事業者の不利益の原状回復措置等の結果について改善報告書や計画書の提出が求められます。

年度	下請法違反被疑事件数	処理件数		
		勧告	指導	不問
平成27年度	6,305	4	5,980	387
平成26年度	5,807	7	5468,	376
平成25年度	5,478	10	4,959	466

　公正取引委員会による下請法違反事件の処理は次頁のとおりです。

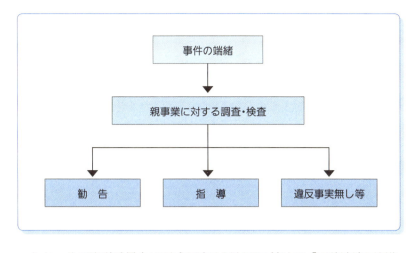

　なお、公正取引委員会は平成20年12月17日付けで「下請法違反行為を自発的に申し出た親事業者の取扱いについて」という公表を行っており、公正取引委員会の調査着手前に親事業者が自発的に違反行為を申し出ている、下請事業者への原状回復措置を既に講じている等一定の事由が認められた場合には、違反事実があっても勧告を行なわない取扱いがなされています。

5　下請法違反の内容

　下請法違反事例の違反内容としては、以下の表のとおり、勧告事例においては代金減額が圧倒的に多くなっています（具体的内容については3章2⑵ウ㈹・74頁参照）。指導事例を含めると、支払遅延が最も多く、買いたたき、減額がそれに続いています。

	支払遅延	買いたたき	減額	割引困難手形	利益提供要請	早期決済	購入等強制	やり直し等	受領拒否	返品	報復措置	合計
平成27年度	2,070 (61.7)	518 (15.4)	281 (8.4)	201 (6.0)	138 (4.1)	53 (1.6)	42 (1.3)	24 (0.7)	17 (0.5)	12 (0.4)	0 (0)	3,356 (100)
平成26年度	1,880 (56.5)	609 (18.3)	317 (9.5)	241 (7.2)	123 (3.7)	59 (1.8)	35 (1.1)	17 (0.5)	29 (0.9)	15 (0.5)	0 (0)	3,325 (100)
平成25年度	886 (59.1)	65 (4.3)	182 (12.1)	190 (12.7)	26 (1.7)	42 (2.8)	32 (2.1)	25 (1.7)	31 (2.1)	20 (1.3)	0 (0)	1,499 (100)

（注）違反行為類型は、平成27年度における違反件数の多い順に左から並べている。

6. 違反事実の公表

公正取引委員会は勧告を行った下請法違反事件について、親事業者の名前のほか、違反事実の概要、勧告の内容を公表しています（http://www.jftc.go.jp/sitauke/shitaukekankoku/）。平成15年の下請法改正以前は、親事業者が勧告に従わなかったときのみ公表する旨が下請法に規定されていましたが、法改正により同規定が削除されたため、平成16年以降、公正取引委員会は勧告を行った全ての事件を原則として公表しています。

7. 遅延利息

下請代金の適正な支払を確保するため、親事業者が支払期日までに下請代金を支払わなかった場合には遅延利息を支払わなければなりません（第3章2(3)ウ・112頁参照）。この点にも留意が必要です。

6　下請法違反行為の調査

> (Question) 親事業者から「協賛費」という理由で下請代金の5％を一方的に差し引かれています。公正取引委員会へ申告しようと考えましたが、当社は売上げの8割をこの親事業者に依存しているので、もし親事業者にバレて取引が打ち切られでもしたら即倒産です。親事業者に知られることなく申告することはできるのでしょうか。

● Answer

1　調査権限

　下請事業者が公正取引委員会等に親事業者による下請法禁止行為の事実を申告したことに対する報復措置は下請法4条1項7号で禁止されていますが（第3章2(2)キ・92頁参照）、実際には、報復措置を危惧する下請事業者が多く、**下請事業者からの申告はあまり期待できません。**下請事業者からの申告が期待できないことは下請法制定当初から想定されていたことで、下請法は公正取引委員会等が**積極的に違反事実を発見できるよう広範な調査権限を与えています。**

　公正取引委員会は、親事業者、下請事業者に報告をさせることができ、親事業者、下請事業者への立ち入り等の検査をすることもできます（下請法9条1項）。公正取引委員会への措置請求ができる中小企業庁の長官も、同様の調査等ができます（下請法9条2項）。さらに、親事業者又は下請事業者の所管する主務大臣も、中小企業庁長官の調査に協力するために、同様の調査等ができます（下請法9条第3項）。

　これらの報告要求、立入検査に対して虚偽の報告をする、妨害等行うといったことがあれば、妨害行為等を行った個人のほか、その事業者に対しても50万円以下の罰金が課されます（下請法11条、12条）。

　罰則を設けて調査権限の確保が図られていますが、実際の個別の事件に関する公正取引委員会の調査は、妨害行為等に対して罰金が課せられる下請法9条1項の調査権限を行使するのではなく、相手の協力を得て行う任意の調査として行われることが一般的です。

2　書面調査

　全国に親事業者、下請事業者が多数存在することから、闇雲に調査を

していては効果は上がりません。そこで、公正取引委員会は、多数の親事業者と下請事業者に対して下請取引に関する調査票を送付してそれを回収するという**書面調査を定期的に実施**しています。平成23年度の調査対象者数は親事業者38,503者、下請事業者212,659者であり、相当数の親事業者および下請事業者に対して書面調査が実施されています。

　下請事業者としては、書面調査への回答により親事業者からの報復措置を懸念するかもしれませんが、公正取引委員会が公表した「平成23年度における下請法等の運用状況及び企業間取引の公正化への取組」によれば、勧告を行った親事業者に関連して書面調査を行った下請事業者のうち、勧告後に下請事業者に再度アンケートを行ったところ、勧告後に親事業者との取引環境が悪化したという回答は見られなかったとのことですので、書面調査における秘密保持は確保されているものと思われます。

　中小企業庁も下請事業者に対して「親事業者との取引に関する調査について」という書面調査を定期的に実施しています。

3　被疑事件の端緒

　公正取引委員会が事件の端緒に接する方法としては、下請事業者からの申告のほか、親事業者・下請事業者に対する書面調査、中小企業庁長官からの措置請求など複数ありますが、以下の表のとおり、**書面調査がその大半を占めています**。下請事業者からの申告もわずかですが存在しています。

年度	下請法違反被疑事件数	処理件数		
		書面調査	下請事業者からの申告	中小企業庁長官からの措置請求
平成27年度	6,305	6,210	95	0
平成26年度	5,807	5,723	83	1
平成25年度	5,478	5,413	59	1

7　独禁法による排除措置命令等

> (Question) 親事業者による支払遅延は、優越的地位の濫用に当たるとして独禁法により排除措置命令が発令されたり、課徴金が課されたりしますか。

● Answer

1　独禁法の適用除外

下請法4条の禁止行為である支払遅延、受領拒否等は、通常は独禁法上の優越的地位の濫用行為（独禁法2条第9項5号）に該当しますが、**公正取引委員会が下請法9条の勧告をした場合に親事業者が勧告に従ったときには、独禁法による排除措置命令や課徴金納付命令は出されません（下請法8条）**（第1章1⑷・9頁参照）。

2　排除措置命令

排除措置命令は独禁法違反行為を除去し、違反行為がない競争状態を確保するための行政処分です（独禁法49条1項）。違反行為を行った元請人に対して排除措置命令が出される前に、元請人には意見申述、証拠提出の機会が与えられます（独禁法49条3項）。排除措置命令は元請人に謄本が送達されると効力を生じます。元請人が排除措置命令に不服があれば公正取引委員会に審判請求（独禁法49条6項）ができますが、審判請求をしても排除措置命令の効力が停止することにはならない点には注意する必要があります（執行停止の手続（独禁法54条）が必要です）。

3　課徴金制度の導入

平成21年の独禁法改正により、継続してなされた優越的地位の濫用行為に対して課徴金が導入されました。（第1章1⑷・12頁参照）。課徴金の割合は、対象となる行為の相手方との間における取引の売上額に1％を乗じた金額とされています（独禁法20条の6）。課徴金納付命令は排除措置命令の有無、審判開始の有無にかかわらず発令できますので、課徴金納付命令のみが出される場合もあり得ます。

【コラム】下請法と独禁法の適用の優先関係

　下請法は独禁法の優越的地位の濫用行為規制に対する特別法の地位にありますので、下請法違反の行為については、下請法が優先的に適用されると考えるのが素直な理解と思われます。しかし、下請法上の勧告がなされて親事業者が勧告に従った場合には独禁法の適用がない旨は明確に下請法8条で規定されていますが、下請法上の禁止行為について下請法が独禁法に優先して適用されるという法文上の規定はありません。公正取引委員会から平成22年11月30日付で「優越的地位の濫用に関する独占禁止法の考え方」が公表され、公正取引委員会としては「ある事業者と別の事業者との取引において、優越的地位の濫用と下請法の双方が適用可能な場合には、通常、下請法を適用することにな」るとしていますが、公正取引委員会は、下請法の勧告をせずにいきなり独禁法を適用して課徴金命令等を出すことは可能であるとの解釈を採っています。

　独禁法上の優越的地位の濫用行為には、「正常な商慣習に照らして不当」であることや、課徴金納付命令については「(行為が)継続してするもの」といった下請法とは異なる要件がありますが、下請法4条の禁止行為がこれらの要件をも充足することは少なくないと思われます。

　平成23年6月には株式会社山陽マルナカに対して優越的地位の濫用についての初の課徴金納付命令が出されました。

　その後も、平成23年12月には日本トイザらス株式会社に対して、平成24年2月には株式会社エディオンに対して優越的地位の濫用にかかる課徴金納付命令が出されています。

8 建設業法による救済手続

> *Question* 元請業者から建設工事を請け負ったのですが、支払期日を過ぎても元請業者が支払ってくれません。元請業者の支払遅延は下請法違反に違反しているのではないでしょうか。

● **Answer**

1 建設請負工事の適用除外

下請法2条4項は**建設業者が他の建設業者に建設工事を請け負わせることを除外しています**（第1章1(2)・4頁、第1章2(1)・13頁参照）。建設業法により下請負人の保護が図られているからです。

2 建設業法による下請建設業者の保護の内容

建設業法では、下請法4条の禁止行為と同様に、不当に低い請負代金の禁止（建設業法19条の3）、使用資材等の購入強制の禁止（建設業法19条の4）、支払時期の制限（建設業法24条の3第1項）、早期の検査・受領義務付け（建設業法24条の4）、割引困難な手形交付の禁止等（建設業法24条の5）が規定されており（第3章3・114頁以下参照）、これらの規定に違反している事実があり、その事実が優越的地位の濫用等独禁法19条の違反行為に該当すると認められる場合には、国土交通大臣、都道府県知事あるいは中小企業庁長官が公正取引委員会に対して措置請求ができるものとされています（建設業法42条、42条の2）。公正取引委員会は「建設業の下請取引における不公正な取引方法の認定基準」において違反行為の具体的な認定基準を示しています（第1章2(1)・13頁参照）。また、建設業法の違反行為にかかる指針として国土交通省から「建設業法令遵守ガイドライン」が公表されています（第1章2(2)・15頁参照）。

3 違反行為の調査方法

下請法において公正取引委員会等が調査権限を付与されているように、建設業法では、国土交通大臣、都道府県知事、中小企業庁長官に報告徴収権限、立入調査権限が付与されています（建設業法31条、42条の2）。また、下請負人が元請負人の禁止行為を申告することが困難であること

も同様であるので、国土交通省により下請取引に関する書面調査が実施されています。

さらに、通報窓口として、「駆け込みホットライン」も設置されています（第1章2⑵・17頁参照）。

4　建設業法の違反状況

国土交通省及び中小企業庁が実施した書面調査の結果が「平成27年度下請取引等実態調査の結果について」として公表されていますが、そこでは、建設工事を下請負人に発注したことのある14,062者のうち、建設業法に基づく指導を行う必要がないと認められる者は約3.1％の293者に留まっています。また、下請負人が元請負人からしわ寄せを受けた割合は約11.7％で、しわ寄せの内容は、「工事着手後に契約」が28.8％で最も多く、次いで「書面による契約締結の拒否」が21.4％、「指値による契約」が19.9％でした。

5　入札参加資格者への指名停止

公共工事の発注者である公共団体が定める入札参加者資格者の指名停止基準において、指名停止要件として建設業法違反行為が挙げられていることは少なくありません。元請負人に建設業法違反の下請負人へのしわ寄せ行為があった場合には、国土交通大臣、都道府県知事は建設業者に対して指導・助言・勧告ができますが（建設業法41条）、加えて、違法行為が指名停止処分につながる可能性にも留意すべきです。

6　下請法の適用対象取引

下請法の適用が除外されているのは建設業者間の建設請負工事のみであり、**建設業者の取引が全て除外されているわけではありません**。例えば、建設業者が建築資材の加工を資材業者に依頼するような場合には、製造委託として下請法の適用対象となります。

9 継続的取引解消と救済手段

> **Question** 当社は、長年ある会社の下請として、部品を製造して納入を続けてきましたが、突然その元請から、これまでの取引を打ちきる旨を通告され、途方に暮れています。なるべく取引を長く続けたいというのが本音ですが、それが無理であれば少しでも多く補償をしてもらいたいです。どのように対処すればよいのでしょうか。

● Answer

- 基本的には交渉による解決を目指すのが原則である。
- 交渉で解決できない場合には、法的措置もやむを得ないが、契約上の地位確認を求める訴え、契約上の地位確認を求める仮処分、損害賠償請求訴訟、といった方法がある。
- 交渉にあたっては、弁護士を積極的に活用するのがよい。

1 交渉による解決

元請が下請に対し継続的取引を解消することを通告してきた場合には、下請としてはなるべく長く取引が続くことを望むことが多いでしょうから、下請は元請に対し、いずれ取引が打ち切られるとしても、なるべく長い期間取引を続けられるように交渉することになるでしょう。

また、取引の早期の打ち切りが避けられないことになった場合には、下請は元請に対し、少しでも多くの補償を求めるように交渉をするでしょう。

いずれにせよ、まずは交渉による解決を目指すことになります。

2 法的措置

しかし、交渉で納得のいく結果が得られればいいですが、下請と元請との間で条件が折り合わず、交渉がまとまらない場合があります。このような場合には、下請としては、法的措置を講じることも検討しなければなりません。方法としては、次のようなものがあります。

(1) 契約上の地位確認を求める訴訟

まず、下請が元請に対し、従前の継続的な取引を続けるべき契約上の地位の確認を求めて、裁判所に訴訟を提起する方法があります。

この方法は、継続的な取引を続けていくという目的を達成するために端的な手段といえます。

裁判所に請求を認容してもらい勝訴判決を得るためには、継続的取引の解消が違法であると認められる必要があります（その要件については、第6章3を参照してください）。
　この方法の難点としては、裁判で勝訴判決を得るには時間がかかることがあります（多くの場合は、1年以上は覚悟しなければならないでしょう。但し、裁判の途中で和解により解決することが多いです。最初から和解含みで訴訟を提起する場合もあります。）。
　また、仮に継続的取引の解消が違法であると認められたとしても、どれくらいの期間取引を続けるべきかについては、第6章4で予告期間について述べたとおり、判例上は継続的契約を解消するための予告期間として1年間を超える期間を認めたケースは少ないため、1年間を超える期間を認めてもらう判決は難しいと思われます。

(2)　契約上の地位の確認を求める仮処分

　次に、下請が元請に対し、従前の継続的な取引を続けるべき契約上の地位の確認を求めて、裁判所に仮処分の申立を行う方法があります。
　この方法は、継続的な取引を続けていくという目的を達成するためには端的な手段であることに加え、(1)の訴訟提起の方法が判決が出るまでに時間がかかるのに比べて、時間がかからない（事案にもよりますが、数週間から1ヵ月以内、或いはもっと早く決定が出ることが多いでしょう。）です。この仮処分においては、審尋という両当事者の言い分を聴く場が設けられますので、審尋において和解でまとまることも多いです。
　難点としては、(1)でも述べたように、どれくらいの期間取引を続けるべきかという結論に関して、1年間を超えるような期間を認めてもらう決定は難しいことです。
　また、仮処分の決定を発令してもらうためには、相応の保証金を法務局に供託する必要があります。
　先例としてこのような事案があります。
　XがYより田植機を継続的に買い受け、北海道内において独占的に販売する旨の総代理店契約を締結していました。基本契約書では期間は1年間、期間満了の3ヵ月前迄にXまたはYのいずれかからか更新拒絶の申し出がない限り、1年間自動的に延長するとの定めがありました。YがXに対し期間満了の3ヵ月前に更新拒絶の申入をしたところ、XはY

を債務者として、北海道地域においてY製造の田植機をX以外の者に販売してはならない旨の仮処分申請をしました。

裁判所は、①契約を存続させることが当事者にとって酷であり、契約を終了させてもやむを得ないという事情がある場合に限り、解約告知（更新拒絶）が認められるが、本件ではそのような事情はないから解約は認められない、②しかし、この種の紛争は、取引数量の未確定な将来にわたる包括的な売買予約を内容とする契約であり、長期化により双方に多大な損害の発生が予想されるため、相互の協議・互譲により短期間内に解決されることを期待してよく、長期間にわたり販売を禁止すべきでないとして、Xの昭和62年分の田植機の在庫分を適正に処分するに必要な期間である昭和62年10月から1年間に限って、X以外の者に対する販売を禁止する仮処分決定を発令しました（札幌高裁昭62・9・30決定）。

(3) 損害賠償（損失補償）を求める訴訟

(1) (2)は取引を続ける地位の確認を求める手段でしたが、経済的な補償を求める法的措置としては、損害賠償（損失補償）を求める訴訟を提起する方法があります。

どのような場合に、どの程度の金額が認められるかについては、第6章4を参照してください。

3 弁護士の活用

このような継続的取引解消の問題に関しては、弁護士を活用するのは非常に有用です。

確かに、取引を現に続けている相手方との交渉において弁護士を代理人に立てるのは、相手方を硬化させて今後の取引関係に支障が生じるのではないかとの懸念が生じることは否めません（一概にそのようには言えませんが）。

しかし、取引関係を解消するという局面においては、今後の取引関係の支障は考慮する必要はありませんし、解消されれば今後の取引による利益が得られなくなる以上、なるべく長い期間の取引を求めるか、少しでも多くの補償を求めなければなりません。

また、前記2で述べたとおり、法的手段によると、現在の判例では、取引を継続する条件や補填される金額には限界があります。それ以上の

結果を求めるのであれば、交渉（裁判を提起した後の和解も含む）による解決を考えなければなりません。

　弁護士に依頼すれば、裁判に持ち込めばどれくらいの結果が得られるかの見通しが立ちますし、交渉で行くのがよいか、裁判で判決を求めるか、裁判を起こして和解に持ち込むか、といった手続の選択に関しても、適切な判断を得られます。

　継続的な取引の解消というのは、下請にとって何度も起きることのない重大な問題です。この種の交渉をするのは初めての経営者がほとんどでしょうから、専門家である弁護士の助力を得ることは意味があります。交渉の代理人でなくても、相談相手としても活用することができます。

10　相談窓口

> (Question) 当社は、長年取引をしていた大口の得意先から、突然取引を止めたいと言われました。
> 当社としては取引を続けることは断念せざるを得ませんが、この得意先からは金銭的な補償はしっかり取っていくつもりです。
> そこで、弁護士に相談をしたいのですが、知り合いの弁護士と言えば、前に一度相談したことのある弁護士の先生だけで、この先生はお忙しいようで余り丁寧に対応していただけません。別の弁護士を探したいと考えています。
> どこか、適任の弁護士を紹介してくれるところはないでしょうか。

● Answer

- 日弁連中小企業法律支援センター（ひまわり中小企業センター）の「ひまわりほっとダイヤル」（全国共通で0570－001－240）に電話をすれば、弁護士の相談を受けられる。
- 本書添付の相談シート（311頁）で、本書の著者に相談も可能。

1　各種相談窓口

中小企業の経営者や法務担当者が、経営上のトラブルなどで弁護士に相談したいときは、各地の弁護士会に連絡をするとか、商工会議所等の各種団体や地方公共団体などが実施する弁護士による法律相談を利用する等の方法があります。

しかし、これまで中小企業のために、弁護士が全国的かつ組織的に継続したサービスを提供してきたというわけではなく、多くの中小企業にとっては、いざというときに弁護士に頼むことが容易でなかったことは否めません。

2　日弁連中小企業法律支援センター（ひまわり中小企業センター）

リーマンショック以降も続く経済不況下で、多くの中小企業が経営上の悩みや疑問を抱えている現状において、弁護士が中小企業の問題解決に役立てるように、日本弁護士連合会（日弁連）は、中小企業のために弁護士が全国的かつ組織的な対応をするための組織として、平成21年11月1日、**日弁連中小企業法律支援センター（ひまわり中小企業センター）** を設立しました。ホームページは次頁のとおりになっています。

【http://www.nichibenren.or.jp/ja/sme/index.html】

　日弁連中小企業法律支援センターは、中小企業向けの無料法律相談やセミナー等の各種サービスを予定していますが、中でも目玉であるのは、平成22年４月１日から開始されているひまわりほっとダイヤルです。

3　ひまわりほっとダイヤル

⑴　**ひまわりほっとダイヤル**とは、中小企業が経営上の問題解決やリスク管理等のために、弁護士の相談を受けたいときに、全国共通の専用ダイヤル（0570－001－240）に電話をすれば、地域の弁護士を紹介する制度です。ホームページはこちらになっています。

　　【http://www.nichibenren.or.jp/ja/sme/flow.html】

⑵　利用方法は簡単です。

　　何か弁護士に聞いてみたい、相談してみたいということがあれば、まずは全国共通の専用ダイヤル（0570－001－240）にお電話下さい（但し、受付時間は、平日の月曜日から金曜日の午前10時から午後４時まで（正午から午後１時は除きます）となっています）。

　　会社名や連絡先などの情報を伝えれば、その地域の弁護士から連絡が行きますので、面談の予約をします。その後、弁護士の事務所か会社で相談をすることができます。

⑶　相談の費用に関しては、一部の地域を除いて初回面談30分までは無料となっています（30分経過以降及び２回目以降は、同センターか担当弁護士にお尋ね下さい。また、地方によって取扱いが異なる可能性があるので、電話をする際にご確認下さい。）。

　　また、相談で終わるだけでなく、担当弁護士に交渉や裁判等を委任する場合には、別途費用がかかります。その目安については、同センターのホームページで弁護士の報酬アンケートが掲載されているので、それをご参照下さい。

　　【http://www.nichibenren.or.jp/ja/sme/pdf/smeguide.pdf】

⑷　ひまわりほっとダイヤルで相談できる事項は、下請取引、売掛金等の債権の回収、契約締結の交渉、契約書や社内規程の作成、クレーム対応、不動産の賃貸借、労使問題、知的財産権、事業承継、事業再生、金融機関との交渉、M&A、コンプライアンスなど、経営に関わるあ

らゆる問題が対象となっています。

　また、既にトラブルになっている場合の解決や交渉、裁判は勿論のこと、今後起こりうるトラブルを予防するための相談もすることもできます。

(5)　日弁連中小企業法律支援センターは、これまでの弁護士が中小企業にとって、得てして「敷居が高い」「料金が分かりにくい」「裁判の専門家なので、裁判になったときだけ依頼できる」というイメージがあったため、弁護士が身近で頼りがいのある存在として中小企業に活用してもらうために、全国共通の専用ダイヤルによるサービスをスタートさせました。

　この本を手に取った経営者や法務担当者の方も、こういうことを弁護士に聞いてみたい、弁護士に相談してみると良いかも、と思われたら、お気軽にひまわりほっとダイヤルまで電話をすることをお勧めいたします。

　ひまわりほっとダイヤルの案内チラシも、次頁に掲載しています。

4　東京都とその圏内の会社（企業）の方へ

　また、東京都とその圏内の会社（企業）については、本書の巻末資料に、**相談シート**を添付しました。下請問題やこれ以外にも弁護士に相談したい問題がある場合には、本書の著者である弁護士宛に、お気軽に相談シートをファックスして下さい（各弁護士の連絡先は、312頁以下に掲載されています。）。各弁護士が折り返し連絡をし、相談をお受けいたします。

●ひまわりほっとダイヤルのチラシ

●出典：日弁連中小企業法律支援センターホームページ

11　中小企業にとっての弁護士の役割

> **Question**　私は中小企業の社長ですが、弁護士というと、前に訴訟になりそうな件で一度頼んだことがありますが、それ以外に依頼したことはありません。何となく近寄りがたいというイメージがあり、また料金が分かりにくくて高く取られそうという印象もあるので、今まで相談することもありませんでした。
> 　弁護士は裁判の専門家というイメージが強いのですが、裁判以外でも経営上の問題で役に立つのでしょうか。

● **Answer**

1　弁護士は裁判だけの専門家ではありません

　弁護士は、法廷に立って裁判をする人というイメージが強いかも知れません。

　確かに、裁判の訴訟代理人になれるのは（一定の金額までは司法書士も訴訟代理人ができますが）、原則として弁護士だけです。弁護士が裁判のプロであることは確かです。

　しかし、弁護士は裁判だけを仕事にしているわけではありません。中小企業が直面するあらゆる経営上の問題の解決をサポートすることができます。

2　弁護士ができるサービスは幅広い

(1)　弁護士が中小企業のためにできるサービスは、裁判（法的係争）になってしまった場合に訴訟活動をするほかに、係争となっているが未だ裁判は提起されていない段階において、相手方と交渉・折衝する代理人を務めることがあります。実際、多くの係争は、裁判になる前に、協議により解決されます。

　交渉・折衝において、弁護士が代理人を務めず（相手に名前は出さず）、相談に乗ったり、示談の合意書のチェックをする等により、本人の交渉をサポートすることも多いです。

　弁護士が代理人を務めるか、サポート役に徹するかは、事案や状況によります（どちらでいくのがより早期かつ円満に解決でき、経済合理性に資するかによります）。

(2)　また、契約書の作成やチェック等により、相手方との紛争となるこ

とを未然に予防したり、紛争になっても損害を最小限に止めることをアドバイス、サポートできます。

　弁護士は裁判の専門家ですから、裁判になった場合はどうなるかという見通しを立ててアドバイスできますので、適切な紛争予防をするには弁護士は欠かせないと言えます。

⑶　さらに、例えば事業承継において、誰に承継させるか、承継させるためにはどのようなスケジュールにするかといったことをアドバイスしたり、事業を再建するにあたっての再建計画の作成のお手伝いをしたり、金融機関とのリスケジュールの交渉に立ち会ったり等、経営問題全般に関するアドバイスやサポートもできます。

　特に、顧問弁護士など、継続的に相談をしている弁護士がいる場合には、弁護士が日頃から企業の状況を適切に把握しているので、適切なアドバイスやサポートを期待できます。

3　弁護士のメリット

中小企業が弁護士を活用することで次のようなメリットを期待できます。

⑴　弁護士は、クライアントである企業の経営者に比べ、その企業の業界や経営に関しては素人ですが、その企業以外の様々な業界の企業や経営者を顧客としているため、そこでの相談や紛争解決の経験を生かして、客観的な視点から経営相談のアドバイスをすることができます。

　企業の経営を続けていけば、日々悩みや問題が生じます。しかし、苦楽を共にする役員や従業員といえども、立場が違うことから相談をしにくく、経営者は孤独になりがちなものです。このようなときに、弁護士を身近な相談相手にしておくことは、心強いです。

⑵　弁護士は、他士業（税理士、公認会計士、司法書士、社会保険労務士、弁理士等）その他専門家の人脈をもっていることが多く、経営上の問題が起きたときに、その問題はどの専門家に聞けば解決できるかを判断することができます。場合によっては、適切な専門家を紹介することも可能です。

　したがって、何か問題が起きたときは、とりあえず弁護士に相談をして、誰に相談をするかを教えてもらうのも良いでしょう。弁護士を、紛争解決の総合的なアドバイザーとして活用するわけです。

⑶　弁護士は裁判に通じていますから、何か問題が起きたとき、これが裁判になったらどうなるかについて、的確に判断できます。その見通しを基に、経営者は戦略を立てることができます。その意味で、身近な相談相手の弁護士がいることは重要です。

⑷　企業が対外的に交渉する場合（重要な取引先との契約締結、金融機関からの融資やリスケジュール、M&Aの交渉、紛争となった場合の折衝等）に、経営者や担当者だけで交渉するよりも、外部の者を代理人に立てたり、アドバイザーに選任する方が、往々にして成果を得られやすいといえます。

　　この点、弁護士は、様々な事件で交渉を数多く経験しており、いわば交渉の専門家と言えますので、弁護士を代理人やアドバイザーとして活用することは意味があると言えます。勿論、最初から弁護士を代理人として交渉をすると角が立つのではないか……との懸念も否定できませんが、その場合には内部的なアドバイザーとして活用するのも手ではないでしょうか。

4　弁護士が利用しやすくなっている

　これまでは、弁護士は敷居が高い、アクセスしにくいというイメージをもたれていたことは否定できません。

　しかし、本章1で述べたとおり、日弁連中小企業法律支援センター（ひまわり中小企業センター）による全国共通の専用ダイヤルであるひまわりほっとダイヤル（0570－001－240）を利用すれば、簡単に弁護士にアクセスすることができます。

　また、東京都とその圏内の会社（企業）の方は、巻末資料に添付した相談シートを、本書の著者の弁護士にファックス送付していただければ、速やかに相談に応じます。費用に関しても、日弁連中小企業法律支援センターの弁護士報酬アンケートをご覧いただければ、目安をつかめます。
【http://www.nichibenren.or.jp/ja/sme/housyuu.html】

　このように、中小企業の弁護士に対するアクセスは大分改善されている状況ですので、知り合いの弁護士がいなかったり、いても相談しづらいという中小企業の経営者や法務担当者の方々も、経営に関する様々な問題の解決やリスク管理に、弁護士を積極的に活用されることをお勧めします。

第8章 契約書作成のポイント

第8章　契約書作成のポイント

> **Question**　親事業者から注文を受けるときには、契約書を作るべきなのでしょうか。面倒だという思いがあるのですが……

● **Answer**

　契約書は必ず作るべきです。電話など口頭でのやりとりだけですと、勘違いをしたり、忘れてしまったりすることがあるので、後でトラブルのもとになります。仕事が完成した後になって、あれが違うこれが違うというトラブルが起きると、時間的にも精神的にも、かえって無駄が多くなってしまいます。

　注文を受ける下請事業者にとっては、代金が安くなったり、支払いが遅れたりしては困ります。そのため、契約の内容を契約書に記載して、客観的に明らかにしておくことが必要です。また、注文する親事業者にとっても、注文した物と違う物が納められたり、数が足りなかったりすることを防ぐ意味があります。このように契約書を作っておくことは、**双方にとってメリットがある**のです。

　その都度契約書を作るのが大変でしたら、取引の基本的なルールを「**基本契約書**」で決めておいて、個別の注文については、別途「**注文書**」や「**請書**」をファクシミリでやりとりするなどして、詳細を取り決めるという方法もあります。そうすれば、注文の都度契約書を作らなくても、「注文書」「請書」に記載のない事柄は「基本契約書」に記載された通りになります。次のページから、基本契約書のひな形として、財団法人全国中小企業取引振興協会が作成した「**外注（下請）取引標準基本契約書**」を掲載しておきますので、参考にして下さい。

　また法律上も、親事業者は、下請事業者に製造委託等をした場合には、直ちに、給付の内容、下請代金の額、支払期日及び支払方法その他の事項を記載した書面を下請事業者に交付しなければならないとされています（下請法3条）。口頭でのやりとりだけで済ませてしまっては法律に違反することになります。

参考資料

外注（下請）取引標準基本契約書

（この外注（下請）取引標準基本契約書は、製造業に係るモデル条文です。
貴社の外注（下請）取引基本契約書の作成等に際して、参考にしてください。）

外注(下請)取引標準基本契約書

○○会社(以下「甲」という。)と○○会社(以下「乙」という。)とは、相互利益の尊重の理念に基づき、信義誠実の原則に従って、甲乙間の外注(下請)取引に関する基本的事項について、次のとおり契約を締結する。

第1節 契 約

第1条(基本契約と個別契約)
　この基本契約は、甲と乙との間の外注(下請)取引契約に関する基本的事項を定めたもので、甲乙協議して定める個々の取引契約(以下「個別契約」という。)に対して適用し、甲及び乙は、この基本契約及び個別契約を守らなければならない。 　注①

第2条(個別契約の内容)
1　個別契約には、発注年月日、目的物の名称、仕様、数量、納期、納入場所、検査その他の受渡条件及び代金の額、対価、決済日、決済方法等を、また、原材料等を支給する場合には、その品名、数量、引渡日、引渡場所その他の引渡条件、代金の額、決済日、決済方法等を定めなければならない。
2　前項の規定にかかわらず、個別契約の内容の一部を、甲乙協議の上、あらかじめ付属協定書等に定めることができる。

第3条(個別契約の成立)
1　個別契約は、甲から前条の取引内容を記載した注文書を乙に交付し、乙がこれを承諾することによって成立する。ただし、注文書に記載できない事項があるときは、その事項が記載できない理由及び記載することができる予定期日を記載して、乙に交付することができる。
2　甲は、前項の注文書の交付に代えて、乙の承諾を得て、電子受発注により行うことができる。この場合、乙は、自己の使用する電子計算機のファイルに記録するものとする。

注②

第4条(個別契約の変更)
1　個別契約の内容を変更する必要が生じた場合は、甲乙協議の上変更するものとする。この場合、既存の注文書、注文請書、付属協定書等を改正し、又は新たにこれらの書面を作成するものとする。
2　前項の変更に伴い損害が生じた場合の負担等は、次の各号によるものとする。
　一　甲の責に帰すべき事由により乙が損害を被ったときは、甲の負担とし、乙は甲に損

注①　取引の基本的なルールを定める契約であること、個別の取引にこのルールが適用されることを記載して下さい。いわば基本契約を締結する目的です。
注②　個別の取引をする場合に決めるべきこと（第２条）、またどうすれば個別の取引についての契約が成立するかを記載して下さい（第３条）。基本契約は、あくまでも個別の取引を円滑に行うためのものですから、個別の取引についての契約をするためのルールを取り決めておくわけです。

害賠償を請求することができる。
　二　乙の責に帰すべき事由により甲が損害を被ったときは、乙の負担とし、甲は乙に損害賠償を請求することができる。
　三　甲乙双方の責に帰すべき事由又は帰すことができない事由によるときは、甲乙協議の上定める。

第2節　発　注

第5条（発注）
　甲は、個別契約に係る発注に当たっては、原則として毎月　日に　か月分について行うものとする。また、甲は、乙に対して、少なくとも発注の　か月以前に発注の予定計画を予告するとともに、必要な情報を提供するものとする。

第6条（対価）
1　対価は、数量、仕様、納期、納入頻度、代金支払方法、品質、材料費、労務費、在庫保有費等諸経費、市価の動向等を考慮し、甲乙協議の上定めるものとする。
2　対価の決定の基礎となった数量、仕様、納期、代金支払、材料等の条件が契約期間中に変更される場合は、対価についても再協議するものとする。

第3節　支給・貸与

第7条（原材料等の支給）
1　甲は、乙と協議の上、次の各号の一に該当する場合には、乙が使用する原材料、製品、半製品等（以下「支給材」という。）を有償又は無償で乙に支給することができる。
　一　個別契約の目的物の品質、性能及び規格を維持するために必要なとき。
　二　乙から甲に要求があるとき。
　三　その他正当な理由があるとき。
2　甲が甲の指定業者から直接乙に支給する支給材については、甲は、乙と協議の上、あらかじめ乙にその旨を通知するものとする。　　　　　　　　　　　　　　　注③

第8条（支給材の受領等）
1　乙は、甲又は甲の指定業者から支給材の引渡しを受けたときは、遅滞なくこれを検査し、甲に受領書を提出する。
2　乙は、前項の検査において、支給材に瑕疵若しくは数量の過不足を発見した場合又は製作（加工及び修理を含む。以下同じ。）中に瑕疵を発見した場合には、直ちに甲に通知し指示を受ける。

注③　親事業者が下請事業者に対して材料等を支給することがあれば、これに関するルールを決めておくと便利です（標準基本契約書第7条～第13条）。

第9条（支給材の所有権）
1 　無償支給材並びにこれをもって製作した仕掛品及び完成品の所有権は甲に帰属する。ただし、仕掛品及び完成品の価格が支給材の価格を著しく超えたときは、その所有権は乙に移転する。
2 　有償支給材の所有権は、当該支給材を乙が受領したとき、甲から乙に移転する。

第10条（支給材の残材等の処理）
　乙は、支給材が無償支給の場合には、その残材、端材、切粉等の処理について、甲と協議の上決定するものとする。

第11条（治工具等の貸与）
1 　甲は、必要に応じ、乙に、治工具、器具、測定具、型、機械等（以下「貸与品」という。）を貸与することができる。
2 　貸与の方法、期間、料金、支払条件、手続、修繕費及び改造費の負担等については、あらかじめ甲乙協議して定めるものとする。

第12条（支給材及び貸与品の取扱い）　　　　　　　　　　　　　　　　　　　　注③
1 　乙は、支給材又は貸与品を善良な管理者の注意をもって保管管理し、他との混同を避けるため、保管上及び帳簿上区別しておかなければならない。
2 　乙は、甲の同意を得て、乙の責任において、支給材又は貸与品を第三者に再支給あるいは再貸与することができる。
3 　乙は、甲の同意を得ない限り、支給材又は貸与品を所定の用途以外に転用し、又は第三者に譲渡、質入れ等の処分をしてはならない。
4 　乙は、貸与品を貸与期間満了後、直ちに甲に返還するものとする。
5 　甲は、乙と協議の上、支給材又は貸与品の保管状況、作業状況等を検査するため、乙の工場、作業所、事務所等に立ち入ることができる。

第13条（支給材及び貸与品の滅失・破損等）
1 　乙は、支給材又は貸与品が滅失、破損又は変質した場合には、速やかに甲に通知する。
2 　乙は、前項の滅失、破損又は変質の原因が乙の責に帰すべき場合には、甲の指示に従い、乙の負担において補修、代品の提供又は損害賠償を行うものとする。

第4節　納入等

第14条（納期）
納期とは、個別契約による目的物を甲の指定する場所に納入すべき※＿＿をいい、個別契約ごとに甲乙協議して定める。

〔※期日、期間、期限のいずれか一つを選択する。〕

第15条（納期の変更）
1　乙は、納期前に目的物を納入しようとするときは、あらかじめ甲の承諾を得なければならない。
2　乙は、納期に目的物を納入できないと認めたときは、事前に速やかにその理由及び納入予定等を甲に申し出て、甲の指示を受けなければならない。
3　甲は、甲の必要により納期の変更をする場合には、乙と協議しなければならない。

第16条（受入れ・検査及び引渡し）
1　乙は、目的物を甲に納入するに当たっては、納品書を添付し、指定納期に、指定場所に納入する。
2　甲は、乙の納入した目的物の数量を納品書と照合の上、乙に受入れを証する書面を交付する。　注④
3　甲は、受け入れた目的物を、あらかじめ定められた検査方法により速やかに受入検査を行い、合否を判定の上、その内容を書面をもって乙に通知する。
4　前項の検査に合格したときは、その時点で目的物の引渡しがあったものとする。
5　納入に当たり受入検査をしない定めをした場合は、甲が目的物を受け入れた時点で目的物の引渡しがあったものとする。

第17条（不足品又は代品の納入等）
1　乙は、前条に定める検査の結果、数量不足又は不合格になったものについて、甲の指示に基づき、速やかに不足品若しくは代品の納入又は瑕疵の補修をしなければならない。
2　前項の納入手続については、前条に定める納入手続を準用する。

第18条（不合格品又は過納品の引取り）
1　乙は、第16条に定める受入検査の結果、目的物に不合格品又は過納品が生じた場合には、甲の指定する期限内にこれを引き取らなければならない。ただし、甲の値引き

注④　納品に関するルール（標準基本契約書第14条〜第21条）、支払いに関するルール（標準基本契約書第22条〜第24条）は取引の基本です。

採用又は過納品買取りの場合を除く。
2 乙が前項の期限内に不合格品又は過納品を引き取らないときは、甲はこれを乙に返送又は乙の承諾を得て処分することができる。この場合、これらに要する費用は乙の負担とする。
3 甲が不合格品又は過納品を保管する間に、これらの全部又は一部が滅失、破損又は変質したときは、その損害は乙の負担とする。ただし、第1項に定める期限内に甲の責に帰すべき事由により生じた損害については、この限りでない。

第19条（値引き採用）
1 甲は、第16条に定める受入検査の結果不合格となったものについて、その事由がさいな不備に基づくものであり、甲の工夫により使用可能と認めるときは、契約価格を値引きしてこれを引き取ることができる。
2 前項の値引き額については、甲は乙と協議の上定めるものとする。

第20条（目的物の所有権移転）
目的物の所有権は、次の各号の一つに該当する時点で、乙から甲に移転する。
一 第16条第4項又は第5項に定める引渡しがあったとき。
二 前条第1項に定める値引き採用をしたとき。

注④

第21条（危険負担）
目的物の危険負担は、乙が甲に納入した時点で、乙から甲に移転する。

第5節 支 払

第22条（支払期日）
甲は、毎月＿＿日までに受領し、又は値引き採用したものに対して、当（翌）月＿＿日にその代金を支払うものとする。

第23条（代金支払方法）
1 代金の支払方法は、当該月における乙への代金の支払総額に応じて次による。
　　　　＿＿＿＿＿万円未満の場合　全額現金払い
　　　　＿＿＿＿＿万円以上の場合　手形＿＿％　手形サイト＿＿日
　　　　　　　　　　　　　　　　　　残額は現金払い
2 甲は、前条の支払期日までに代金の全部又は一部を支払うことができないときは、支払期日の翌日から支払をする日までの期間について、未払金に対し、年利 ％を乗じた額を遅延利息として支払う。

第 24 条 (相殺)

1 甲の乙に対する立替金等乙より支払を受けるべき甲の金銭債権については、甲は、当該債権が発生し、これを債権勘定に計上した都度、乙に対して有する支払債務の対当額をもって相殺することができる。
2 甲が乙に対する有償支給材の代金と相殺するに当たっては、既に納入された目的物に相当する支給材の代金に限り相殺し得るものとし、当該目的物の代金支払期日に相殺するものとする。
3 甲は、乙に対する無償支給材及び貸与品の棚卸しの結果、不足を発見したときは、不足分の価格を甲乙協議の上決定し、目的物の代金支払額と相殺するものとする。
4 前各項の相殺に当たっては、その都度相殺額について相互の受領証の交換を行わず、甲がその明細を乙に通知することによって、相殺が完了したものとすることができる。

注④

〔(注) 上記は見合相殺の例である。〕

第6節　一般事項

第 25 条 (瑕疵担保責任)

甲は、目的物に隠れた瑕疵を発見した場合には、乙に対しその旨書面をもって通知し、別に定める期間内に限り、目的物の補修若しくは代品の納入を求め、又は目的物の代金の減額若しくは損害賠償の請求をすることができる。

第 26 条 (製作中不良発生時の処理)

1 乙は、製作中に不良品が多発した場合には、直ちに製作を中止して甲に通知し、その指示を受けるものとする。
2 不良品多発により損害が生じた場合の負担は、次の各号によるものとする。
　一　不良品多発の原因が支給材又は貸与品にあるときは、甲の負担とする。
　二　不良品多発の原因が乙の技術又は設備にあるときは、乙の負担とする。
　三　不良品多発の原因が前各号のいずれにもあるとき又はいずれにもないときは、甲乙協議して定める。

第 27 条 (製造物責任)

1 甲及び乙は、目的物の欠陥により、第三者の生命、身体若しくは財産に損害が生じ、又は損害が生じるおそれがあると認めた場合には、甲乙協力してその解決に当たるものとする。

2 乙は、瑕疵担保責任の期間経過後であっても、乙の故意又は重大な過失に起因するものと認められた損害については、甲乙協議して補償するものとする。
3 甲及び乙は、品質保証協定について、甲乙協議して別に定めるものとする。

第28条（秘密保持）
　甲及び乙は、相互に基本契約及び個別契約により知り得た相手方の営業上の秘密を相手方の承諾を得ない限り、第三者に漏らしてはならない。

第29条（図面等の管理）
1 甲又は乙は、相手方が貸与し、又は提出した図面、仕様書等の保管管理については、厳重にこれを行うものとし、相手方の承諾がない限り、第三者に貸与又は閲覧等をさせてはならない。
2 甲又は乙は、前項の図面、仕様書等又はその他の指示について疑義がある場合には、相手方に申し出て書面による指示に従い処理するものとする。

第30条（知的財産権）
1 甲乙の共同研究により取得した知的財産権の帰属は、甲乙協議して定めるものとする。
2 甲又は乙は、相手方の図面、仕様書により製作された目的物又はその製作方法に関連して知的財産権を取得する場合には、事前にその旨を相手方に申し出て書面による承諾を得なければならない。ただし、知的財産権の帰属等に関しては、貢献度に応じて甲乙協議して定める。
3 甲又は乙が前2項に定める知的財産権を第三者に譲渡又は実施権設定の許諾等を行う場合は、相手方の書面による承諾を得るものとする。
4 甲及び乙は、目的物につき第三者との間に知的財産権上の権利侵害等の紛争が生じたときは、相手方に書面で通知し、甲及び乙のうちの責に帰すべき者が、その負担と責任において処理解決するものとする。

第31条（製作・販売の禁止）
　甲又は乙は、相手方の書面による承諾を得ない限り、第三者に対し、相手方の図面、仕様書による製作及び販売を行ってはならない。

第32条（再外注）
1 乙は、個別契約の目的物の製作を第三者に行わせることができる。ただし、甲が特に指定した目的物については、甲の承諾を得なければならない。
2 乙は、前項の場合、この基本契約及び個別契約に基づく履行義務を免れない。

第33条(権利義務の譲渡)

　甲及び乙は、相互に相手方の書面による承諾を得ない限り、この基本契約又は個別契約により生ずる一切の権利義務(債権及び債務を含む。)の全部又は一部を第三者に譲渡し、又は担保に供してはならない。ただし、乙が信用保証協会及び金融機関に対して売掛金債権を譲渡する場合にあっては、この限りでない。

第34条(取引停止等の予告)

　甲又は乙は、取引を長期にわたって停止又は著しく変更する場合には、相当の猶予期間をもって相手方に通知するものとする。

第35条(契約の解除)

1　甲又は乙は、相手方が次の各号の一に該当した場合には、何らの催告なしに、この基本契約及び個別契約の全部又は一部を解除することができるものとする。
　一　甲又は乙が金融機関から取引停止の処分を受けたとき。
　二　甲又は乙が監督官庁から営業の取消し、停止等の処分を受けたとき。
　三　甲又は乙が第三者から仮差押え、差押え、仮処分、強制執行等を受け、契約の履行が困難と認められるとき。
　四　甲又は乙について、破産の申立て、特別清算開始の申立て、民事再生の申立て及び会社更生の申立ての事実が生じたとき。
　五　甲又は乙が解散の決議をしたとき。
2　甲又は乙は、相手方がこの基本契約又は個別契約に違反したときは、書面をもって契約の履行を催告し、　日を経過しても契約が履行されないときは、この基本契約及び個別契約の全部又は一部を解除することができるものとする。　注⑤
3　甲又は乙は、災害その他やむを得ない理由により契約の履行が困難と認めたときは、相手方と協議の上、この基本契約及び個別契約の全部又は一部を解除することができるものとする。

第36条(契約解除後の措置)

1　甲又は乙は、前条の場合、相手方に対し図面、貸与品及び無償支給材を速やかに返還しなければならない。
2　甲は、前条の場合、乙の下にある個別契約に係る目的物、仕掛品及び有償支給材を第三者に優先して買い取ることができる。

注⑤　継続的な取引ですので、有効期間を定めて(標準基本契約書第40条)、契約関係を解消するときのルール(標準基本契約書第35条、第36条、第41条)も決めておきましょう。

第37条(損害賠償請求)
　甲又は乙は、次の各号の一に該当する理由により損害を受けた場合には、損害賠償を請求することができる。
　　一　甲又は乙がこの基本契約又は個別契約に違反したとき。
　　二　甲又は乙が第35条に定める契約の解除を行ったとき。

第38条(通知義務)
　甲又は乙は、次の各号のいずれかに該当する事実が生じた場合には、速やかに相手方に通知しなければならない。
　　一　第35条第1項の各号及び第3項のいずれかに該当したとき。
　　二　取引に関連する営業を譲渡し、又は譲り受けたとき。
　　三　住所、代表者、商号その他取引上の重要な変更が生じたとき。

第39条(協議解決)
　この基本契約及び個別契約の規定に関する疑義又はこれらの規定に定めのない事項については、甲乙協議して解決するものとする。

第40条(有効期間)
1　この基本契約の有効期間は、平成＿＿年＿＿月＿＿日から平成＿＿年＿＿月＿＿日までとする。ただし、期間満了の＿＿か月前までに甲又は乙から書面による変更、解約の申し出のないときは、この基本契約と同一条件で更に＿＿間継続するものとし、その後もこの例によるものとする。
2　前項によるこの基本契約の失効時に存続する個別契約については、この基本契約は、当該個別契約の存続期間中有効とする。

注⑤

第41条(残存義務)
　甲又は乙は、この基本契約及び個別契約の期間満了後又は解除後においても、次の各号に関する義務を負うものとする。
　　一　第25条に定める瑕疵担保責任及び第27条に定める製造物責任
　　二　第28条に定める秘密保持
　　三　第29条に定める知的財産権に関する事項

この基本契約の成立を証するため、本書2通を作成し、甲乙記名捺印の上各1通を保有する。

　平成　　年　　月　　日

　　甲　所在地　社名　代表者氏名　印（肩書　代理人氏名　印）

　　乙　所在地　社名　代表者氏名　印（肩書　代理人氏名　印）

1 情報成果物の作成委託に関する注文書の例

情報成果物の作成を委託する場合の注文書には以下の内容を記載することが必要です。

参考例（汎用）

（書式例1）汎用的な3条書面の例（規則で定める事項を1つの書式に含めた場合）

注 文 書

注①　＿＿＿＿＿殿　　　　　　　　　　　　　　注②　平成〇年〇月〇日
　　　　　　　　　　　　　　　　　　　　　　　　注①　〇〇〇株式会社

品名及び規格・仕様等
注③

納　期	納入場所	検査完了期日
注④	注⑤	注⑥

数量(単位)	単価(円)	代金(円)	支払期日	支払方法
注⑦	注⑦	注⑦	注⑧	

○　本注文書の金額は，消費税・地方消費税抜きの金額です。支払期日には法定税率による消費税額・地方消費税額分を加算して支払います。

注①　親事業者、下請事業者の名称（3条規則1条1項1号）
　　　誰が誰に注文をするか、契約の当事者を明らかにします。
注②　注文をした日付（3条規則1条1項2号）
　　　いつ注文をしたかを明らかにします。
注③　下請事業者が納めるべき給付の内容（3条規則1条1項2号）
　　　情報成果物の内容は様々ですから、どのようなものが必要なのか、詳細に記載する必要があります。
注④　納期（3条規則1条1項2号）
　　　いつまでに情報成果物を納品するべきかという期限を明らかにします。
注⑤　納品場所（3条規則1条1項2号）
　　　どこに情報成果物を納品するべきか、納品の場所を明らかにします。
注⑥　納品検査をする場合には、検査を完了する日（3条規則1条1項3号）
　　　納品された情報成果物について検査をして、問題がないかどうか確認する期限を明らかにします。
注⑦　下請代金の額（3条規則1条1項4号）
　　　下請代金がいくらかを明らかにします。複数の納品を求める場合には、「数量」「単価」も記載して下さい。
注⑧　下請代金の支払期日（3条規則1条1項4号）
　　　いつまでに下請代金を支払うかを明らかにします。

2 役務提供委託に関する注文書の例

役務の提供を委託する場合の注文書には以下の内容を記載することが必要です。

役務提供委託の参考例

（書式例7）役務提供委託の3条書面の例（規則で定める事項を1つの書式に含めた場合）

```
                    作 業 依 頼 書
    注①
　　_____殿
                                              注①　○○○株式会社
┌─────────┬──────────────┬──────────────┐
│注文年月日         │委託内容              │委託期間（日）        │
│    注②          │    注③              │    注④              │
├─────┬────┴──────┬───────┼──────────────┤
│場所      │代金（円）         │支払期日      │支払方法              │
│  注⑤    │    注⑥          │    注⑦     │                      │
└─────┴───────────┴───────┴──────────────┘
○ 本注文書の金額は，消費税・地方消費税抜きの金額です。支払期日には法定税率による消費税
  額・地方消費税額分を加算して支払います。
```

注①　親事業者、下請事業者の名称（3条規則1条1項1号）
　　　誰が誰に注文をするか、契約の当事者を明らかにします。
注②　注文をした日付（3条規則1条1項2号）
　　　いつ注文をしたかを明らかにします。
注③　下請事業者が納めるべき給付の内容（3条規則1条1項2号）
　　　どのような役務の提供を受けたいのか、その内容を明らかにします。
注④　委託を受けた役務を提供する期日（3条規則1条1項2号）
　　　いつ役務の提供を受けたいのか、その期間あるいは日付を明らかにします。
注⑤　役務を提供する場所（3条規則1条1項2号）
　　　どこで役務の提供を受けるのか、提供の場所を明らかにします。
注⑥　下請代金の額（3条規則1条1項4号）
　　　下請代金がいくらかを明らかにします。
注⑦　下請代金の支払期日（3条規則1条1項4号）
　　　いつまでに下請代金を支払うかを明らかにします。

3 修理委託の注文書の例

> **Question** 当社が取り扱う商品について当社が修理を請け負い、さらにその物品の修理を下請事業者に発注する場合の発注書面にはどのようなことを記載すればよいのですか。

● Answer

当該契約は修理委託にあたります。この場合の発注書面の作成方法については、下記の公正取引委員会の「製造委託の参考例」をご参照下さい。

参考例（汎用）

（書式例１）汎用的な３条書面の例（規則で定める事項を１つの書式に含めた場合）

注①　親事業者、下請事業者の名称（3条規則1条1項1号）
　　　参考書面には、送り主と宛先欄が準備されています。
注②　注文をした日付（3条規則1条1項2号）
　　　参考書面には、日付欄が準備されています。
注③　下請事業者が納めるべき給付の内容（3条規則1条1項2号）
　　　参考書面には「品名及び規格・仕様等」欄があります。修理委託の内容は様々ですから、契約内容を特定しうる程度に詳細にその内容を記載する必要があります。
注④　納期（3条規則1条1項2号）
　　　参考書面の「納期」欄です。
注⑤　納入場所（3条規則1条1項2号）
　　　参考書面の「納入場所」欄です。
注⑥　納品検査をする場合には、検査を完了する日（3条規則1条1項3号）
　　　参考書面の「検査完了期日」欄です。
注⑦　下請代金の額（3条規則1条1項4号）
　　　参考書面の「金額」欄です。複数の納品を求める場合には、「数量」「単価」も記載して下さい。
注⑧　下請代金の支払期日（3条規則1条1項4号）
　　　参考書面の「支払期日」欄です。

※なお、手形を交付する場合、一括決済方式電子記録債権で支払う場合については、規則1条1項5ないし7号をご参照下さい。また、必要的記載事項のうち、支払方法や有償支給原材料に関する事項など、一定期間共通する事項（共通記載事項）について、あらかじめ明確に記載した書面を作成して交付してある場合は、その都度交付する書面に記載する必要はありません。このような場合の記載方法についても、公正取引委員会の「参考例」を参照下さい。

4　製造委託の注文書の例

> **Question** 当社が取扱う商品の部品の製造を下請事業者に発注する場合の発注書面にはどのようなことを記載すればよいのですか。

● **Answer**

　製造委託とは、事業者が業として販売、製造や加工の請負、修理、又は使用、消費する物品等の製造を他の事業者に委託することをいい（2条1項）、本問のケースは製造委託に該当します。発注書面の作成方法については、下記の公正取引委員会の「製造委託の参考例」をご参照下さい。

製造委託の参考例

（書式例5）製造委託の3条書面の例（規則で定める事項を1つの書式に含めた場合）

注　文　書

注① 　　　　殿　　　　　　　　　　　　　注② 平成○年○月○日

　　　　　　　　　　　　　　　　　　　　　注① ○○○株式会社

注番	注文年月日 注②	納期 注④	納入場所 注⑤

品名・規格 注③			数量(単位) 注⑦	単価(円) 注⑦	金額(円) 注⑦

原材料 先持　有償　無償	有償支給原材料の品名 注⑩	原材料引渡日 注⑨	数量(単位) 注⑨	単価(円) 注⑨	金額(円) 注⑨

検査完了期日 注⑥	支払期日 注⑧	支払方法	有償支給原材料代金の決済期日及び決済方法 注⑨

○　本注文書の単価は、消費税・地方消費税抜きの単価です。支払期日には法定税率による消費税額・地方消費税額分を加算して支払います。

注：「有償支給原材料代金の決済期日及び方法」欄には、有償支給原材料代金の決済期日及びその方法を記入する。決済制度を記入しても差し支えない。
（例）　ア．決済期日及び決済方法
　　　　　　支給原材料のうち、製品として納入された分について、その下請代金の支払期日に控除
　　　　イ．納品分の下請代金支払時にその使用原材料分を控除
（悪い例）　毎月○日買掛金と相殺【有償支給原材料の締切日があいまいである。】

※　その他については、汎用的な3条書面の例（書式例1）の注に同じ。

注①　親事業者、下請事業者の名称（3条規則1条1項1号）
　　　参考書面の送り主と宛先を記載します。
注②　注文をした日付（3条規則1条1項2号）
　　　参考書面の日付欄を記載します。
注③　下請事業者が納めるべき給付の内容（3条規則1条1項2号）
　　　参考書面の「品名及び規格」欄です。製造委託の内容は様々ですから、契約内容を特定しうる程度に詳細にその内容を記載する必要があります。
注④　納期（3条規則1条1項2号）
　　　参考書面の「納期」欄です。
注⑤　納入場所（3条規則1条1項2号）
　　　参考書面の「納入場所」欄です。
注⑥　納品検査をする場合には、検査を完了する日（3条規則1条1項3号）
　　　参考書面の「検査完了期日」欄です。
注⑦　下請代金の額（3条規則1条1項4号）
　　　参考書面の「金額」欄です。複数の納品を求める場合には、「数量」「単価」も記載して下さい。
注⑧　下請代金の支払期日（3条規則1条1項4号）
　　　参考書面の「支払期日」です。
注⑨　原材料等を有償支給する場合は、その品名、数量、対価、引渡の期日、決済期日、決済方法（3条規則1条1項8号）
　　　参考書面の「有償支給原材料の品名」「原材料引渡日」「数量」「単価」「金額」「有償支給原材料代金の決済期日及び決済方法」です。

【巻末資料・1】 ●下請代金支払遅延等防止法

(昭和三十一年六月一日法律第百二十号)

最終改正：平成21年6月10日

(目的)

第一条　この法律は、下請代金の支払遅延等を防止することによつて、親事業者の下請事業者に対する取引を公正ならしめるとともに、下請事業者の利益を保護し、もつて国民経済の健全な発達に寄与することを目的とする。

(定義)

第二条　この法律で「製造委託」とは、事業者が業として行う販売若しくは業として請け負う製造（加工を含む。以下同じ。）の目的物たる物品若しくはその半製品、部品、附属品若しくは原材料若しくはこれらの製造に用いる金型又は業として行う物品の修理に必要な部品若しくは原材料の製造を他の事業者に委託すること及び事業者がその使用し又は消費する物品の製造を業として行う場合にその物品若しくはその半製品、部品、附属品若しくは原材料又はこれらの製造に用いる金型の製造を他の事業者に委託することをいう。

2　この法律で「修理委託」とは、事業者が業として請け負う物品の修理の行為の全部又は一部を他の事業者に委託すること及び事業者がその使用する物品の修理を業として行う場合にその修理の行為の一部を他の事業者に委託することをいう。

3　この法律で「情報成果物作成委託」とは、事業者が業として行う提供若しくは業として請け負う作成の目的たる情報成果物の作成の行為の全部又は一部を他の事業者に委託すること及び事業者がその使用する情報成果物の作成を業として行う場合にその情報成果物の作成の行為の全部又は一部を他の事業者に委託することをいう。

4　この法律で「役務提供委託」とは、事業者が業として行う提供の目的たる役務の提供の行為の全部又は一部を他の事業者に委託すること（建設業（建設業法（昭和二十四年法律第百号）第二条第二項に規定する建設業をいう。以下この項において同じ。）を営む者が業として請け負う建設工事（同条第一項に規定する建設工事をいう。）の全部又は一部を他の建設業を営む者に請け負わせることを除く。）をいう。

5　この法律で「製造委託等」とは、製造委託、修理委託、情報成果物作成委託及び役務提供委託をいう。

6　この法律で「情報成果物」とは、次に掲げるものをいう。

　一　プログラム（電子計算機に対する指令であつて、一の結果を得ることができるように組み合わされたものをいう。）

　二　映画、放送番組その他影像又は音声その他の音響により構成されるもの

　三　文字、図形若しくは記号若しくはこれらの結合又はこれらと色彩との結合により構成されるもの

　四　前三号に掲げるもののほか、これらに類するもので政令で定めるもの

7　この法律で「親事業者」とは、次の各号のいずれかに該当する者をいう。

　一　資本金の額又は出資の総額が三億円を超える法人たる事業者（政府契約の支払遅延防止等に関する法律（昭和二十四年法律第二百五十六号）第十四条に規定する者を除く。）であつて、個人又は資本金の額若しくは出資の総額が三億円以下の法人たる事業者に対し製造委託等（情報成果物作成委託及び役務提供委託にあつては、それぞれ政令で定める情報成果物及び役務に係るものに限る。次号並びに次項第一号及び第二号において同じ。）をするもの

　二　資本金の額又は出資の総額が千万円を超え三億円以下の法人たる事業者（政府契約の

支払遅延防止等に関する法律第十四条に規定する者を除く。）であつて、個人又は資本金の額若しくは出資の総額が千万円以下の法人たる事業者に対し製造委託等をするもの
　　三　資本金の額又は出資の総額が五千万円を超える法人たる事業者（政府契約の支払遅延防止等に関する法律第十四条に規定する者を除く。）であつて、個人又は資本金の額若しくは出資の総額が五千万円以下の法人たる事業者に対し情報成果物作成委託又は役務提供委託（それぞれ第一号の政令で定める情報成果物又は役務に係るものを除く。次号並びに次項第三号及び第四号において同じ。）をするもの
　　四　資本金の額又は出資の総額が千万円を超え五千万円以下の法人たる事業者（政府契約の支払遅延防止等に関する法律第十四条に規定する者を除く。）であつて、個人又は資本金の額若しくは出資の総額が千万円以下の法人たる事業者に対し情報成果物作成委託又は役務提供委託をするもの
　8　この法律で「下請事業者」とは、次の各号のいずれかに該当する者をいう。
　　一　個人又は資本金の額若しくは出資の総額が三億円以下の法人たる事業者であつて、前項第一号に規定する親事業者から製造委託等を受けるもの
　　二　個人又は資本金の額若しくは出資の総額が千万円以下の法人たる事業者であつて、前項第二号に規定する親事業者から製造委託等を受けるもの
　　三　個人又は資本金の額若しくは出資の総額が五千万円以下の法人たる事業者であつて、前項第三号に規定する親事業者から情報成果物作成委託又は役務提供委託を受けるもの
　　四　個人又は資本金の額若しくは出資の総額が千万円以下の法人たる事業者であつて、前項第四号に規定する親事業者から情報成果物作成委託又は役務提供委託を受けるもの
　9　資本金の額又は出資の総額が千万円を超える法人たる事業者から役員の任免、業務の執行又は存立について支配を受け、かつ、その事業者から製造委託等を受ける法人たる事業者が、その製造委託等に係る製造、修理、作成又は提供の行為の全部又は相当部分について再委託をする場合（第七項第一号又は第二号に該当する者がそれぞれ前項第一号又は第二号に該当する者に対し製造委託等をする場合及び第七項第三号又は第四号に該当する者がそれぞれ前項第三号又は第四号に該当する者に対し情報成果物作成委託又は役務提供委託をする場合を除く。）において、再委託を受ける事業者が、役員の任免、業務の執行又は存立について支配をし、かつ、製造委託等をする当該事業者から直接製造委託等を受けるものとすれば前項各号のいずれかに該当することとなる事業者であるときは、この法律の適用については、再委託をする事業者は親事業者と、再委託を受ける事業者は下請事業者とみなす。
　10　この法律で「下請代金」とは、親事業者が製造委託等をした場合に下請事業者の給付（役務提供委託をした場合にあつては、役務の提供。以下同じ。）に対し支払うべき代金をいう。

（下請代金の支払期日）
第二条の二　下請代金の支払期日は、親事業者が下請事業者の給付の内容について検査をするかどうかを問わず、親事業者が下請事業者の給付を受領した日（役務提供委託の場合は、下請事業者がその委託を受けた役務の提供をした日。次項において同じ。）から起算して、六十日の期間内において、かつ、できる限り短い期間内において、定められなければならない。
　2　下請代金の支払期日が定められなかつたときは親事業者が下請事業者の給付を受領した日が、前項の規定に違反して下請代金の支払期日が定められたときは親事業者が下請事業者の給付を受領した日から起算して六十日を経過した日の前日が下請代金の支払期日と定められたものとみなす。

（書面の交付等）

第三条　親事業者は、下請事業者に対し製造委託等をした場合は、直ちに、公正取引委員会規則で定めるところにより下請事業者の給付の内容、下請代金の額、支払期日及び支払方法その他の事項を記載した書面を下請事業者に交付しなければならない。ただし、これらの事項のうちその内容が定められないことにつき正当な理由があるものについては、その記載を要しないものとし、この場合には、親事業者は、当該事項の内容が定められた後直ちに、当該事項を記載した書面を下請事業者に交付しなければならない。

2　親事業者は、前項の規定による書面の交付に代えて、政令で定めるところにより、当該下請事業者の承諾を得て、当該書面に記載すべき事項を電子情報処理組織を使用する方法その他の情報通信の技術を利用する方法であつて公正取引委員会規則で定めるものにより提供することができる。この場合において、当該親事業者は、当該書面を交付したものとみなす。

（親事業者の遵守事項）

第四条　親事業者は、下請事業者に対し製造委託等をした場合は、次の各号（役務提供委託をした場合にあつては、第一号及び第四号を除く。）に掲げる行為をしてはならない。

一　下請事業者の責に帰すべき理由がないのに、下請事業者の給付の受領を拒むこと。

二　下請代金をその支払期日の経過後なお支払わないこと。

三　下請事業者の責に帰すべき理由がないのに、下請代金の額を減ずること。

四　下請事業者の責に帰すべき理由がないのに、下請事業者の給付を受領した後、下請事業者にその給付に係る物を引き取らせること。

五　下請事業者の給付の内容と同種又は類似の内容の給付に対し通常支払われる対価に比し著しく低い下請代金の額を不当に定めること。

六　下請事業者の給付の内容を均質にし又はその改善を図るため必要がある場合その他正当な理由がある場合を除き、自己の指定する物を強制して購入させ、又は役務を強制して利用させること。

七　親事業者が第一号若しくは第二号に掲げる行為をしている場合若しくは第三号から前号までに掲げる行為をした場合又は親事業者について次項各号の一に該当する事実があると認められる場合に下請事業者が公正取引委員会又は中小企業庁長官に対しその事実を知らせたことを理由として、取引の数量を減じ、取引を停止し、その他不利益な取扱いをすること。

2　親事業者は、下請事業者に対し製造委託等をした場合は、次の各号（役務提供委託をした場合にあつては、第一号を除く。）に掲げる行為をすることによつて、下請事業者の利益を不当に害してはならない。

一　自己に対する給付に必要な半製品、部品、附属品又は原材料（以下「原材料等」という。）を自己から購入させた場合に、下請事業者の責めに帰すべき理由がないのに、当該原材料等を用いる給付に対する下請代金の支払期日より早い時期に、支払うべき下請代金の額から当該原材料等の対価の全部若しくは一部を控除し、又は当該原材料等の対価の全部若しくは一部を支払わせること。

二　下請代金の支払につき、当該下請代金の支払期日までに一般の金融機関（預金又は貯金の受入れ及び資金の融通を業とする者をいう。）による割引を受けることが困難であると認められる手形を交付すること。

三　自己のために金銭、役務その他の経済上の利益を提供させること。

四　下請事業者の責めに帰すべき理由がないのに、下請事業者の給付の内容を変更させ、又は下請事業者の給付を受領した後に（役務提供委託の場合は、下請事業者がその委託を受けた役務の提供をした後に）給付をやり直させること。

（遅延利息）
第四条の二　親事業者は、下請代金の支払期日までに下請代金を支払わなかつたときは、下請事業者に対し、下請事業者の給付を受領した日（役務提供委託の場合は、下請事業者がその委託を受けた役務の提供をした日）から起算して六十日を経過した日から支払をする日までの期間について、その日数に応じ、当該未払金額に公正取引委員会規則で定める率を乗じて得た金額を遅延利息として支払わなければならない。

（書類等の作成及び保存）
第五条　親事業者は、下請事業者に対し製造委託等をした場合は、公正取引委員会規則で定めるところにより、下請事業者の給付、給付の受領（役務提供委託をした場合にあつては、下請事業者がした役務を提供する行為の実施）、下請代金の支払その他の事項について記載し又は記録した書類又は電磁的記録（電子的方式、磁気的方式その他人の知覚によつては認識することができない方式で作られる記録であつて、電子計算機による情報処理の用に供されるものをいう。以下同じ。）を作成し、これを保存しなければならない。

（中小企業庁長官の請求）
第六条　中小企業庁長官は、親事業者が第四条第一項第一号、第二号若しくは第七号に掲げる行為をしているかどうか若しくは同項第三号から第六号までに掲げる行為をしたかどうか又は親事業者について同条第二項各号の一に該当する事実があるかどうかを調査し、その事実があると認めるときは、公正取引委員会に対し、この法律の規定に従い適当な措置をとるべきことを求めることができる。

（勧告）
第七条　公正取引委員会は、親事業者が第四条第一項第一号、第二号又は第七号に掲げる行為をしていると認めるときは、その親事業者に対し、速やかにその下請事業者の給付を受領し、その下請代金若しくはその下請代金及び第四条の二の規定による遅延利息を支払い、又はその不利益な取扱いをやめるべきことその他必要な措置をとるべきことを勧告するものとする。
2　公正取引委員会は、親事業者が第四条第一項第三号から第六号までに掲げる行為をしたと認めるときは、その親事業者に対し、速やかにその減じた額を支払い、その下請事業者の給付に係る物を再び引き取り、その下請代金の額を引き上げ、又はその購入させた物を引き取るべきことその他必要な措置をとるべきことを勧告するものとする。
3　公正取引委員会は、親事業者について第四条第二項各号のいずれかに該当する事実があると認めるときは、その親事業者に対し、速やかにその下請事業者の利益を保護するため必要な措置をとるべきことを勧告するものとする。

（私的独占の禁止及び公正取引の確保に関する法律との関係）
第八条　私的独占の禁止及び公正取引の確保に関する法律（昭和二十二年法律第五十四号）第二十条及び第二十条の六の規定は、公正取引委員会が前条第一項から第三項までの規定による勧告をした場合において、親事業者がその勧告に従つたときに限り、親事業者のその勧告に係る行為については、適用しない。

（報告及び検査）
第九条　公正取引委員会は、親事業者の下請事業者に対する製造委託等に関する取引（以下単に「取引」という。）を公正ならしめるため必要があると認めるときは、親事業者若しく

は下請事業者に対しその取引に関する報告をさせ、又はその職員に親事業者若しくは下請事業者の事務所若しくは事業所に立ち入り、帳簿書類その他の物件を検査させることができる。

2　中小企業庁長官は、下請事業者の利益を保護するため特に必要があると認めるときは、親事業者若しくは下請事業者に対しその取引に関する報告をさせ、又はその職員に親事業者若しくは下請事業者の事務所若しくは事業所に立ち入り、帳簿書類その他の物件を検査させることができる。

3　親事業者又は下請事業者の営む事業を所管する主務大臣は、中小企業庁長官の第六条の規定による調査に協力するため特に必要があると認めるときは、所管事業を営む親事業者若しくは下請事業者に対しその取引に関する報告をさせ、又はその職員にこれらの者の事務所若しくは事業所に立ち入り、帳簿書類その他の物件を検査させることができる。

4　前三項の規定により職員が立ち入るときは、その身分を示す証明書を携帯し、関係人に提示しなければならない。

5　第一項から第三項までの規定による立入検査の権限は、犯罪捜査のために認められたものと解釈してはならない。

（罰則）

第十条　次の各号のいずれかに該当する場合には、その違反行為をした親事業者の代表者、代理人、使用人その他の従業者は、五十万円以下の罰金に処する。
　一　第三条第一項の規定による書面を交付しなかつたとき。
　二　第五条の規定による書類若しくは電磁的記録を作成せず、若しくは保存せず、又は虚偽の書類若しくは電磁的記録を作成したとき。

第十一条　第九条第一項から第三項までの規定による報告をせず、若しくは虚偽の報告をし、又は検査を拒み、妨げ、若しくは忌避した者は、五十万円以下の罰金に処する。

第十二条　法人の代表者又は法人若しくは人の代理人、使用人その他の従業者が、その法人又は人の業務に関し、前二条の違反行為をしたときは、行為者を罰するほか、その法人又は人に対して各本条の刑を科する。

附　則　（抄）

1　この法律は、公布の日から起算して三十日を経過した日（昭和31年7月1日）から施行する。

●下請代金支払遅延等防止法に関する運用基準

平成十五年十二月十一日
事務総長通達第十八号

第1　運用に当たっての留意点

1　下請代金支払遅延等防止法（以下「法」という。）の運用に当たっては、違反行為の未然防止が重要であることにかんがみ、特に次のような点に留意する必要がある。

(1)　下請取引において親事業者が遵守しなければならない行為のうち、受領拒否の禁止、下請代金の減額の禁止、返品の禁止並びに不当な給付内容の変更及び不当なやり直しの禁止は、発注時に下請事業者との間で取り決めた取引条件及び支払条件を、下請事業者の責に帰すべき理由がある場合を除き、誠実に履行することを求めているものである。
したがって、これらの違反行為の未然防止の観点からも、発注時の取引条件等を明確にする書面（法第三条の規定に基づき下請事業者に交付しなければならない書面。以下「三条書面」という。）の交付を徹底させることとする。

(2)　買いたたきの禁止、購入・利用強制の禁止及び経済上の利益の提供要請の禁止については、これらの違反行為が、下請代金の決定に当たって下請事業者と十分協議を尽くさないこと、あるいは下請取引に影響を及ぼすこととなる者が下請事業者に物の購入、役務の利用や経済上の利益の提供を要請すること等によって発生することが多いことにかんがみ、違反行為を未然に防止する観点から、親事業者に対し、下請代金の決定、物の購入、役務の利用要請や経済上の利益の提供要請をする際に配慮すべき事項についても指導することとする。

(3)　違反行為の未然防止のためには、法遵守のための親事業者の社内体制の整備が不可欠であることにかんがみ、親事業者に対し、経営責任者を中心とする遵法管理体制を確立するとともに、遵法マニュアル等を作成し、これを購買・外注担当者をはじめ社内に周知徹底するよう指導することとする。

2　違反事件については、迅速かつ適正な処理に努め、違反行為が認められた場合には、親事業者に対して、下請事業者が被った不利益の原状回復措置を講じるよう指導するとともに、必要があれば、親事業者に対し、経営責任者を中心とする遵法管理体制を確立するとともに、遵法マニュアル等を作成し、これを購買・外注担当者をはじめ社内に周知徹底するよう指導する等の再発防止措置を講じさせる等効果的な対応を図ることとする。
なお、どのような行為が違反となるかの判断の参考として、第3（親事業者の書面交付の義務）及び第4（親事業者の禁止行為）の各項に違反行為事例及び想定される違反行為事例を掲げているが、これらは代表的なものであって、これら以外は問題とならないということではないので留意する必要がある。

第2　法の対象となる取引

法の対象となる取引は、第二条第一項から第四項に定める「製造委託」、「修理委託」、「情報成果物作成委託」及び「役務提供委託」の四種類の委託取引である。

法第二条第七項に規定される一定の資本金要件に該当する法人事業者が、法第二条第八項に規定される一定の資本金要件に該当する法人事業者及び個人事業者に対し上記の委託をする場合、下請法上の「親事業者」として法が適用される。また、法第二条第八項に規定される一定の資本金要件に該当する法人事業者及び個人事業者が、法第二条第七項に規定される一定の資本金要件に該当する法人事業者から上記の委託を受ける場合、下請法上の「下請事業者」として法が適用される。

　なお、この法律で「委託」とは、事業者が、他の事業者に対し、給付に係る仕様、内容等を指定して物品等の製造（加工を含む。）若しくは修理、情報成果物の作成又は役務の提供を依頼することをいう。

1　製造委託

(1)　「製造委託」とは、「事業者が業として行う販売若しくは業として請け負う製造の目的物たる物品若しくはその半製品、部品、附属品若しくは原材料若しくはこれらの製造に用いる金型又は業として行う物品の修理に必要な部品若しくは原材料の製造を他の事業者に委託すること及び事業者がその使用し又は消費する物品の製造を業として行う場合にその物品若しくはその半製品、部品、附属品若しくは原材料又はこれらの製造に用いる金型の製造を他の事業者に委託すること」をいう（法第二条第一項）。

(2)　この法律で「業として」とは、事業者が、ある行為を反復継続的に行っており、社会通念上、事業の遂行とみることができる場合を指す（修理委託、情報成果物作成委託及び役務提供委託においても同様である。）。

(3)　「製造」とは、原材料たる物品に一定の工作を加えて新たな物品を作り出すことをいい、「加工」とは、原材料たる物品に一定の工作を加えることによって、一定の価値を付加することをいう。
　「物品」とは、動産をいい、不動産は含まれない。
　「半製品」とは、目的物たる物品の製造過程における中間状態にある製造物をいい、「部品」とは、目的物たる物品にそのままの状態で取り付けられ、物品の一部を構成することとなる製造物をいう。
　「附属品」とは、目的物たる物品にそのまま取り付けられたり目的物たる物品に附属されることによって、その効用を増加させる製造物をいい、「原材料」とは、目的物たる物品を作り出すための基になる資材（原料・材料）をいう。
　「これらの製造に用いる金型」とは、「物品若しくはその半製品、部品、附属品若しくは原材料」の製造を行うために使用する当該物品等の外形をかたどった金属製の物品をいう。なお、金型の製造を委託した親事業者が、それを用いて自ら物品等の製造を行う場合に限らず、更に別の事業者に対しその金型を用いて製造するよう委託する場合の金型も含む。

(4)　製造委託には、次の四つの類型がある。

類型1－1　事業者が業として行う販売の目的物たる物品若しくはその半製品、部品、附属品若しくは原材料又はこれらの製造に用いる金型の製造を他の事業者に委託すること。

（例）

○自動車製造業者が、販売する自動車を構成する部品の製造を部品製造業者に委託すること。

○大規模小売業者が、自社のプライベートブランド商品の製造を食品加工業者に委託すること。

○出版社が、販売する書籍の印刷を印刷業者に委託すること。

○電気器具製造業者が、販売する電気器具を構成する部品の製造に用いる金型の製造を金型製造業者に委託すること。

類型1-2 事業者が業として請け負う製造の目的物たる物品若しくはその半製品、部品、附属品若しくは原材料又はこれらの製造に用いる金型の製造を他の事業者に委託すること。

（例）

○精密機械製造業者が、製造を請け負う精密機械の部品の製造を部品製造業者に委託すること。

○建築材製造業者が、製造を請け負う建築材の原材料の製造を原材料製造業者に委託すること。

○金属製品製造業者が、製造を請け負う金属製品の製造に用いる金型の製造を金型製造業者に委託すること。

類型1-3 事業者が業として行う物品の修理に必要な部品又は原材料の製造を他の事業者に委託すること。

（例）

○家電製品製造業者が、消費者向けに家電製品の修理を行うために必要な部品の製造を部品製造業者に委託すること。

○工作機械製造業者が、自社で使用する工作機械の修理に必要な部品の製造を部品製造業者に委託すること。

類型1-4 事業者がその使用し又は消費する物品の製造を業として行う場合にその物品若しくはその半製品、部品、附属品若しくは原材料又はこれらの製造に用いる金型の製造を他の事業者に委託すること。

（例）

○輸送用機器製造業者が、自社の工場で使用する輸送用機器を自社で製造している場合に、当該輸送用機器の部品の製造を部品製造業者に委託すること。

○工作機器製造業者が、自社の工場で使用する工具を自社で製造している場合に、一部の工

具の製造を他の工作機械製造業者に委託すること。

2 修理委託

(1) 「修理委託」とは、「事業者が業として請け負う物品の修理の行為の全部又は一部を他の事業者に委託すること及び事業者がその使用する物品の修理を業として行う場合にその修理の行為の一部を他の事業者に委託すること」をいう（法第二条第二項）。

(2) 「修理」とは、元来の機能を失った物品に一定の工作を加え、元来の機能を回復させることをいう。「請け負う物品の修理」には、事業者が販売する物品について保証期間中にユーザーに対して行われる修理も含まれる。

(3) 修理委託には、次の二つの類型がある。

類型2-1 事業者が業として請け負う物品の修理の行為の全部又は一部を他の事業者に委託すること。

(例)

○自動車ディーラーが、請け負う自動車修理を修理業者に委託すること。

○船舶修理業者が、請け負う船舶修理を他の船舶修理業者に委託すること。

類型2-2 事業者がその使用する物品の修理を業として行う場合にその修理の行為の一部を他の事業者に委託すること。

(例)

○製造業者が、自社の工場で使用している工具の修理を自社で行っている場合に、その修理の一部を修理業者に委託すること。

○工作機械製造業者が、自社の工場で使用している工作機械の修理を自社で行っている場合に、その修理の一部を修理業者に委託すること。

3 情報成果物作成委託

(1) 「情報成果物作成委託」とは、「事業者が業として行う提供若しくは業として請け負う作成の目的たる情報成果物の作成の行為の全部又は一部を他の事業者に委託すること及び事業者がその使用する情報成果物の作成を業として行う場合にその情報成果物の作成の行為の全部又は一部を他の事業者に委託すること」をいう（法第二条第三項）。

(2) 「情報成果物」とは、次に掲げるものをいう。

① プログラム（電子計算機に対する指令であって、一の結果を得ることができるように組み合わされたものをいう。）（法第二条第六項第一号）

例　テレビゲームソフト、会計ソフト、家電製品の制御プログラム、顧客管理システム

② 映画、放送番組その他影像又は音声その他の音響により構成されるもの（法第二条第六項第二号）

　　例　テレビ番組、テレビCM、ラジオ番組、映画、アニメーション

③ 文字、図形若しくは記号若しくはこれらの結合又はこれらと色彩との結合により構成されるもの（法第二条第六項第三号）

　　例　設計図、ポスターのデザイン、商品・容器のデザイン、コンサルティングレポート、雑誌広告

④ 前三号に掲げるもののほか、これらに類するもので政令で定めるもの（法第二条第六項第四号）
　　現時点において、政令で定めているものはない。

(3) 情報成果物の「提供」とは、事業者が、他者に対し情報成果物の販売、使用許諾を行うなどの方法により、当該情報成果物を他者の用に供することをいい、情報成果物それ自体を単独で提供する場合のほか、物品等の附属品（例　家電製品の取扱説明書の内容、CDのライナーノーツ）として提供する場合、制御プログラムとして物品に内蔵して提供する場合、商品の形態、容器、包装等に使用するデザインや商品の設計等を商品に化体して提供する場合等も含む。
　「業として行う提供」とは、反復継続的に社会通念上、事業の遂行とみることができる程度に行っている提供のことをいい、純粋に無償の提供であれば、これに当たらない。
　「事業者がその使用する情報成果物の作成を業として行う場合」とは、事業者が、自らの事業のために用いる情報成果物の作成を反復継続的に社会通念上、事業の遂行とみることができる程度に行っている場合をいい、例えば、①事務用ソフトウェア開発業者が社内で使用する会計用ソフトを自ら作成する場合、②ビデオ制作会社が自社の社員研修用のビデオを自ら作成する場合がこれに該当する。他方、社内にシステム部門があっても作成を委託しているソフトウェアと同種のソフトウェアを作成していない場合等、単に作成する能力が潜在的にあるにすぎない場合は作成を「業として」行っているとは認められない。

(4) 「情報成果物の作成の行為の全部又は一部を他の事業者に委託すること」とは、情報成果物の作成のうち、①情報成果物それ自体の作成、②当該情報成果物を構成することとなる情報成果物の作成を、他の事業者に委託することをいう。

(例)

情報成果物	構成することとなる情報成果物（例）
ゲームソフト	・プログラム ・映像データ ・BGM等の音響データ ・シナリオ ・キャラクターデザイン

放送番組	・コーナー番組 ・番組のタイトルCG ・BGM等の音響データ ・脚本 ・オリジナルテーマ曲の楽譜
アニメーション	・セル画、背景美術等 ・BGM等の音響データ ・脚本 ・絵コンテ ・キャラクターデザイン ・オリジナルテーマ曲の楽譜

⑸ 事業者が提供等する情報成果物の作成においては、情報成果物の作成に必要な役務の提供の行為を他の事業者に委託する場合がある。この場合、当該役務が、委託事業者が他者に提供する目的たる役務である場合には、第二条第四項の「役務提供委託」に該当するが、当該役務が専ら自ら用いる役務である場合には、当該委託取引は、本法の対象とならない（下記の「4　役務提供委託」を参照）。

⑹ 情報成果物作成委託には、次の三つの類型がある。

類型3－1　事業者が業として行う提供の目的たる情報成果物の作成の行為の全部又は一部を他の事業者に委託すること。

（例）

○ソフトウェア開発業者が、消費者に販売するゲームソフトのプログラムの作成を他のソフトウェア開発業者に委託すること。

○ソフトウェア開発業者が、ユーザーに提供する汎用アプリケーションソフトの一部の開発を他のソフトウェア開発業者に委託すること。

○放送事業者が、放送するテレビ番組の制作を番組制作業者に委託すること。

○パッケージソフトウェア販売業者が、販売するソフトウェアの内容に係る企画書の作成を他のソフトウェア業者に委託すること。

○家電製品製造業者が、消費者に販売する家電製品に内蔵する制御プログラムの開発をソフトウェア開発業者に委託すること。

○家電製品製造業者が、消費者に販売する家電製品の取扱説明書の内容の作成を他の事業者に委託すること。

類型3－2　事業者が業として請け負う作成の目的たる情報成果物の作成の行為の全部又は一部を他の事業者に委託すること。

（例）

○広告会社が、広告主から制作を請け負うテレビCMを広告制作業者に委託すること。

○ソフトウェア開発業者が、ユーザーから開発を請け負うソフトウェアの一部の開発を他のソフトウェア開発業者に委託すること。

○デザイン業者が、作成を請け負うポスターデザインの一部の作成を他のデザイン業者に委託すること。

○テレビ番組制作業者が、制作を請け負うテレビ番組のBGM等の音響データの制作を他の音響制作業者に委託すること。

○テレビ番組制作業者が、制作を請け負うテレビ番組に係る脚本の作成を脚本家に委託すること。

○建築設計業者が、施主から作成を請け負う建築設計図面の作成を他の建築設計業者に委託すること。

○工作機械製造業者が、ユーザーから製造を請け負う工作機械に内蔵するプログラムの開発をソフトウェア開発業者に委託すること。

類型3－3　事業者がその使用する情報成果物の作成を業として行う場合にその情報成果物の作成の行為の全部又は一部を他の事業者に委託すること。

（例）

○事務用ソフトウェア開発業者が、自社で使用する会計用ソフトウェアの一部の開発を他のソフトウェア開発業者に委託すること。

○デザイン業者が、コンペ（試作競技）に参加するに当たり、デザインの作成を他のデザイン業者に委託すること。

4　役務提供委託

(1)　「役務提供委託」とは、「事業者が業として行う提供の目的たる役務の提供の行為の全部又は一部を他の事業者に委託すること（建設業（建設業法（昭和二十四年法律第百号）第二条第二項に規定する建設業をいう。）を営む者が業として請け負う建設工事（同条第一項に規定する建設工事をいう。）の全部又は一部を他の建設業を営む者に請け負わせることを除く。）」をいう（法第二条第四項）。

(2)　「業として行う提供の目的たる役務」のうち「業として行う提供」とは、反復継続的に社会通念上事業の遂行とみることができる程度に行っている提供のことをいい、純粋に無償の提供であればこれに当たらない。また、「提供の目的たる役務」とは、委託事業者が他者に提供する役務のことであり、委託事業者が自ら用いる役務はこれに該当しないので、

自ら用いる役務を他の事業者に委託することは、法にいう「役務提供委託」に該当しない。他の事業者に役務の提供を委託する場合に、その役務が他者に提供する役務の全部若しくは一部であるか、又は自ら用いる役務であるかは、取引当事者間の契約や取引慣行に基づき判断する。

(3) 役務提供委託の類型は、次のとおりである。

類型4－1 事業者が業として行う提供の目的たる役務の提供の行為の全部又は一部を他の事業者に委託すること。

(例)

○貨物自動車運送業者が、請け負った貨物運送のうちの一部の経路における運送を他の貨物自動車運送業者に委託すること。

○貨物自動車運送業者が、貨物運送に併せて請け負った梱包を梱包業者に委託すること。

○貨物利用運送事業者が、請け負った貨物運送のうちの一部を他の運送事業者に委託すること。

○内航運送業者が、請け負う貨物運送に必要な船舶の運航を他の内航運送業者又は船舶貸渡業者に委託すること。

○自動車ディーラーが、請け負う自動車整備の一部を自動車整備業者に委託すること。

○ビルメンテナンス業者が、請け負うメンテナンスの一部たるビルの警備を警備業者に委託すること。

○広告会社が、広告主から請け負った商品の総合的な販売促進業務の一部の行為である商品の店頭配布をイベント会社に委託すること。

○ビル管理会社が、ビルオーナーから請け負うビルメンテナンス業務をビルメンテナンス業者に委託すること。

○ソフトウェアを販売する事業者が、当該ソフトウェアの顧客サポートサービスを他の事業者に委託すること。

第3　親事業者の書面交付の義務

1　三条書面の記載事項

(1)　三条書面に記載すべき事項は、「下請代金支払遅延等防止法第三条の書面の記載事項等に関する規則」(以下「三条規則」という。) 第一条第一項に定められており、親事業者は、これらの事項について明確に記載しなければならない。
　親事業者は、製造委託等をした都度、三条規則第一条第一項に定められた事項(以下「必

要記載事項」という。）を三条書面に記載し、交付する必要があるが、必要記載事項のうち、一定期間共通である事項（例　支払方法、検査期間等）について、あらかじめこれらの事項を明確に記載した書面により下請事業者に通知している場合には、これらの事項を製造委託等をする都度交付する書面に記載することは要しない。この場合、当該書面には、「下請代金の支払方法等については○年○月○日付けで通知した文書によるものである」等を記載することにより、当該書面と共通事項を記載した書面との関連性を明らかにする必要がある。

(2)　三条書面に記載する「下請代金の額」は、下請事業者の給付（役務提供委託をした場合にあっては、役務の提供。以下同じ。）に対し支払うべき代金の額であり、三条書面には具体的な金額を明確に記載することが原則であるが、三条規則第一条第二項に基づき、「具体的な金額を記載することが困難なやむを得ない事情がある場合」には「具体的な金額を定めることとなる算定方法」を記載することも認められている。この算定方法は、下請代金の額の算定の根拠となる事項が確定すれば、具体的な金額が自動的に確定することとなるものでなければならず、下請代金の具体的な金額を確定した後、速やかに、下請事業者に通知する必要がある。

「具体的な金額を記載することが困難なやむを得ない事情」があり、具体的な金額ではなく「具体的な金額を定めることとなる算定方法」を記載することが認められる場合とは、例えば、次のような場合である。

○原材料費等が外的な要因により変動し、これに連動して下請代金の額が変動する場合

○プログラム作成委託において、プログラム作成に従事した技術者の技術水準によってあらかじめ定められている時間単価及び実績作業時間に応じて下請代金の総額が支払われる場合

○一定期間を定めた役務提供であって、当該期間における提供する役務の種類及び量に応じて下請代金の額が支払われる場合（ただし、提供する役務の種類及び量当たりの単価があらかじめ定められている場合に限る。）

(3)　三条書面に記載する「下請事業者の給付の内容」とは、親事業者が下請事業者に委託する行為が遂行された結果、下請事業者から提供されるべき物品及び情報成果物（役務提供委託をした場合にあっては、下請事業者から提供されるべき役務）であり、三条書面には、その品目、品種、数量、規格、仕様等を明確に記載する必要がある。

また、主に、情報成果物作成委託に係る作成過程を通じて、情報成果物に関し、下請事業者の知的財産権が発生する場合において、親事業者は、情報成果物を提供させるとともに、作成の目的たる使用の範囲を超えて知的財産権を自らに譲渡・許諾させることを「下請事業者の給付の内容」とすることがある。この場合は、親事業者は、三条書面に記載する「下請事業者の給付の内容」の一部として、下請事業者が作成した情報成果物に係る知的財産権の譲渡・許諾の範囲を明確に記載する必要がある。

2　三条書面の交付の時期

(1)　親事業者は、下請事業者に対して製造委託等をした場合は、「直ちに」書面を交付しなければならない。ただし、必要記載事項のうち「その内容が定められないことにつき正当

な理由があるものについては、その記載を要しないものとし、この場合には、親事業者は、当該事項の内容が定められた後直ちに、当該事項を記載した書面を下請事業者に交付しなければならない」とされており、必要記載事項のうち、その内容が定められないことについて正当な理由があり記載しない事項（以下「特定事項」という。）がある場合には、これらの特定事項以外の事項を記載した書面（以下「当初書面」という。）を交付した上で、特定事項の内容が定まった後には、直ちに、当該特定事項を記載した書面（以下「補充書面」という。）を交付しなければならない。また、これらの書面については相互の関連性が明らかになるようにする必要がある。

⑵　「その内容が定められないことについて正当な理由がある」とは、取引の性質上、製造委託等をした時点では必要記載事項の内容について決定することができないと客観的に認められる理由がある場合であり、次のような場合はこれに該当する。ただし、このような場合であっても、親事業者は、特定事項がある場合には、特定事項の内容が定められない理由及び特定事項の内容を定めることとなる予定期日を当初書面に記載する必要がある。また、これらの特定事項については、下請事業者と十分な協議をした上で、速やかに定めなくてはならず、定めた後は、「直ちに」、当該特定事項を記載した補充書面を下請事業者に交付しなければならない。

　　○ソフトウェア作成委託において、委託した時点では最終ユーザーが求める仕様が確定しておらず、下請事業者に対する正確な委託内容を決定することができない等のため、「下請事業者の給付の内容」、「下請代金の額」、「下請事業者の給付を受領する期日」又は「受領場所」が定まっていない場合

　　○広告制作物の作成委託において、委託した時点では制作物の具体的内容が決定できない等のため、「下請事業者の給付の内容」、「下請代金の額」又は「下請事業者の給付を受領する期日」が定まっていない場合

　　○修理委託において、故障箇所とその程度が委託した時点では明らかでないため、「下請事業者の給付の内容」、「下請代金の額」又は「下請事業者の給付を受領する期日」が定まっていない場合

　　○過去に前例のない試作品等の製造委託であるため、委託した時点では、「下請事業者の給付の内容」又は「下請代金の額」が定まっていない場合

　　○放送番組の作成委託において、タイトル、放送時間、コンセプトについては決まっているが、委託した時点では、放送番組の具体的な内容については決定できず、「下請代金の額」が定まっていない場合

⑶　親事業者は、製造委託等をした時点で、必要記載事項の内容について決定できるにもかかわらず、これを決定せず、これらの事項の内容を記載しない当初書面を交付することは認められない。また、下請代金の額として「具体的な金額を定めることとなる算定方法」を三条書面に記載することが可能である場合には、下請代金の額について「その内容が定められないことについて正当な理由がある」とはいえず、三条書面に算定方法を記載し、交付する必要がある。

3　電磁的方法による提供

　親事業者は、法第三条第二項に基づき、三条書面の交付に代えて、電磁的方法により、委託内容、下請代金の額等の必要記載事項の提供を行うことが認められているが、この場合には、親事業者は下請事業者に対して、事前に、電磁的方法の種類及び内容を示し、書面又は電磁的方法による承諾を得なければならない。また、親事業者は、三条書面に代えて電磁的方法による場合には、下請事業者に不利益を与えないようにするため、「下請取引における電磁的記録の提供に関する留意事項」（平成十三年三月三十日）を踏まえる必要がある。

〈書面交付に係る違反行為事例〉

① 緊急を要するため、親事業者が下請事業者に口頭（電話）で発注し、その後、注文書を交付しない場合

② 親事業者が下請事業者に対して、発注単価をコンピュータに登録してこれを帳票に印字する方法で書面を作成しているが、新規部品の製造委託の発注時に、既に単価が決定しているにもかかわらずコンピュータには未登録のため、結果として書面に単価が表示されることなく発注する場合

③ 親事業者が下請事業者に対して、電子メールで発注することについて下請事業者の事前の承諾を得ることなく、書面の交付に代えて電子メールで発注する場合

④ 親事業者は下請事業者に対して、原材料Ａ金属の加工を委託しているところ、下請代金の額は、下請事業者が原材料Ａ金属を購入した日のＡ金属〇〇市場の終値に使用した数量を乗じた金額に加工賃を加えて定められることとなっており、下請事業者に委託した時点では、下請事業者が購入するＡ金属の終値が分からないので具体的金額を記載することができないとして算定方法を記載することが可能であるにもかかわらず、当初書面に具体的金額も算定方法も記載せずに交付している場合

⑤ 親事業者は下請事業者に対して、ユーザーから開発を請け負ったソフトウェアの一部のプログラムの作成を委託しているところ、委託した時点では、ユーザーの求める仕様が確定しておらず、正確な仕様を決定することができないため発注の内容及び下請代金の額を定めることができないことを理由として、これらが確定するまで、書面を一切交付しない場合

第4　親事業者の禁止行為

1　受領拒否

(1) 法第四条第一項第一号で禁止されている受領拒否とは、「下請事業者の責に帰すべき理由がないのに、下請事業者の給付の受領を拒むこと」である。

　ア　「給付の受領」とは、物品の製造又は修理委託においては、給付の内容について検査をするかどうかを問わず、親事業者が下請事業者の給付の目的物を受け取り、自己の占有下に置くことである。

イ　情報成果物の作成委託における「給付の受領」とは、情報成果物を記録した媒体がある場合には、給付の目的物として作成された情報成果物を記録した媒体を自己の占有下に置くことであり、また、情報成果物を記録した媒体がない場合には、当該情報成果物を自己の支配下に置くことであり、例えば、当該情報成果物が親事業者の使用に係る電子計算機に備えられたファイルに記録されることである。

　ウ　「受領を拒む」とは、下請事業者の給付の全部又は一部を納期に受け取らないことであり、納期を延期すること又は発注を取り消すことにより発注時に定められた納期に下請事業者の給付の全部又は一部を受け取らない場合も原則として受領を拒むことに含まれる。

(2)　下請事業者の責に帰すべき理由」があるとして下請事業者の給付の受領を拒むことが認められるのは、次のア及びイの場合に限られる。

　ア　下請事業者の給付の内容が三条書面に明記された委託内容と異なる場合又は下請事業者の給付に瑕疵等がある場合
　　なお、次のような場合には委託内容と異なること又は瑕疵等があることを理由として受領を拒むことは認められない。

　　(ア)　三条書面に委託内容が明確に記載されておらず、又は検査基準が明確でない等のため、下請事業者の給付の内容が委託内容と異なることが明らかでない場合

　　(イ)　検査基準を恣意的に厳しくして、委託内容と異なる又は瑕疵等があるとする場合

　　(ウ)　取引の過程において、委託内容について下請事業者が提案し、確認を求めたところ、親事業者が了承したので、下請事業者が当該内容に基づき、製造等を行ったにもかかわらず、給付内容が委託内容と異なるとする場合

　イ　下請事業者の給付が三条書面に明記された納期に行われない場合
　　なお、次のような場合には、納期遅れを理由として受領を拒むことは認められない。

　　(ア)　三条書面に納期が明確に記載されていない等のため、納期遅れであることが明らかでない場合

　　(イ)　下請事業者の給付について親事業者が原材料等を支給する場合において、親事業者の原材料等の支給が発注時に取り決めた引渡日より遅れた場合

　　(ウ)　納期が下請事業者の事情を考慮しないで一方的に決定されたものである場合

〈製造委託、修理委託における違反行為事例〉

1－1　親事業者は、下請事業者に部品の製造を委託し、これを受けて下請事業者が既に受注部品を完成させているにもかかわらず、自社の生産計画を変更したという理由で、下請事業者に納期の延期を通知し、当初の納期に受領しなかった。

1−2　親事業者は、下請事業者に部品の製造を委託し、これを受けて下請事業者が生産を開始したところ、親事業者はその後設計変更したとして当初委託した規格とは異なる規格のものを納付するよう指示した。この下請事業者が既に完成させた旨を伝えると、親事業者は、当初委託した部品は不要であるとして、同社が生産した部品の受領を拒否した。

1−3　親事業者は、当初、発注日の一週間後を納期としていたが急に発注日から二日後に納入するよう下請事業者に申し入れた。下請事業者は、従業員の都合がつかないことを理由に断ったが親事業者は下請事業者の事情を考慮しないで一方的に納期を指示した。そこで下請事業者は、従業員を残業させて間に合わせようと努めたが、期日までに納入できなかった。親事業者は、納期遅れを理由に、下請事業者が生産した部品の受領を拒否した。

〈情報成果物作成委託において想定される違反行為事例〉

1−4　親事業者が下請事業者に放送番組の制作を委託し、下請事業者は放送番組の作成を既に完了したところ、親事業者が指定した番組出演者に係る不祥事が発生したことを理由として当該番組を放送しないこととし、当該放送番組のVTRテープを受領しない場合

1−5　親事業者（物品製造業者）が、下請事業者に対して設計図面の作成を委託したが、自社製品の製造計画が変更になったとして当該設計図面を受領しない場合

1−6　親事業者（広告会社）が、下請事業者に対して広告の制作を委託したが、広告主の意向により、テレビ放送を用いた広告を行うことを取りやめたため、既に下請事業者が制作したテレビCMのVTRテープを受領しない場合

2　支払遅延

(1)　法第四条第一項第二号で禁止されている支払遅延とは、「下請代金を支払期日の経過後なお支払わないこと」である。「支払期日」は法第二条の二により、下請代金の支払期日は、「給付を受領した日（役務提供委託の場合は、下請事業者がその委託を受けた役務の提供をした日。次項において同じ。）から起算して、六〇日の期間内において、かつ、できる限り短い期間内において、定められなければならない」とされている。「支払期日」を計算する場合の起算日は「給付を受領した日」であることから、納入以後に行われる検査や最終ユーザーへの提供等を基準として支払期日を定める制度を採っている場合には、制度上支払遅延が生じることのないよう、納入以後に要する期間を見込んだ支払制度とする必要がある。

(2)　物品の製造委託において、下請事業者が親事業者の指定する倉庫に製造委託を受けた部品を預託し、親事業者は当該部品を倉庫から出庫し、使用する方式を採用することがある。このような方式の下では、下請事業者が、三条書面記載の受領日以前に、親事業者の指定する倉庫に製造委託を受けた部品を預託する場合には、預託された日が支払期日の起算日となる。しかし、例えば、下請事業者が倉庫に預託した部品のうち、三条書面記載の納期日前に預託された部品については、親事業者又は倉庫事業者を占有代理人として、下請事業者が自ら占有していることとし、三条書面記載の納期日に、同記載の数量の部品の所有権が親事業者に移転することがあらかじめ書面で合意されていれば、倉庫に預託した部

のうち、三条書面記載の受領日前の預託数量については、実際の預託日にかかわらず、三条書面記載の納期日（ただし、親事業者が当該納期日前に出庫し、使用した場合にはおいては、出庫した日）に受領があったものとして取り扱い、「支払期日」の起算日とする（ただし、このような方式の下では、支払遅延のほか、受領拒否、買いたたき等の規定に抵触しないよう留意する必要がある。）。

⑶　また、情報成果物作成委託においては、親事業者が作成の過程で、委託内容の確認や今後の作業についての指示等を行うために、情報成果物を一時的に自己の支配下に置くことがある。親事業者が情報成果物を支配下に置いた時点では、当該情報成果物が委託内容の水準に達し得るかどうか明らかではない場合において、あらかじめ親事業者と下請事業者との間で、親事業者が支配下に置いた当該情報成果物が一定の水準を満たしていることを確認した時点で、給付を受領したこととすることを合意している場合には、当該情報成果物を支配下に置いたとしても直ちに「受領」したものとは取り扱わず、支配下に置いた日を「支払期日」の起算日とはしない。ただし、三条書面に明記された納期日において、親事業者の支配下にあれば、内容の確認が終わっているかどうかを問わず、当該期日に給付を受領したものとして、「支払期日」の起算日とする。

⑷　役務提供委託にあっては、「支払期日」の起算日は、「下請事業者がその委託を受けた役務の提供をした日（役務提供に日数を要する場合は役務提供が終了した日）」であり、原則として、下請事業者が提供する個々の役務に対して「支払期日」を設定する必要がある。ただし、個々の役務が連続して提供される役務であって、次の要件を満たすものについては、月単位で設定された締切対象期間の末日に当該役務が提供されたものとして取り扱う。

　　○下請代金の額の支払は、下請事業者と協議の上、月単位で設定される締切対象期間の末日までに提供した役務に対して行われることがあらかじめ合意され、その旨が三条書面に明記されていること。

　　○３条書面において当該期間の下請代金の額が明記されていること、又は下請代金の具体的な金額を定めることとなる算定方式（役務の種類・量当たりの単価があらかじめ定められている場合に限る。）が明記されていること。

　　○下請事業者が連続して提供する役務が同種のものであること。

〈製造委託、修理委託における違反行為事例〉

２−１　親事業者は、毎月末日納入締切、翌月末日支払とする支払制度を採っていたが、検査完了をもって納入があったものとみなし、当月末日までに納入されたものであっても検査完了が翌月となった場合には翌月に納入があったものとして計上していたため、一部の給付に対する下請代金の支払が、下請事業者の給付を受領してから六〇日を超えて支払われていた。

２−２　親事業者は、一部の材料について、緊急時の受注に対応するためとして、常に一定量を納入させこれを倉庫に保管し、同社が使用した分についてのみ、下請代金の額として支払の対象とする使用高払方式を採っていたため、納入されたものの一部について支払遅延が生じていた。

〈情報成果物作成委託、役務提供委託において想定される違反行為事例〉

2−3　親事業者が、放送番組の制作を下請事業者に委託し、放送日を起算日とする支払制度を採っているところ、放送が当初の予定日より遅れるなどして受領日と放送日が開くことにより、納入後六〇日を超えて支払が行われる場合

2−4　親事業者が、毎月一本ずつ放送される放送番組の作成を下請事業者に委託しているところ、下請事業者から数回分まとめて納入され、それを受領したにもかかわらず、放送された放送番組に対して下請代金の額を支払う制度を採用していたため、一部についての支払が納入後六〇日を超える場合

2−5　親事業者は、下請事業者にプログラムの作成を委託し、検収後支払を行う制度を採用しているところ、納入されたプログラムの検査に三か月を要したため、支払が納入後六〇日を超える場合

2−6　親事業者が、下請事業者に対してユーザー向けソフトウェアの開発を委託しているが、ユーザーからの入金が遅れていることを理由として、下請事業者に対して、あらかじめ定めた支払期日に下請代金を支払わない場合

3　下請代金の減額

(1)　法第四条第一項第三号で禁止されている下請代金の減額とは、「下請事業者の責に帰すべき理由がないのに、下請代金の額を減ずること」である。
　　下請代金の額を「減ずること」には、親事業者が下請事業者に対して、

ア　消費税・地方消費税額相当分を支払わないこと。

イ　下請代金の総額はそのままにしておいて、数量を増加させること。

ウ　支払手段としてあらかじめ「手形支払」と定めているのを一時的に現金で支払う場合において、手形払の場合の下請代金の額から短期の自社調達金利相当額を超える額を差し引くこと。

エ　下請事業者と合意することなく、下請代金を下請事業者の銀行口座へ振り込む際の手数料を下請事業者に負担させ、下請代金から差し引くこと。

等も含まれる。
　なお、ボリュームディスカウント等合理的理由に基づく割戻金（例えば、親事業者が、一の下請事業者に対し、一定期間内に一定数量を超える発注を達成した場合に、当該下請事業者が親事業者に支払うこととなる割戻金）であって、あらかじめ、当該割戻金の内容を取引条件とすることについて合意がなされ、その内容が書面化されており、当該書面における記載と発注書面に記載されている下請代金の額とを合わせて実際の下請代金の額とすることが合意されており、かつ、発注書面と割戻金の内容が記載されている書面との関連付けがなされている場合には、当該割戻金は下請代金の減額には当たらない。

⑵　「下請事業者の責に帰すべき理由」があるとして下請代金の額を減ずることが認められるのは、次のア及びイの場合に限られる。

　　ア　「1　受領拒否」⑵　又は「4　返品」⑵　にいう下請事業者の責に帰すべき理由があるとして、下請事業者の給付の受領を拒んだ場合又は下請事業者の給付を受領した後その給付に係るものを引き取らせた場合（減ずる額は、その給付に係る下請代金の額に限られる。）

　　イ　「1　受領拒否」⑵　又は「4　返品」⑵　にいう下請事業者の責に帰すべき理由があるとして受領を拒むこと又は給付を受領した後その給付に係るものを引き取らせることができるのに、下請事業者の給付を受領し、又はこれを引き取らせなかった場合において、委託内容に合致させるために親事業者が手直しをした場合又は瑕疵等の存在若しくは納期遅れによる商品価値の低下が明らかな場合（減ずる額は、客観的に相当と認められる額に限られる。）

〈製造委託、修理委託における違反行為事例〉

3－1　親事業者は、下請事業者から納品される部品を使って製作した製品を国内向け及び輸出向けに販売しているところ、輸出向けの製品に用いる部品については、「輸出特別処理」と称して、発注価格（国内向け製品に用いる部品の発注価格と同一）から一定額を差し引いて下請代金を支払った。

3－2　親事業者は、「製品を安値で受注した」との理由であらかじめ定められた下請代金から一定額を減額した。

3－3　親事業者は、四月と十月との年二回、下請単価の改定を行っているところ、従来は、単価改定時の二か月前頃から改定交渉を開始していたが、上記の単価改定については、需要見通し作業が遅れたため下請事業者への発注量が決まらず、このため下請事業者との単価改定交渉の開始が遅れ、単価の引下げについての合意をみたのが、新決算期に入った四月二十日であった。引下げ後の新単価は、合意日（四月二十日）以降に発注する分について適用すべきであるところ、同社は合意日前に発注した分について新単価を適用することにより旧単価と新単価の差額分を減額した。

3－4　親事業者は、一か月分の下請代金を納品締切日（月末）から九〇日後に現金で支払っていたが、下請法違反であるとの指摘を受け、六〇日間早めて翌月末に支払うこととした。同社は、その後、支払期間を早めたことを理由として下請代金から一定額を減じて支払った。

3－5　親事業者は、サイト一二〇日の手形を交付することによって下請代金を支払っていたが、支払期日に現金での支払を希望する下請事業者に対しては、下請代金から親事業者の短期の調達金利相当額を超える額を割引料として減じて支払った。

3－6　親事業者は、自社工場が水害を被ったことを理由に損害回復協力金として下請代金から一定額を六か月間にわたって減額した。

3－7　親事業者は、月末納品締切翌月末現金支払で下請代金を支払っているところ、業界他

社は四か月（一二〇日）サイトの手形で支払っているとして、下請代金から一定額を差し引いて支払った。

3－8　親事業者は、当初、発注日の一週間後を納期としていたが、急に発注日から二日後に納入するよう下請事業者に申し入れた。下請事業者は、従業員の都合がつかないことを理由に断ったが、親事業者は下請事業者の事情を考慮しないで一方的に納期を指示した。そこで下請事業者は、従業員を残業させて間に合わせようと努めたが、期日までに納入できなかった。下請事業者がその翌日納品したところ、親事業者は受領したが、納期遅れを理由として下請代金を減額した。

3－9　親事業者は、販売拡大と新規販売ルートの獲得を目的としたキャンペーンの実施に際し、下請事業者に対して、下請代金の総額はそのままにして、現品を添付させて納入数量を増加させることにより、下請代金を減額した。

〈情報成果物作成委託、役務提供委託において想定される違反行為事例〉

3－10　親事業者が、下請事業者との間で毎月の役務の提供に対して下請代金を支払うこととしているところ、契約を改定することにより、単価の引下げを行い、引き下げられた単価をさかのぼって適用し、当初の単価で計算された下請代金と新単価で計算された下請代金との差額を翌月の下請代金の支払から一括して差し引く場合

3－11　親事業者が、下請事業者との間で年間の役務提供契約を締結しているところ、年度末に、年間の一定の期間についてその期間は契約の対象外であったことにする旨の通知を行い、季節協力金という名目で下請代金から差し引く場合

3－12　親事業者が、下請事業者に対して運送委託を行っており、運賃については、発注書面に記載した単価表によって定めているところ、発注書面に記載している単価表を改定し、当初の単価で計算された下請代金と新単価で計算された下請代金との差額を翌月の下請代金の支払から一括して差し引く場合

3－13　親事業者が、一定期間に運ぶ荷物の量にかかわらず一定額の代金を支払う契約を運送事業者と結んでいるところ、運ぶべき荷物が減少したため、実際の支払については荷物の量に応じた方式に基づいて算定することとし、当初の下請代金の額を下回る額を支払う場合

3－14　親事業者が、下請事業者に対してプログラムの作成を委託しているところ、作業の途中で当初指示した仕様の変更を申し入れ、下請事業者は、プログラマーの都合がつかないことを理由に断ったが、親事業者は一方的に仕様を変更し、下請事業者は残業してこの変更に対応しようとしたが納期に間に合わず、親事業者が納期遅れを理由として下請代金から減額を行う場合

3－15　親事業者が、自ら請け負った運送を下請事業者に再委託し、運送中の荷物が毀損したので荷主から損失の補償を求められていると称して、損害額の算定根拠を明らかにしないまま、代金から毀損額を上回る一定額を差し引いている場合

3－16　新商品の総合的な販売促進業務を請け負った親事業者が、下請事業者に対してポス

ターに使用するデザインの作成を委託したが、親事業者が他の事業者に委託した他の販売促進にかかる経費に予定よりも多く出費したため、予算が無いことを理由として下請代金の減額を行った場合

4　返品

(1)　法第四条第一項第四号で禁止されている返品とは、「下請事業者の責に帰すべき理由がないのに、下請事業者の給付を受領した後、下請事業者にその給付に係る物を引き取らせること」である。

(2)　「下請事業者の責に帰すべき理由」があるとして、下請事業者の給付を受領した後に下請事業者にその給付に係る物を引き取らせることが認められるのは、下請事業者の給付の内容が三条書面に明記された委託内容と異なる場合若しくは下請事業者の給付に瑕疵等がある場合において、当該給付を受領後速やかに引き取らせる場合又は給付に係る検査をロット単位の抜取りの方法により行っている継続的な下請取引の場合において当該給付受領後の当該給付に係る下請代金の最初の支払時までに引き取らせる場合に限られる。ただし、給付に係る検査をロット単位の抜取りの方法により行っている継続的な下請取引の場合において当該給付受領後の当該給付に係る下請代金の最初の支払時までに引き取らせる場合にあっては、あらかじめ、当該引取りの条件について合意がなされ、その内容が書面化され、かつ、当該書面と発注書面との関連付けがなされていなければならない。
　なお、次のような場合には委託内容と異なること又は瑕疵等があることを理由として下請事業者にその給付に係るものを引き取らせることは認められない。

ア　三条書面に委託内容が明確に記載されておらず、又は検査基準が明確でない等のため、下請事業者の給付の内容が委託内容と異なることが明らかでない場合

イ　検査基準を恣意的に厳しくして、委託内容と異なる又は瑕疵等があるとする場合

ウ　給付に係る検査を下請事業者に文書により明確に委任している場合において当該検査に明らかな手落ちの認められる給付について、受領後六か月を経過した場合

エ　委託内容と異なること又は瑕疵等のあることを直ちに発見することができない給付について、受領後六か月（下請事業者の給付を使用した親事業者の製品について一般消費者に対し六か月を超える保証期間を定めている場合においては、それに応じて最長一年）を経過した場合

〈製造委託、修理委託における違反行為事例〉

4－1　親事業者は、自己のブランドを付した衣料品を下請事業者に作らせ納入させているところ、シーズン終了時点で売れ残った分を下請事業者に引き取らせた。

4－2　親事業者は、染加工を下請事業者に委託しているところ、下請事業者の納品したものをいったん受領した後、以前には問題としていなかったような色むらを指摘して、下請事業者に引き取らせた。

4−3　親事業者は、下請事業者から納入された機械部品を受領し、十か月後に瑕疵があるとの理由で下請事業者にこれを引き取らせた。

〈情報成果物作成委託において想定される違反行為事例〉

4−4　親事業者が、下請事業者から受領した放送番組について、毎週継続的に放送する予定であったが、視聴率が低下したことを理由として放送を打ち切り、納入された放送番組が記録されたVTRテープを下請事業者に引き取らせる場合

5　買いたたき

(1)　法第四条第一項第五号で禁止されている買いたたきとは、「下請事業者の給付の内容と同種又は類似の内容の給付に対し通常支払われる対価に比し著しく低い下請代金の額を不当に定めること」である。
　　「通常支払われる対価」とは、当該給付と同種又は類似の給付について当該下請事業者の属する取引地域において一般に支払われる対価（以下「通常の対価」という。）をいう。ただし、通常の対価を把握することができないか又は困難である給付については、例えば、当該給付が従前の給付と同種又は類似のものである場合には、従前の給付に係る単価で計算された対価を通常の対価として取り扱う。
　　買いたたきに該当するか否かは、下請代金の額の決定に当たり下請事業者と十分な協議が行われたかどうか等対価の決定方法、差別的であるかどうか等の決定内容、通常の対価と当該給付に支払われる対価との乖離状況及び当該給付に必要な原材料等の価格動向等を勘案して総合的に判断する。

(2)　次のような方法で下請代金の額を定めることは、買いたたきに該当するおそれがある。

ア　多量の発注をすることを前提として下請事業者に見積りをさせ、その見積価格の単価を少量の発注しかしない場合の単価として下請代金の額を定めること。

イ　一律に一定比率で単価を引き下げて下請代金の額を定めること。

ウ　親事業者の予算単価のみを基準として、一方的に通常の対価より低い単価で下請代金の額を定めること。

エ　合理的な理由がないにもかかわらず特定の下請事業者を差別して取り扱い、他の下請事業者より低い下請代金の額を定めること。

オ　同種の給付について、特定の地域又は顧客向けであることを理由に、通常の対価より低い単価で下請代金の額を定めること。

〈製造委託、修理委託における違反行為事例〉

5−1　親事業者は、単価の決定に当たって、下請事業者に一個、五個及び一〇個製作する場合の見積書を提出させた上、一〇個製作する場合の単価（この単価は一個製作する場合の通常の対価を大幅に下回るものであった。）で一個発注した。

5－2　親事業者は、国際競争力を強化するためにはコストダウンをする必要があるとして主要な部品について一律に一定率引き下げた額を下請単価と定めたため、対象部品の一部の単価は通常の対価を大幅に下回るものとなった。

5－3　親事業者は、下請代金の額を定めずに部品を発注し、納品された後に下請事業者と協議することなく、通常の対価相当と認められる下請事業者の見積価格を大幅に下回る単価で下請代金の額を定めた。

5－4　親事業者は、下請事業者との間で単価等の取引条件については年間取決めを行っているが、緊急に短い納期で発注する場合は別途単価を決めることとしていた。親事業者は、週末に発注し週明け納入を指示した。下請事業者は、深夜勤務、休日出勤により納期に間に合わせ、当該加工費用は人件費が相当部分を占めることから年間取決め単価に深夜・休日勤務相当額を上乗せした下請単価で見積書を提出した。しかし、親事業者は、下請事業者と十分な協議をすることなく、一方的に、通常の対価相当と認められる下請事業者の見積価格を大幅に下回る年間取決め単価で下請代金の額を定めた。

5－5　親事業者は、従来、週一回であった配送を毎日に変更するよう下請事業者に申し入れた。下請事業者は、配送頻度が大幅に増加し、これに伴って一回当たりの配送量が小口化した場合は、運送費等の費用がかさむため従来の配送頻度の場合の下請単価より高い単価になるとしてこの単価で見積書を提出した。しかし、親事業者は、下請事業者と十分な協議をすることなく、一方的に、通常の対価相当と認められる下請事業者の見積価格を大幅に下回る単価で下請代金の額を定めた。

〈情報成果物作成委託、役務提供委託において想定される違反行為事例〉

5－6　親事業者が、荷主から前年比五％の運送料金の引下げ要請があったことを理由として、下請事業者と協議することなく、一方的に前年から五％引き下げた単価を定める場合

5－7　親事業者は、自ら作成・販売するゲームソフトを構成するプログラムの作成を、下請事業者に対して下請代金の額を定めずに委託したところ、当該プログラムの受領後に、下請事業者と十分に協議をすることなく、通常の対価を大幅に下回る下請代金の額を定める場合

5－8　親事業者が、下請事業者と年間運送契約を結んでおり、双方に異議のない場合は自動更新されることとなっていたところ、年度末の契約の更新の直前に、人件費、燃料費等について大幅な変更がないのに、翌年度の契約書であるとして前年に比べて大幅に単価を引き下げた運送契約書を下請事業者に送付し、下請事業者と十分な協議をすることなく、一方的に下請代金の額を定める場合

5－9　親事業者が、下請事業者との年間運送契約において荷物の積卸し作業は親事業者が行うものとしていたが、これを下請事業者が行うこととし、変更を通知したところ、下請事業者は、こうした作業を行うためには従来の運送料金では対応できないとして下請代金の改定を求める見積書を提出したにもかかわらず、親事業者は下請事業者と十分な協議をすることなく、従来どおりに価格を据え置く場合

5-10 親事業者が、制作を委託した放送番組について、下請事業者が有する著作権を親事業者に譲渡させることとしたが、その代金は下請代金に含まれているとして、下請事業者と著作権の対価にかかる十分な協議を行わず、通常の対価を大幅に下回る下請代金の額を定める場合

6 購入・利用強制

(1) 法第四条第一項第六号で禁止されている購入・利用強制とは、「下請事業者の給付の内容を均質にし、又はその改善を図るため必要がある場合その他正当な理由がある場合を除き、自己の指定する物を強制して購入させ、又は役務を強制して利用させること」により、下請事業者にその対価を負担させることである。

「自己の指定する物」とは、原材料等だけでなく、親事業者又は関連会社等が販売する物であって、下請事業者の購入の対象として特定した物がすべて含まれる。また、「役務」とは、親事業者又は関連会社等が提供するものであって、下請事業者の利用の対象となる役務がすべて含まれる。

「強制して」購入させる又は利用させるとは、物の購入又は役務の利用を取引の条件とする場合、購入又は利用しないことに対して不利益を与える場合のほか、下請取引関係を利用して、事実上、購入又は利用を余儀なくさせていると認められる場合も含まれる。

(2) 次のような方法で下請事業者に自己の指定する物の購入又は役務の利用を要請することは、購入・利用強制に該当するおそれがある。

ア 購買・外注担当者等下請取引に影響を及ぼすこととなる者が下請事業者に購入又は利用を要請すること。

イ 下請事業者ごとに目標額又は目標量を定めて購入又は利用を要請すること。

ウ 下請事業者に対して、購入又は利用しなければ不利益な取扱いをする旨示唆して購入又は利用を要請すること。

エ 下請事業者が購入若しくは利用する意思がないと表明したにもかかわらず、又はその表明がなくとも明らかに購入若しくは利用する意思がないと認められるにもかかわらず、重ねて購入又は利用を要請すること。

オ 下請事業者から購入する旨の申出がないのに、一方的に物を下請事業者に送付すること。

〈製造委託、修理委託における違反行為事例〉

6-1 親事業者は、自社製品のセールスキャンペーンに当たり、各工場の購買・外注担当部門等を通じて下請事業者に対し、下請事業者ごとに目標額を定めて、自社製品の購入を要請し、購入させた。

6-2 親事業者は、自社製品拡販運動を実施するに当たり、自社工場入口に「当社製車両以外構内乗入れは御遠慮下さい。」と表示した看板を立て、下請事業者が納入のため他社製車

両で乗り入れる都度「他社製車両乗入れ願」を提出させるとともに、納入カード・納品書に「納入は当社の車でお願いします。」と表示して、下請事業者に自社製車両の購入を要請し、購入させた。

6-3 親事業者は、自社製品の販促キャンペーンを実施するに当たり、下請事業者も販売の対象とし、購買・外注担当者を通じて下請事業者に自社製品の購入を再三要請し、購入させた。

6-4 親事業者は、自社の取扱部品の販売キャンペーンとして、購買・外注担当者と協力工場との会議の席上及び協力工場の製品納入時に、当該部品の販売先の紹介を要請するとともに、下請事業者の紹介先の購入実績を購買・外注窓口に貼り出すこと等により、紹介先のない下請事業者に自ら購入することを余儀なくさせた。

6-5 親事業者は、物品の製造委託をする際に、三条書面に代えて、インターネットのウェブサイトを利用した方法としたところ、下請事業者に対して、既に契約しているインターネット接続サービス提供事業者によっても受発注が可能であるにもかかわらず、自ら指定するインターネット接続サービス提供事業者と契約しなければ、今後、製造委託をしない旨を示唆し、既に契約しているインターネット接続サービス提供事業者との契約を解除させ、当該事業者と契約させた。

6-6 親事業者は、下請事業者に対し、自ら指定するリース会社から工作機械のリース契約を締結するよう要請したところ、下請事業者は既に同等の性能の工作機械を保有していることから、リース契約の要請を断ったにもかかわらず、再三要請し、リース会社とのリース契約を締結させた。

〈情報成果物作成委託、役務提供委託において想定される違反行為事例〉

6-7 親事業者が、自社に出資している保険会社が扱っている船舶保険への加入を船舶貸渡契約を結んでいる貸渡業者に対して要請し、貸渡業者は既に別の保険会社の船舶保険に加入しているため、断りたい事情にあるにもかかわらず、度々要請し、貸渡業者に親事業者の薦める保険に加入させる場合

6-8 親事業者は、下請事業者に対して放送番組の作成を委託しているところ、自社の関連会社が制作した映画等のイベントチケットの購入を数百枚単位であらかじめ下請事業者ごとに枚数を定めて割り振り、下請事業者に購入させる場合

6-9 広告会社である親事業者が、広告制作会社に年始の名刺広告への参加を要請したのに対して、名刺広告の効果を把握するために参加したが、効果が乏しく、翌年以降は参加しない旨を親事業者に伝えていたにもかかわらず、翌年から年末になると参加を前提として申込書を送付し、再三参加を要請することにより、当該名刺広告に参加することを余儀なくさせる場合

6-10 家庭用電気製品製造・販売事業者の物流子会社である親事業者が、下請事業者である運送事業者に対して毎年末にノルマを定めて家庭用電気製品製造・販売事業者の取扱い商品の購入を要請し、今後の契約を懸念した下請事業者に当該商品を購入させる場合

7 不当な経済上の利益の提供要請

(1) 法第四条第二項第三号で禁止される不当な経済上の利益の提供要請とは、親事業者が下請事業者に対して「自己のために金銭、役務その他の経済上の利益を提供させること」により、「下請事業者の利益を不当に害」することである。

(2) 「金銭、役務その他の経済上の利益」とは、協賛金、協力金等の名目のいかんを問わず、下請代金の支払とは独立して行われる金銭の提供、作業への労務の提供等を含むものである。

　親事業者が下請事業者に「経済上の利益」の提供を要請する場合には、当該「経済上の利益」を提供することが製造委託等を受けた物品等の販売促進につながるなど下請事業者にとっても直接の利益となる場合もあり得る。「経済上の利益」が、その提供によって得ることとなる直接の利益の範囲内であるものとして、下請事業者の自由な意思により提供する場合には、「下請事業者の利益を不当に害」するものであるとはいえない。

　他方、親事業者と下請事業者との間で、負担額及びその算出根拠、使途、提供の条件等について明確になっていない「経済上の利益」の提供等下請事業者の利益との関係が明らかでない場合、親事業者の決算対策を理由とした協賛金等の要請等下請事業者の直接の利益とならない場合は、法第四条第二項第三号に該当する。

(3) また、親事業者が、「6　購入・利用強制」(2)のような方法で、下請事業者に経済上の利益の提供を要請することは、法第四条第二項第三号に該当するおそれがある。

(4) 情報成果物等の作成に関し、下請事業者の知的財産権が発生する場合において、親事業者が、委託した情報成果物等に加えて、無償で、作成の目的たる使用の範囲を超えて当該知的財産権を親事業者に譲渡・許諾させることは、法第四条第二項第三号に該当する。

〈想定される違反行為事例〉

7－1　親事業者が、下請事業者に対して年度末の決算対策として、協賛金の提供を要請し、親事業者の指定した銀行口座に振込みを行わせている場合

7－2　親事業者が、船内荷役、清掃等の作業は契約により荷主又は親事業者の負担であるとされているにもかかわらず、下請事業者である船舶貸渡業者にその一部を手伝わせる場合

7－3　親事業者が、自らが貨物自動車運送事業の免許を有し、顧客から商品の配送を請け負っている大規模小売事業者であるところ、荷物の配送を委託している下請事業者に対して、店舗の営業の手伝いのために従業員の派遣を行わせる場合

7－4　ソフトウェアの作成を下請事業者に委託している親事業者が、下請事業者の従業員を親事業者の事業所に常駐させ、実際には当該下請事業者への発注とは無関係の事務を行わせている場合

7－5　親事業者が、下請事業者に金型の製造を委託しているところ、外国で製造した方が金型の製造単価が安いことから、下請事業者が作成した金型の図面、加工データ等を外国の事

業者に渡して、当該金型を製造させるため、下請事業者が作成した図面、加工データ等を対価を支払わず、提出させる場合

7－6　親事業者が、下請事業者にデザイン画の作成を委託し、下請事業者はＣＡＤシステムで作成したデザイン画を提出したが、後日、委託内容にないデザインの電磁的データについても、対価を支払わず、提出させる場合

8　不当な給付内容の変更及び不当なやり直し

⑴　法第四条第二項第四号で禁止されている不当な給付内容の変更及び不当なやり直しとは、親事業者が下請事業者に対して「下請事業者の責めに帰すべき理由がないのに、下請事業者の給付の内容を変更させ、又は受領後に（役務提供委託の場合は、下請事業者がその委託を受けた役務の提供をした後に）給付をやり直させること」により、「下請事業者の利益を不当に害」することである。

⑵　「下請事業者の給付の内容を変更させること」とは、給付の受領前に、三条書面に記載されている委託内容を変更し、当初の委託内容とは異なる作業を行わせることである。また、「受領後に給付をやり直させること」とは、給付の受領後に、給付に関して追加的な作業を行わせることである。こうした給付内容の変更ややり直しによって、下請事業者がそれまでに行った作業が無駄になり、あるいは下請事業者にとって当初の委託内容にはない追加的な作業が必要となった場合に、親事業者がその費用を負担しないことは「下請事業者の利益を不当に害」することとなるものである。
　やり直し等のために必要な費用を親事業者が負担するなどにより、下請事業者の利益を不当に害しないと認められる場合には、不当な給付内容の変更及び不当なやり直しの問題とはならない。

⑶　「下請事業者の責めに帰すべき理由」があるとして、親事業者が費用を全く負担することなく、下請事業者に対して給付の内容を変更させることが認められるのは、下請事業者の要請により給付の内容を変更する場合、若しくは給付を受領する前に親事業者が下請事業者の給付の内容を確認したところ、下請事業者の給付の内容が三条書面に明記された委託内容とは異なること又は下請事業者の給付に瑕疵等があることが合理的に判断される場合に限られる。また、「下請事業者の責めに帰すべき理由」があるとして、親事業者が費用を全く負担することなく、受領後に給付をやり直させることが認められるのは、下請事業者の給付の内容が三条書面に明記された委託内容と異なる場合又は下請事業者の給付に瑕疵等がある場合に限られる。
　なお、次の場合には、親事業者が費用の全額を負担することなく、下請事業者の給付の内容が委託内容と異なること又は瑕疵等があることを理由として給付内容の変更又はやり直しを要請することは認められない。

　　ア　下請事業者の給付の受領前に、下請事業者から委託内容を明確にするよう求めがあったにもかかわらず親事業者が正当な理由なく仕様を明確にせず、下請事業者に継続して作業を行わせ、その後、給付の内容が委託内容と異なるとする場合

　　イ　取引の過程において、委託内容について下請事業者が提案し、確認を求めたところ、親事業者が了承したので、下請事業者が当該内容に基づき、製造等を行ったにもかかわ

らず、給付内容が委託内容と異なるとする場合

　ウ　検査基準を恣意的に厳しくして委託内容と異なる又は瑕疵等があるとする場合

　エ　委託内容と異なること又は瑕疵等のあることを直ちに発見することができない給付について、受領後一年を経過した場合（ただし、親事業者の瑕疵担保期間が一年を超える場合において、親事業者と下請事業者がそれに応じた瑕疵担保期間を定めている場合を除く。）

⑷　情報成果物作成委託においては、親事業者の価値判断等により評価される部分があり、事前に委託内容として給付を充足する十分条件を明確に三条書面に記載することが不可能な場合がある。このような場合には、親事業者がやり直し等をさせるに至った経緯等を踏まえ、やり直し等の費用について下請事業者と十分な協議をした上で合理的な負担割合を決定し、当該割合を負担すれば、やり直し等をさせることは下請法上問題とならない。ただし、親事業者が一方的に負担割合を決定することにより下請事業者に不当に不利益を与える場合には、「不当なやり直し」等に該当する。

　　なお、この場合においても、⑶　ア、イ、ウ及びエに該当する場合には、親事業者が費用の全額を負担することなく、下請事業者の給付の内容が委託内容と異なること又は瑕疵等があることを理由として給付内容の変更又はやり直しを要請することは認められない。

⑸　当初の委託内容と異なる作業を要請することが新たな製造委託等をしたと認められる場合には、委託内容、下請代金の額等の必要記載事項を記載した三条書面を改めて交付する必要がある。

　　また、親事業者は下請事業者に対して製造委託等をする際には、委託内容を満たしているか否か双方で争いが生じることのないよう、委託内容を明確に記載する必要があり、製造委託等をした時点では委託内容が確定せず、三条書面に記載していない場合であっても、委託内容が定められた後、直ちに委託内容を明確に記載した書面を交付する必要がある。また、取引の過程で、三条書面に記載された委託内容が変更され、又は明確化されることもあるので、このような場合には、親事業者は、これらの内容を記載した書面を下請事業者に交付する必要があり、法第５条の規定に基づき作成・保存しなければならない書類の一部として保存する必要がある。

〈想定される違反行為事例〉

8－1　親事業者が、下請事業者に部品の製造を委託し、これを受けて下請事業者が既に原材料等を調達しているにもかかわらず、輸出向け製品の売行きが悪く製品在庫が急増したという理由で、下請事業者が要した費用を支払うことなく、発注した部品の一部の発注を取り消す場合

8－2　親事業者が、テレビ番組の制作を委託していた下請事業者に対して、いったん親事業者のプロデューサーの審査を受けて受領された番組について、これの試写を見た親事業者の役員の意見により、下請事業者に撮り直しをさせたにもかかわらず、撮り直しに要した下請事業者の費用を負担しない場合

8－3　親事業者が、既に一定の仕様を示して下請事業者にソフトウェアの開発を委託してい

たが、最終ユーザーとの打ち合わせの結果仕様が変更されたとして途中で仕様を変更し、このため下請事業者が当初の指示に基づいて行っていた作業が無駄になったが、当初の仕様に基づいて行われた作業は納入されたソフトウェアとは関係がないとして当該作業に要した費用を負担しない場合

8－4　親事業者が、下請事業者に対してソフトウェアの開発を委託したが、仕様についてはユーザーを交えた打合せ会で決めることとしていたところ、決められた内容については書面で確認することをせず、下請事業者から確認を求められても明確な指示を行わなかったため、下請事業者は自分の判断に基づいて作業を行い納入をしようとしたところ、決められた仕様と異なるとして下請事業者に対して無償でやり直しを求める場合

8－5　親事業者が下請事業者に対して金型の製造を委託しているところ、従来の基準では合格していた金型について、検査基準を一方的に変更し、下請事業者に無償でやり直しを求める場合

8－6　親事業者が、定期的に放送されるテレビCMの作成を下請事業者に委託したところ、完成品が納入された後、放映されたテレビCMを見た広告主の担当役員から修正するよう指示があったことを理由として、親事業者は、下請事業者に対して、いったん広告主の担当まで了解を得て納入されたテレビCMについて修正を行わせ、それに要した追加費用を負担しない場合

8－7　親事業者が、下請事業者に清掃を委託し、下請事業者は清掃に必要な清掃機器及び人員を手配したところ、親事業者が発注を取り消し、下請事業者が要した費用を負担しない場合

8－8　親事業者が下請事業者に対してデザインの作成を委託したところ、親事業者の担当者が人事異動により交代し、新しい担当者の指示により委託内容が変更され追加の作業が発生したが、それに要した追加費用を親事業者が負担しない場合

　　　附　則

　　この通達は平成十六年四月一日から施行する。

※「下請代金支払遅延等防止法に関する運用基準」については、中小事業者の取引条件の改善を図る観点から下請法・独占禁止法の運用強化に向けて、今後違反行為を事例数の追加などの改正が予定されています（公正取引委員会平成28年10月26日公表）。

【巻末資料・2】 ●弁護士相談シート

相 談 シ ー ト

平成　年　月　日

弁護士 ＿＿＿＿＿＿＿＿＿＿　殿　※1

会社名	
代表者名	担当者名
住　所	
電話番号	FAX番号
eメールアドレス	
業種・事業内容	
資本金	従業員数
相談・質問事項（該当するものに○） 1. 債権回収　2. 契約相談　3. 下請取引　4. 労務管理・雇用問題　5. クレーム対応 6. 契約書の作成・チェック　7. 社内規程の作成　8. 知的財産権　9. 事業承継, M＆A 10. 会社再建　11. その他（　　　　　　　　　　　　　　　）	
その他補足事項（相談・質問の具体的な内容を記入していただけると有り難いです） 	

※1　本書の執筆を担当し, 相談を希望する弁護士の名前を記入してください。
※2　所定事項を記入し, 相談を希望する弁護士に郵送, メールの添付ファイル等でお送りください。弁護士から折り返し電話にて連絡をして回答いたします。

索引

[あ行]

赤伝処理 ……………………… 16, 126
一括下請負 …………………………… 116
違約金 ………………………………… 159
請負 …………………………… 175, 181
請書 …………………………………… 260
ADR ………………………………… 228
役務ガイドライン ……………………… 10
役務提供委託 …………………… 4, 274
役務の利用強制 ……………………… 90
親事業者 ………………………… 7, 47

[か行]

解除条項 ……………………………… 166
買いたたき …………………………… 84
外注（下請）取引標準基本契約書 …… 260
ガイドライン …… 48, 50, 56, 78, 91, 100,
　　　105, 106, 179
解約権 ………………………………… 214
駆け込みホットライン ………… 17, 246
瑕疵 …………………………………… 174
瑕疵修補請求 ………………………… 178
瑕疵担保 ………………………… 103, 174
過失相殺 ……………………………… 158
課徴金制度 …………………………… 243
課徴金納付命令 ……………………… 10
仮差押え ……………………………… 196
仮処分 ………………………………… 196
勧告 ……………………………… 74, 237
危険負担 ……………………………… 171
偽装請負 ……………………………… 138
基本契約書 …………………………… 260
行政監督 ……………………………… 143
強制執行 ………………………… 191, 231
行政処分 ……………………………… 10
訓示規定 ……………………………… 29
刑事責任 ……………………………… 142
継続的契約 …………………………… 210
継続的取引契約 ……………………… 189
契約解除 ……………………………… 179
契約自由の原則 ………………… 20, 215
契約書 ………………………………… 260
契約締結上の過失 …………………… 184
原始的不能 …………………………… 169
原状回復 ………………………… 163, 237

建設業の下請取引に関する不公正な取引方
　　法の認定基準 …………………… 13
建設業法 …… 13, 28, 30, 114, 120, 122,
　　　126, 136, 245
建設業法令遵守ガイドライン …… 29, 245
合意解約 ……………………………… 212
工期 …………………………………… 128
公正証書 ……………………………… 197
公正取引委員会 …… 3, 13, 74, 227, 237
拘束条件付取引 ……………………… 45
後発的不能 …………………………… 169
個人請負 ……………………………… 139

[さ行]

債権回収 ……………………………… 188
債権者主義 …………………………… 171
裁判外紛争解決手続 ………………… 228
裁判所 ………………………………… 189
債務者主義 …………………………… 171
債務不履行 …………………………… 88
債務名義 ……………………………… 153
指値発注 ………………………… 16, 119
3条規則 ……………………………… 24
下請事業者 …………………………… 7
下請代金 ……………………………… 130
下請法 …………… 2, 9, 46, 136, 137, 244
質権 …………………………………… 194
支払遅延 ……………………………… 58
支払遅延禁止制度 …………………… 58
支払督促 ……………………………… 190
支払保留 ……………………………… 16
修理委託 ………………………… 7, 276
受領拒否 ……………………………… 48
受領遅滞 ……………………………… 160
少額訴訟 ……………………………… 190
商事留置権 …………………………… 195
使用高払方式 ………………………… 60
譲渡担保 ……………………………… 194
情報成果物 …………………………… 272
情報成果物作成委託 ………… 5, 52, 63
書面調査 ……………………………… 241
所有権移転時期 ……………………… 181
信義誠実の原則 ……………………… 216
信義則 ………………………………… 216
人的担保 ……………………………… 193

信頼関係の破壊	215
製造委託	7, 278
セーフサーバー	11
善管注意義務	167
先取特権	195
相殺	94, 190
ソフトウェア	178
損害賠償	218, 249
損害賠償額の予定	159
損害賠償請求	153, 179
損失補償	219, 249

[た行]

大規模小売店告示	40
多重請負	140
担保責任	179
遅延利息	112, 240
知的財産権	99
中小企業庁	3, 238
注文書	260
長期手形	17
長期保証	83
調査権限	241
調停	228
帳簿	134
直接雇用	149
著作権	39, 182
追加工事	29
通常訴訟	191
通常損害	157
抵当権	195
手形	96
電磁的記録	110
添付書類	134
倒産	197
動産	4
同時履行の抗弁	192
特定建設業者	132
特定物	167
特別損害	157
独禁法	9, 13, 121, 136, 243, 244
取引基本契約書	165
トンネル会社	7

[な行]

内容証明郵便	197
二重派遣	147
日弁連中小企業法律支援センター	251

[は行]

排除措置命令	10, 243
排他条件付取引	44
売買	175, 181
破産	197
発注書面	22, 24
ひまわり中小企業センター	251
ひまわりほっとダイヤル	251, 257
不安の抗弁	192
不完全履行	152, 154, 156
物的担保	194
物の購入強制	90
物流特殊指定	10
不特定物	167
フランチャイズ契約	36
プログラム	52, 178
弁護士費用	234
返品	78, 102
法定解除	161
報復措置	92
補充書面	26
保証人	193
ボリュームディスカウント	74

[ま行]

見合い相殺	94
未払賃金の立替払制度	206
民事再生	197
民事裁判	231

[や行]

約定解除権	161
約定解約	212
やり直し	102
やり直し工事	16, 124
優越的地位	36
ユーザー保証	81
予告期間	219

[ら行]

履行請求	153
履行遅滞	152, 154, 156
履行不能	152, 154, 156
留置権	195
流通・取引慣行ガイドライン	10
労働者派遣法	138

■東京弁護士会・親和全期会

親和全期会は、東京弁護士会の会派の一つである法曹親和会に所属する弁護士のうち、司法修習終了15年までの若手・中堅弁護士によって構成されている任意団体であり、会員数約1,000名（平成28年11月現在）を擁しています。親和全期会は、日本弁護士連合会・東京弁護士会の政策を検討・議論し、法令や弁護士業務に関する研究、弁護士の研修や親睦のための企画を多数実施しています。近時は、社会のニーズに即応した弁護士業務の実践のために必要な事業（研究活動や法律相談事業）の一環として、特に、中小企業をめぐる法律問題への支援に取り組んでいます。

http://shinwazenki.com/

[編集代表]

●佐藤 千弥（さとう かずや）
連絡先：佐藤法律会計事務所　〒102-0083 東京都千代田区麹町6-6 長尾ビル6階　03-3556-3607　satoh@sato-lawa.jp
著書（いずれも共著）：「成功する事業承継のしくみと実務」「同族会社・中小企業のための会社経営をめぐる実務一切」（自由国民社）
「弁護士専門研修講座　独占禁止法の知識と実務」（ぎょうせい）
「企業法務判例ケーススタディ300」（金融財務事情研究会）
「キーワード式消費者法事典」（民事法研究会）等

（初版時）
●石原 俊也（いしはら としや）
連絡先：石原法律事務所　〒102-0073 東京都千代田区九段北4-1-5 市ヶ谷法曹ビル204　03-3230-4028　BZZ12575@nifty.ne.jp
著書（いずれも共著）：「成功する事業承継のしくみと実務」「債権回収の法律知識」「日常生活の法律全集」（自由国民社）

（第2版時）
●菅沼 篤志（すがぬま あつし）
連絡先：つばさ法律事務所　〒101-0047 東京都千代田区内神田1-3-1 高砂ビル5階　03-3295-5251　a-suganuma@aurora.ocn.ne.jp
著書：「同族会社・中小企業のための会社経営をめぐる実務一切」（自由国民社・共著）

[第3版担当者・50音順]

●牛島 貴史（うしじま たかふみ）
担当：第3章
連絡先：やまぶき法律事務所　〒101-0052 東京都千代田区神田小川町2-1シンコー・ミュージック・プラザ5階 イースト・ウィング　03-5577-6901

●金川 征司（かながわ せいじ）
担当：第7章
連絡先：表参道総合法律事務所　〒107-0062 東京都港区南青山5丁目5番20号 アルファエイト南青山B1　03-6418-1885

●木川 雅博（きかわ まさひろ）
担当：第4章
連絡先：星野法律事務所　〒105-0003 東京都港区西新橋1-21-8 弁護士ビル303　03-6205-7705

●小暮 典子（こぐれ のりこ）
担当：第5章、第6章
連絡先：並木通り法律事務所　〒104-0061 東京都中央区銀座7-5-5 長谷第一ビル2階　03-3569-0025

●芝田 麻里（しばた まり）
担当：第2章、第4章
連絡先：芝田稔秋法律事務所　〒104-0061 東京都中央区銀座5-10-6 御幸ビル8階　03-3571-1371

●鳥羽 浩司（とば こうじ）
担当：第3章
連絡先：紺野秋田法律事務所　〒102-0073 東京都千代田区九段北四丁目1番5号 市ヶ谷法曹ビル303号　03-6272-6200

[初版担当者・50音順]

●板崎 一雄（いたざき かずお）

●一瀬 太一（いちのせ たいち）
担当：第1章、第2章、第8章
連絡先：ジュリスト・土釜総合法律事務所　〒114-0014 東京都北区田端
　　　5-2-7 ジュリストビル4階、5階　03-3827-6311
　　　dogama@celery.ocn.ne.jp

●一宮 正寿（いちみや まさひさ）

●大森 康由（おおもり やすよし）
担当：第3章
連絡先：大森法律事務所　〒102-0083 東京都千代田区麹町3-4 麹町K-118
　　　ビル7階　03-5216-1151　ohmori-law@mbn.nifty.com

●景山 甲悦（かげやま こうえつ）
担当：第3章
連絡先：景山・坂井・竹野法律事務所　〒160-0008 東京都新宿区三栄町9
　　　第三米世ビル3階　03-5357-7090
　　　k-kageyama@mirror.ocn.ne.jp

●春日井 太郎（かすがい たろう）
担当：第6章、第7章
連絡先：スプリングサン法律事務所　〒102-0074 東京都千代田区九段南
　　　4-5-14 九段芦川ビル2階　03-3556-6717
　　　kasugai@springsun.jp

●門川 典子（かどかわ のりこ）

●神村 大輔（かみむら だいすけ）
担当：第6章、第7章
連絡先：鈴木法律事務所　〒160-0022 東京都新宿区新宿1-5-4 YKBマイク
　　　ガーデン1001　03-5919-1095

●木下 いずみ（きのした いずみ）
担当：第3章
連絡先：日比谷見附法律事務所　〒100-0006 東京都千代田区有楽町1丁目6
　　　　番4号 千代田ビル　03-3595-2068　kinoshita@m-hibiya.gr.jp

●楠本 維大（くすもと つなひろ）
担当：全体（第1章～第8章）
連絡先：楠本法律事務所　〒102-0093 東京都千代田区平河町1-3-2 平河町
　　　　リリエンハイム404　03-3230-2411
　　　　tsunahiro.kusumoto@arion.ocn.ne.jp

●小早川 真行（こばやかわ まさゆき）
担当：第3章
連絡先：秋葉原法律事務所　〒101-0021 東京都千代田区外神田4-4-9 定貞
　　　　ビル5階　03-6206-8593　kobayakawa@akihabara-law.jp

●佐々木 良行（ささき よしゆき）
担当：第1章、第2章、第8章
連絡先：ジュリスト・土釜総合法律事務所　〒114-0014 東京都北区田端
　　　　5-2-7 ジュリストビル4階・5階　03-3827-6311
　　　　dogama@celery.ocn.ne.jp

●関 理秀（せき りしう）
担当：第3章
連絡先：TMI総合法律事務所　〒106-6123 東京都港区六本木6-10-1 六本
　　　　木ヒルズ森タワー23階　03-6438-5511

●髙木 篤夫（たかぎ あつお）
担当：第3章
連絡先：ひかり総合法律事務所　〒105-0001 東京都港区虎ノ門2-3-22 第一
　　　　秋山ビルディング7階　03-3597-8705
　　　　takagi@hikari-law.com

●田中 博尊（たなか ひろたか）
担当：第4章、第5章
連絡先：自由が丘総合法律事務所　〒152-0035 東京都目黒区自由が丘1-14-4 自由が丘戸田ビル601　03-6459-5852
　　　　nakasan.hg@Gmail.com

●堂野 達之（どうの たつゆき）
担当：第6章、第7章
連絡先：堂野法律事務所　〒104-0061 東京都中央区銀座4-10-16 シグマ銀座ファーストビル2階　03-3542-9031
　　　　tatsuyuki@dohno-law.com

●中西 友見（なかにし ともみ）

●西川 一八（にしかわ かずや）
担当：第1章、第2章、第8章
連絡先：西川一八法律事務所　〒160-0008 東京都新宿区三栄町7K・Place 202　03-3351-7140

●沼 宏一郎（ぬま こういちろう）
担当：第3章
連絡先：岡田・沼法律事務所　〒160-0022 東京都新宿区新宿5-18-16 Shinjuku-five I ビル7階　03-6380-3281
　　　　numa@on-lawoffice.com

●檜垣 直人（ひがき なおと）
担当：第1章、第2章、第8章
連絡先：檜垣総合法律事務所　〒160-0022 東京都新宿区新宿1-18-13 協建新宿一丁目ビル2階　03-5367-8494（代表）
　　　　naoto-h@higaki-law.gr.jp

●古島 守（ふるしま まもる）
担当：第1章、第2章、第8章
連絡先：古島法律会計事務所　〒106-0032 東京都港区六本木6-2-31 六本木ヒルズノースタワー9階　03-5413-7193

●松井 伸介（まつい しんすけ）
担当：第3章
連絡先：五街道法律事務所　〒113-0033 東京都文京区本郷3-3-13
　　　　ウィーク御茶ノ水ビル6階　03-3868-2134
　　　　matsui5kaido@ceres.ocn.ne.jp

●的場 美友紀（まとば みゆき）
担当：第4章、第5章
連絡先：藤本慎司法律事務所　〒105-0003 東京都港区西新橋1-21-8 弁護士ビル410　03-6457-9737

●水野 順一（みずの じゅんいち）
担当：第3章
連絡先：なります法律事務所　〒175-0093 東京都板橋区赤塚新町2-14-2
　　　　ストーク新町205　03-5967-0039
　　　　mizuno_narilaw@tune.ocn.ne.jp

●道本 周作（みちもと しゅうさく）
担当：第1章、第2章、第8章
連絡先：弁護士法人六法法律事務所　〒102-0094 東京都千代田区紀尾井町3番19号 紀尾井町コートビル301　03-3234-5900
　　　　s-michimoto@loppo.gr.jp

●望月 岳史（もちづき たけし）
担当：第3章
連絡先：望月・熊谷法律事務所　〒101-0054 東京都千代田区神田錦町3-12-2 KT第2ビル9階　03-5577-4445
　　　　mochizuki@hopemoon-law.jp

●盛 重之（もり しげゆき）

担当：第4章、第5章

連絡先：麻布十番パートナーズ法律事務所　〒106-0045 東京都港区麻布十
　　　　番1-7-11 深瀬ビル7階　03-6447-1823
　　　　mori@azaxp.com

●山本 昌平（やまもと しょうへい）

担当：第6章、第7章

連絡先：丸の内中央法律事務所　〒100-6312 東京都千代田区丸の内2丁目4
　　　　番1号 丸の内ビルディング1204区　03-5220-8676
　　　　yamamoto@mclaw.jp

●吉田 勉（よしだ つとむ）

担当：第1章、第2章、第8章

連絡先：吉田・渡邉法律事務所　〒102-0073 東京都千代田区九段北1-3-4
　　　　九段清新ビル3階　03-5275-7451

※本書の記述は、平成28(2016)年10月31日現在の法制度情報に基づいています。

下請契約トラブル解決法

2010年7月9日　初版第1刷発行
2016年11月25日　第3版第1刷発行

著　　者	東京弁護士会親和全期会
発　行　者	伊　藤　　　滋
印　刷　所	新灯印刷株式会社
製　本　所	新風製本株式会社
ＤＴＰ制作	有限会社中央制作社
カバーデザイン	鈴　木　　　弘

発　行　所　　株式会社 自由国民社
東京都豊島区高田3－10－11
郵便番号〔171 0033〕　振替 00100-6-189009
TEL.〔営業〕03(6233)0781〔編集〕03(6233)0786
http://www.jiyu.co.jp/

©2016　　　　　　落丁本・乱丁本はお取替えいたします。